सृष्टि का स्वाद

सृष्टि का स्वाद

विश्वनाथ प्रसाद तिवारी

वाणी प्रकाशन

प्रकाशन के उत्कृष्टतम 63 वर्ष

vaniprakashan.com

सजिल्द पहला संस्करण : 2026

वाणी प्रकाशन
4695, 21-ए, दरियागंज, नयी दिल्ली-110 002
फ़ोन : + 91 11 23273167, 23275710
शाखाएँ
अशोक राजपथ, पटना-800 004, बिहार
कॉफ़ी हाउस कैम्पस, महात्मा गांधी मार्ग, प्रयागराज-211 001, उत्तर प्रदेश
महात्मा गांधी अन्तरराष्ट्रीय हिन्दी विश्वविद्यालय, वर्धा-442 001, महाराष्ट्र
sales@vaniprakashan.in
vaniprakashan@gmail.com

Srishti Ka Swad
by Vishwanath Prasad Tiwari

ISBN : 978-93-6944-340-6
Diary

मूल्य : ₹ 495

जी.एस. ऑफ़सेट, दिल्ली-110 095 में मुद्रित

वाणी प्रकाशन का लोगो मक़बूल फ़िदा हुसैन की कूची से

गोरखपुर, 27 मार्च, 2018

सृष्टि में मनुष्य ही ऐसा प्राणी है जो आत्मचिन्तन और आत्म साक्षात्कार करता है, कर सकता है। आत्म साक्षात्कार की इस प्रक्रिया में जब मनुष्य अनुभव करने लगता है कि सृष्टि के शेष प्राणियों में भी वही है जो उसमें, तो वह उस सत्य के निकट पहुँच जाता है जिसे ईश्वर कहते हैं। ईश्वर का अस्तित्व उसकी सृष्टि में ही है, अन्यथा तो वह अदृश्य है।

गोरखपुर, 28 मार्च, 2018

सत्य हमेशा के लिए छिपा नहीं रह सकता और लोक दृष्टि हमेशा के लिए धुँधली नहीं रह सकती। 'सत्यमेव जयते' का रहस्य यही है कि सत्य सदा लोक के अन्त:करण में जीवित रहता है।

गोरखपुर, 29 मार्च, 2018

महाप्रकृति अपने को दुहराती नहीं है। इसलिए संसार का हर प्राणी विशिष्ट है। सबकी आकृति, प्रकृति, काया की क्षमता, मन का स्वभाव, मस्तिष्क की शक्ति और परिस्थिति अलग है। भीड़ में लोग चाहे जितने हों, सब की आशा, आकांक्षा और वेदना अलग है।

गोरखपुर, 3 अप्रैल, 2018

30 मार्च को मैं पत्नी के साथ गाँव के लिए निकला। मौसम साफ़ था और धूप तेज़ थी। चार बजे के आस-पास अचानक ईशान और वायव्य कोंण के क्षितिज पर बादल घिरने लगे और लग गया कि कुछ आँधी-बारिश आ सकती है। साढ़े चार बजते-बजते धूल भरी तेज़ आँधी चलने लगी। हमारी छोटी मारुति कार रास्ते में थी। पाँच बजते-बजते बादल ऐसे घिरे कि मानो रात हो गयी। आँधी बहुत तेज़ थी, धूल के झोंके भी। आकाश में बिजली ऐसे चमकती और कड़कती जैसी अभी गिर पड़ेगी।

मेरा गन्तव्य अभी दस किलोमीटर दूर था। ड्राइवर ने कहा गाड़ी कहीं रोक दी जाय क्योंकि रास्ते में पेड़ या उसकी डाल गिर सकती है लेकिन मैंने कहा धीरे-धीरे चलता रहे। मैंने ऐसा क्यों कहा? क्या मुझे विश्वास था कि कोई ख़तरा नहीं होगा और हम सही सलामत पहुँच जायेंगे? ऐसा विश्वास मुझे क्यों था, इसका कोई तर्क मेरे पास नहीं। महाभारत के यक्ष प्रसंग में इसी को सबसे बड़ा आश्चर्य कहा गया है कि लोग दूसरे को रोज़ मरते हुए देखते हैं फिर भी उन्हें लगता है कि वे अभी नहीं मरेंगे। यह जीवनेच्छा का चरम रूप है या भीतर का कोई अव्याख्येय सन्देश है जिसके बल पर मनुष्य भयानक ख़तरों के बीच अपने को डाल देता है। कभी-कभी वह सकुशल निकल आता है और कभी-कभी नहीं भी निकल पाता। इसी आँधी में मैं तो अपने गन्तव्य पर सकुशल पहुँच गया मगर बाद में पता चला कि कुछ लोग घायल भी हुए और कुछ को अपने जीवन से भी हाथ धोना पड़ा।

गाँव अब बदल गये हैं। मेरा गाँव जो मेरे बचपन में अत्यन्त पिछड़े, अशिक्षित और निर्धन गाँवों में एक था, अब आर्थिक दृष्टि से सम्पन्न तथा आधुनिक यान्त्रिक जीवन-शैली में ढलने लगा है। बच्चों और युवकों के हाथ में मोबाइल है। गाँव के बहुत से युवक अरब देशों में छोटी-मोटी नौकरियों पर है जो वहाँ से पैसे लाकर घर बनवा रहे हैं या कुछ खेती भी ख़रीद रहे हैं। गाँव में कुछ तो अच्छे-अच्छे मकान भी बन गये हैं। मैंने लोगों से पूछा कि गाँव में आर्थिक विकास तो दिख रहा है पर क्या उच्च शिक्षा में भी कुछ युवा आगे हैं? पता चला हज़ार की संख्या वाले इस गाँव में केवल एक लड़का एम.एससी. पास है जो प्राइमरी स्कूल में अध्यापक है। उसका भी मानसिक स्तर घर-बनवाने और खेती ख़रीदने तक ही सीमित है।

कल गाँव से गोरखपुर के लिए चला। रास्ते में एक रिश्तेदार के यहाँ यज्ञोपवीत का आयोजन था जिसमें शामिल हुआ। वहाँ दो घण्टे रह कर फिर अपने रास्ते पर। डर लग रहा था क्योंकि आरक्षण के दावेदारों ने भारतबन्द की घोषणा कर रखी थी। सुप्रीम कोर्ट ने यह निर्णय दिया है कि एस.सी.-एस.टी. क़ानून के तहत यदि कोई शिकायत होती है तो एक सप्ताह के भीतर जाँच करके गिरफ़्तारी की कार्रवाई हो। भारत बन्द का ऐलान इसी निर्णय के विरुद्ध किया गया है। मैं नहीं समझता कि सुप्रीम कोर्ट का निर्णय अनुचित है। लेकिन आरक्षण के दावेदारों को यह अनुचित लगता है। उनका मानना है कि वे जो भी और जिसके भी विरुद्ध शिकायत करेंगे वह सौ फ़ीसदी उचित ही होगा अत: उस पर जाँच की ज़रूरत है ही नहीं। ऐसा आरक्षण से लाभान्वित व्यक्ति तो सोच सकता है मगर उन नेताओं की समझ का क्या कहा जाय जो ऐसे तर्क विरोधी आन्दोलन का समर्थन कर रहे हैं। इस आन्दोलन में जो हिंसा के शिकार हुए हैं उनकी ज़िम्मेदारी कौन लेगा?

गोरखपुर, 15 मई, 2018

इस महीने एक दिन मेरी निगाह अपनी आलमारी में लग रही दीमकों पर पड़ी। फिर मैंने आलमारी और पूरे कमरे की सघन सफ़ाई की। दीमकों ने जिस सबसे कीमती चीज़ को नुकसान पहुँचाया था वे थीं मेरी डायरियाँ। मैं लगभग 1964 से ही छोटे आकार वाली एक तरह की डायरियों पर अपने कार्यक्रम लिखा करता था। मुख्य रूप से यह कि कब-कब कहाँ-कहाँ गया। उनमें एक तरह से मेरे द्वारा की गयी यात्राओं और स्थानों का उल्लेख था। साथ ही जीवन में घटी कुछ विशेष व्यक्तिगत घटनाएँ भी उनमें अंकित थी। मेरे व्यक्तिगत जीवन की जानकारी के लिए वे डायरियाँ बहुत मूल्यवान थीं। उनमें से अधिकांश डायरियों को दीमकों ने इतना अधिक नुकसान पहुँचाया था कि मुझे बिना कोई विचार किये उन्हें घर के बाहर फेंक देना पड़ा। लगभग आधी शताब्दी से भी अधिक की अंकित सूचनाएँ जिनमें से कुछ मेरे परिवार के लिए दुर्लभ हो सकती थीं, नष्ट हो गयीं। कुछ वर्षों पूर्व मैंने एक कविता लिखी थी जिसका शीर्षक था–'कूड़ा'। उन दिनों मेरे घर की रँगाई-पोताई हो रही थी और बहुत-सी चीज़ें जो मुझे अनावश्यक लग रही थीं, उन्हें फेंकना पड़ा था। हालाँकि कभी उन्हें उपयोगी समझकर मैंने ही जुटाया और सजाया था। किसी स्थान की सफ़ाई करते हुए अक्सर ऐसा करना पड़ता है और तब जीवन की नश्वरता और चीज़ों के मिथ्यात्व का साक्षात् अनुभव होता है। लेकिन किसी चीज़ को स्वयं अनुपयोगी समझ कर फेंकना और उसे मजबूरी में फेंकना अलग-अलग बातें हैं। अपनी डायरियों को मुझे मजबूरी में फेंकना पड़ा है जैसे किसी को डॉक्टर की सलाह पर अपना कोई अंग कटवाना पड़ता है।

गोरखपुर, 25 मई, 2018

अपने मकान के जिस कमरे में मैं रहता हूँ वह गर्मियों में घर का सर्वाधिक गर्म और जाड़ों में सर्वाधिक ठण्डा रहने वाला कमरा है। लेकिन फिर भी मैं उसे इसलिए पसन्द करता हूँ कि उस छोटे-से कमरे में तीन दरवाज़े और दो बड़ी-बड़ी खिड़कियाँ है। उसके बाहर 20 X 18 फीट की खुली जगह है जिससे गर्मी में हवा और जाड़े में थोड़ी धूप मिल जाती है। बरसात का मौसम इस कमरे के लिए सुखद होता है क्योंकि बादल, जो मुझे सबसे अधिक प्रिय हैं, इस कमरे से अपने सोलहो शृंगार में दिखते हैं। घिरते हुए, घिरे हुए, रिमझिम, झमाझम बरसते, गरजते, चमकते, दहाड़ते बादल। मई-जून के महीनों में जब सूरज तप रहा होता है बादलों के आगमन

के लिए आकाश को निहारना एक बेचैनी भरा अनुभव है। आते-जाते बादलों के टुकड़े, आशा और निराशा की अनुभूति कराते रहते हैं। आकाश के सबसे अधिक रंग बरसात के महीनों में ही दिखते हैं और बादलों के ही कारण, क्योंकि आकाश का जब अस्तित्व ही नहीं तो अनस्तित्व का तो एक ही रंग हो सकता है, भ्रम।

मेरे कमरे की पूर्वी दीवार मेरे घर की भी आख़िरी दीवार है। अत: मेरी पूरब की खिड़की से कुछ भवन, सड़क और वृक्ष दिखते हैं। मेरे घर के सटे एक आरामशीन लगी है जिस पर मैंने एक कविता भी लिखी है जिसे मेरे पाठक और आलोचक मेरी श्रेष्ठ कविताओं में एक मानते हैं। लकड़ी चीरने वाली इस मशीन से मैं जितनी नफ़रत करता हूँ उतना ही सुख मिलता है मुझे इसके परिसर में खड़े उस छितनार छितवन वृक्ष से जो आस-पास अपनी हरियाली बिखेरता रहता है। मेरी ही तरह न जाने वह कितनी आँखों को सुख देता होगा। वह कुछ छोटे पक्षियों का भी आश्रय है जिनमें एक चिड़िया गर्मियों में प्रात: साढ़े चार-पाँच बजे कुछ देर तक गाती रहती है। मैं पक्षियों की भाषा नहीं जानता अत: ठीक-ठीक नहीं कह सकता कि उसकी ध्वनियों का अर्थ क्या है पर उनके आरोह-अवरोह, यति और गति तथा लय के आधार पर महसूस होता है कि वह उसका गान ही है। भोर का यह गान आह्लाद का है या अवसाद का, कह नहीं सकता। मगर वह एक अभिव्यक्ति तो है। इस विराट प्रकृति में एक नन्हें से जीव की अभिव्यक्ति। यही अभिव्यक्ति उसकी अस्ति है। अन्यथा भोर वेला में चारपाई पर सोये-सोये मैं उसके अस्तित्व को कैसे महसूस कर पाता।

अपनी इस खिड़की से रात को मुझे चन्द्रमा के भी दर्शन होते रहते हैं। शरद ऋतु की रातों में जब आकाश निर्मल होता है चन्द्रमा की शीतल ज्योति कमरे के साथ मेरे मन में भी उजास भर देती है। तब मैं ब्रह्माण्ड के बारे में सोचने लगता हूँ जो रहस्य की ओर ले जाने वाली जिज्ञासा है। एक ऐसी जिज्ञासा जो अब तक अव्याकृत है।

गोरखपुर, 10 जून, 2018

संसार का हर मनुष्य किसी देश में, धर्म में, भाषा में, परम्परा और संस्कृति में जन्म लेता है। वह अपने देश के संविधान, शासन-परिनियम, भाषा, परम्परा और संस्कृति के अधीन होता है। वह उनका उल्लंघन भी कर सकता है और करता ही है। लेकिन इस लौकिक व्यवस्था के परे भी कुछ विधान होते हैं जिनका पालन करने या जिन्हें भोगने के लिए वह विवश होता है। इन आघातों पर लौकिक व्यवस्थाओं या विधानों का कोई वश नहीं होता। इन्हें 'दैविक', 'ईश्वरीय', 'विधि का विधान'

आदि अनेक नामों से अभिहित किया जाता है। कुछ लोग इन्हें 'भाग्य', 'संयोग' आदि कह कर इनकी अव्याख्येयता की पुष्टि करते हैं। इनसे मनुष्य को सुख भी मिलता है और दु:ख भी, मगर जो मिलता है उसे बदल देने की शक्ति मनुष्य में नहीं होती। इनका सबसे प्रामाणिक और सर्वज्ञात तथा सर्व स्वीकृत उदाहरण है 'जरा' और 'मरण' जो मनुष्य ही नहीं, सृष्टि के हर प्राणी को झेलना पड़ता है। क्या मनुष्य अपने हुनर से इन्हें टाल सकता है? महसूस करने वाले तो यह भी कहते हैं कि सुख और दु:ख दोनों पर किसी मनुष्य का वश नहीं होता। यदि होता तो किसी मनुष्य को कभी भी दु:ख नहीं भोगना पड़ता। जिसके पास सारी भौतिक सुविधाएँ उपलब्ध हैं वह 'दुखी' क्यों होता है और जिसके पास विपन्नता के अतिरिक्त कुछ भी नहीं वह 'सुखी' कैसे महसूस करता है?

गोरखपुर, 11 जून, 2018

आज उत्तर प्रदेश के मुख्यमन्त्री श्री योगी आदित्यनाथ जी मेरे निवास पर आये थे। भाजपा ने देशभर में विशिष्ट व्यक्तियों से मिलने का एक सिलसिला शुरू किया है जिसके अन्तर्गत जगह-जगह उसके नेता कुछ लोगों से मिल रहे हैं। योगी जी का आना इसी योजना का हिस्सा था। भाजपा के इस पहल की प्रशंसा की जानी चाहिए। मुझे तो उसका यह भाव अच्छा लगा। कम-से-कम वह स्वाधीन विचार के लोगों से अपना संवाद तो स्थापित कर रही है।

देश की राजनीति और नेताओं के व्यवहार को देखते हुए कहा जा सकता है कि भारतीय राजनीति पटरी से उतरती लगती है। राजनीति का लक्ष्य देशहित और जनहित होना चाहिए लेकिन अब उसका लक्ष्य केवल सत्ता पाना रह गया है। इसका सबसे तकलीफ़ देह उदाहरण यह है कि लोकतन्त्र में एक दल यदि सही काम भी करता है तो दूसरा उसका विरोध करता है। ऐसा लगता है कि 'जनसेवा' और 'राजनीति' अब एक साथ नहीं हो सकती। गांधी जी आख़िर अपने अन्तिम दिनों में किसी पार्टी के साथ क्यों नहीं गये? अन्ना हजारे ने अन्त में यह घोषणा क्यों की कि जो राजनीति में न जाने की शपथ ले वही उनके साथ आवे। दलगत राजनीति लोकतन्त्र में ज़रूरी है पर यही लोकतन्त्र के लिए ख़तरा भी है। जैसे विचारधारा लेखक के लिए एक हद तक ज़रूरी है पर वही लेखक को संकीर्ण भी करती है। विचारधारा की कट्टरता साहित्य की दुश्मन बन जाती है और राजनीतिक पार्टियों का कुर्सी प्रेम लोकहित का। मैं साहित्य में पार्टी प्रतिबद्धता का विरोधी इसीलिए हूँ। लेखक को स्वतन्त्र होना चाहिए और उसके पास किसी के भी विरोध का अधिकार सुरक्षित रहना चाहिए।

किसी पार्टी में दीक्षित होने के बाद लेखक अपना यह अधिकार खो देता है। साहित्य में तो ऐसा होना सम्भव है पर लोकतन्त्री राजनीति में यह सम्भव कैसे हो सकता है? कैसे एक दल का सदस्य विपक्ष की सही नीति का समर्थन करके और अपने दल की ग़लत नीति का विरोध करके अपनी पार्टी में सम्मानपूर्वक रह सकता है? किसी राजनीतिक दल में सभी लोग अन्याय के समर्थक नहीं हो सकते लेकिन सभी अपने दल का समर्थन करने को मजबूर हो जाते हैं। तो क्या पार्टी और विचारधारा ही न्याय का सबसे बड़ा शत्रु है? कोई तो तरीका निकलना चाहिए जिससे पार्टी और विचारधारा में कट्टरता समाप्त हो सके। क्या सर्वदलीय सरकार इसका विकल्प हो सकती है, जो किसी एक सर्वस्वीकृत कार्यक्रम (एजेंडा) पर काम करे? लेकिन लोकतन्त्र में विपक्ष तो होना ही चाहिए और उसे सत्ता पक्ष से ज़्यादा ज़िम्मेदार होना चाहिए। सबसे बड़ा योगदान इसी 'ज़िम्मेदारी' का है। यदि सत्ता पक्ष और विपक्ष दोनों 'देश', 'जनता' और 'न्याय' के प्रति 'ज़िम्मेदार' हैं, 'कुरसी' और अपने 'दल' के प्रति नहीं, तभी लोकतन्त्र का आदर्श पूरा हो सकता है।

अतिथि भवन, इन्दिरा गांधी राष्ट्रीय कला केन्द्र, दिल्ली,
20 जून, 2018

आज जीवन के 78 वर्ष पूरे हो गये। पिछले कई वर्षों से 20 जून को कुछ लोग मेरा जन्म दिन मनाने का प्रस्ताव करते हैं पर मैं मना कर देता हूँ। यह संयोग ही है कि इस तिथि को अक्सर घर के बाहर रहना होता है। 2001 में विश्वविद्यालय सेवा से अवकाश ग्रहण के बाद गाँव पर रहने का विचार किया था और एक बहुत छोटा-सा निवास भी गाँव पर बना लिया था—दो कमरे नीचे और दो कमरे ऊपर। लेकिन उसमें रहने का संयोग नहीं हुआ। वह गाँव पर सुनसान पड़ा है। वर्ष में दो-तीन दिन ही उसमें रह पाता हूँ। पढ़ने-लिखने और डाक आदि की सुविधाओं के कारण गोरखपुर में ही रह गया। फिर संयोगवश ही 2008 में साहित्य अकादेमी का सदस्य बना और दस वर्ष उसकी व्यस्तताओं में गुज़र गये। फ़रवरी 2018 में अकादमी के अध्यक्ष पद से हटा तो सोचा कि अब गोरखपुर और गाँव तक अपने को सीमित रखूँगा ओर कभी-कभी साहित्य अकादेमी के कार्यक्रमों में चला जाऊँगा। लेकिन चार महीने हो गये गाँव तो नहीं ही जा सका मेरा सोचना भी पूरा होता नहीं लगता। पढ़ने-लिखने, मिलने-जुलने और आने-जाने की व्यस्तता अब भी बनी हुई है। बहाने पर बहाने बनाता हूँ पर कुछ जगहों पर तो जाना ही पड़ता है। फिर यह भी सोचता हूँ कि अगर कहीं न जा कर बैठा ही रहूँ तो कितना बैठा रहूँगा और कितना

आराम करूँगा। क्या अवकाश की समस्या (प्राब्लेम ऑफ़ लेजर) से पीड़ित नहीं हो जाऊँगा। अभी तो प्रभु की कृपा से कर्ममय जीवन है। क्या यही जीवन काम्य नहीं है? कवि दिनकर ने लिखा है–

बड़ा वह आदमी जो ज़िन्दगी भर काम करता है
बड़ी वह रूह जो रोये बिना तन से निकलती है।

सही लिखा है दिनकर ने। गाँव के लोग कहा करते हैं–'कंगाल से जंजाल अच्छा है।' हे मन, वहीं रहो जहाँ कर्म जंजाल है। उसी में फँसे रहो। पढ़ो, लिखो, कुछ संगोष्ठियों में जाओ, भाषण दो और सुनो। काव्य-शास्त्र-विनोद में समय नहीं बीतेगा तो उसे तो बीतना ही है चाहे दूसरे प्रपंचों में या ऊब में। अगर पहले का कोई अर्थ नहीं तो दूसरे का क्या अर्थ? तुम्हारा रास्ता वही है जिस पर तुम जीवन भर चलते रहे हो। जब तक क्षमता है चलते रहो।

आज इन्दिरा गांधी राष्ट्रीय कला केन्द्र में एक व्याख्यान था। साहित्य अकादेमी से अवकाश ग्रहण के बाद दूसरी बार दिल्ली आया हूँ। दिल्ली और आस-पास के मित्रों का फ़ोन आता है कि जब भी दिल्ली आऊँ, उन्हें सूचित करूँ, वे मिलना चाहते हैं। मैं उन्हें आने-जाने का कष्ट नहीं देना चाहता, अत: बताता नहीं हूँ। आज अपने भाषण के बाद साहित्य अकादेमी गया। वहाँ किसी मीटिंग में आये माधव कौशिक, शीन काफ़ निज़ाम, सुरेश ऋतुपर्ण तथा चित्तरंजन मिश्र आदि थे। लगा ही नहीं जैसे अब साहित्य अकादेमी का अध्यक्ष नहीं हूँ। सचिव के.एस. राव ने अचानक यह याद दिला कर कि आज मेरा जन्म दिन है सबको मिठाई खिलाया। अकादमी में छह घण्टे ऐसे बीत गये जैसे घण्टे-आधे घण्टे बीते हों। यह प्रभु की कृपा है, वरना पद से हटने के बाद कौन किसको पूछता है।

गोरखपुर, 28 जून, 2018

25 जून को लखनऊ में था। हिन्दी संस्थान के एक साहित्यिक कार्यक्रम का उद्‌घाटन करना था। संस्थान के नये अध्यक्ष सदानन्द गुप्त ने अज्ञेय, निर्मल वर्मा और रमेशचन्द्र शाह के गद्य पर केन्द्रित कार्यक्रम की रूप रेखा बनायी थी। वहाँ शाह, नन्दकिशोर आचार्य, कैलाश चन्द्र पन्त आदि से भेंट हुई। 26 जून को वहीं से दिल्ली चला गया। हवाई अड्डे से सीधे कुसुमांजलि फ़ाउंडेशन के पुरस्कार समिति की बैठक में। वहाँ आलोक मेहता, सुरेश ऋतुपर्ण आदि थे। अगले दिन गोरखपुर

लौटना था। हवाई अड्डे पर पता चला कि गोरखपुर में मौसम ख़राब होने और वहाँ की हवाई पट्टी पर पानी भर जाने के कारण उड़ान रद्द कर दी गयी है। ऐसे क्षण किंकर्तव्य बिमूढ़ कर देते हैं। मेरे मोबाइल का नेट काम नहीं कर रहा था और मैं मोबाइल चलाने में भी अनाड़ी हूँ। ऋतुपर्ण जी और कुसुमांजलि के श्री कौल जी को फ़ोन करके लखनऊ के लिए नया टिकट लिया लेकिन टिकट को अपने मोबाइल पर न मँगा सका। उसका पी.एन.आर. नम्बर पूछ कर नोट किया। यह नया टिकट जिस उड़ान का था उसका टर्मिनल दूसरा था। फिर उस टर्मिनल पर गया। अकेला था, कोई सहायक नहीं। उड़ान का समय भी निकट था। बिना टिकट के अन्दर कैसे जाता? तब तक संयोग कि अलका सिन्हा मिल गयीं। मैं नहीं जानता था कि वे एयर इंडिया में कर्मचारी हैं। उन्होंने ही मेरे चेहरे का भाव देखकर पूछा कि कोई दिक़्क़त तो नहीं। फिर मेरी समस्या जानकर मेरा पी.एन.आर. नम्बर लेकर वह अन्दर गयीं और मेरा टिकट निकलवा कर बाहर लायीं। फिर मैं उस टिकट पर प्रवेश करके अपनी उड़ान पकड़ सका। सायं 4 बजे लखनऊ पहुँचा। वहाँ से गोरखपुर के लिए व्यक्तिगत कार के अलावे कोई साधन नहीं। अन्ततः छह हज़ार रुपये किराये देकर कार द्वारा 9 बजे रात को गोरखपुर पहुँचा। यह है हवाई यात्राओं की दिक़्क़त। गोरखपुर के लिए अक्सर ऐसा होता है। मेरे साथ यह चौथी घटना है। ट्रेनों की हालत यह कि दो महीना पहले आरक्षण कराइये और यदि संयोग ख़राब है तो जब आप ट्रेन के डिब्बे में पहुँचेंगे आपकी बर्थ पर कोई असाध्य रोगी पहले से सोया पड़ा होगा। कोई संवेदनशील व्यक्ति क्या कर सकता है? ऐसी घटनाएँ भी मेरे साथ दसों बार घट चुकी है। मन इतना दुखी होता है कि कहीं जाने की इच्छा नहीं होती।

गोरखपुर, 23 जुलाई, 2018

आज पटना से लौटा हूँ। साहित्य अकादेमी द्वारा आयोजित एक बहुभाषी रचना पाठ में गया था। कल पटना से नालन्दा और राजगिरि चला गया था। नालन्दा और राजगिरि की यह मेरी दूसरी यात्रा थी। इस बार के. श्रीनिवास राव, शीन काफ़ निज़ाम, रेवती रमण, बीना ठाकुर और दो हिन्दी शोध छात्र साथ थे। पटना से हम दोपहर बाद निकले थे, समय कम था, अतः राजगिरि की पहाड़ी पर तो नहीं चढ़ सके पर नालन्दा के भग्नावशेषों को देख लिया। इस बार पटना का संग्रहालय और कुम्रहार का भग्नावशेष भी देखा। पटना का पुराना नाम पाटलिपुत्र है। प्राचीन साहित्य में इसके लिए पाटलिग्राम, पाटलिपुर, कुसुमपुर, पुष्पपुर, कुसुमध्वज आदि नाम

मिलते हैं। छठी शताब्दी ई.पू. में यह एक छोटा-सा गाँव था जहाँ भगवान बुद्ध ने अपने निर्वाण से पूर्व एक निर्माणाधीन दुर्ग देखा था जिसे मगधनरेश अजातशत्रु के आदेश पर बनाया जा रहा था। 5वीं शताब्दी ई.पू. में अजातशत्रु के पुत्र उदयन ने राजगृह से स्थानान्तरित करके पाटलिपुत्र को मगध साम्राज्य की राजधानी बनाया। तब से यह स्थान व्यापार, शिक्षा, कला आदि का केन्द्र बना। लगभग 300 ई.पू. में चन्द्रगुप्त मौर्य के शासन काल में आये यूनानी राजदूत मेगस्थनीज की पुस्तक में पहली बार पाटलिपुत्र के बारे में विशद विवरण प्राप्त होता है। इस स्थान से जुड़े महान विचारकों में 'अर्थशास्त्र' के लेखक कौटिल्य (चाणक्य) और 'महाभाष्य' के रचयिता पतंजलि का नाम लिया जाता है। कुम्रहार के उत्खनन में काष्ठ निर्मित सुरक्षा प्राचीर एवं राजभवन के अवशेष भी प्राप्त हुए हैं।

नालन्दा भारतीय शिक्षा का महान संस्थान था जिसमें धर्म शास्त्र, तर्कशास्त्र, बौद्ध दर्शन, व्याकरण, खगोल, चिकित्सा आदि की शिक्षा दी जाती थी। चीन आदि अनेक देशों से बौद्ध भिक्षु यहाँ ज्ञानार्जन के लिए आते थे। इस विद्या केन्द्र से जुड़े आचार्यों में नागार्जुन, आर्यदेव, वसुबन्धु, धर्मपाल, असंग, शीलभद्र, धर्मकीर्ति और शान्तिरक्षित आदि का नाम लिया जाता है। चीनी यात्री इत्सिंग और ह्वेनसांग ने इस स्थान के महा विहारों, मन्दिरों, स्तूपों आदि का वर्णन किया है जिसके भग्नावशेष आज भी विद्यमान हैं। नालन्दा के इस महान विश्वविद्यालय की स्थापना गुप्त सम्राट कुमार गुप्त प्रथम (413-455 ई.) ने की थी। 1200 ई. के आस-पास बख्तियार खिलजी ने आक्रमण करके इसे ध्वस्त कर दिया। उसने इस विश्वविद्यालय का अमूल्य पुस्तकालय भी जला डाला। कहा जाता है कि उस में इतने अधिक ग्रन्थ थे कि छह महीनों तक पुस्तकालय से धुँआ उठता रहा। नालन्दा को महात्मा बुद्ध के परम प्रिय शिष्य सारिपुत्र के जन्म एवं निर्वाण स्थल के रूप में भी जाना जाता है।

गोरखपुर, 25 जुलाई, 2018

दिल्ली में तीन बच्चियों (किशोरियों) की भूख से मौत की ख़बर मिली है। अत्यन्त पीड़ा दायक और त्रासद ख़बर। बच्चियों का पिता उन्हें छोड़कर चला गया था। उनकी परिस्थितियों के बारे में मैं नहीं जानता मगर जो भी हो यह निष्करुणा की पराकाष्ठा है। उस पिता और उसके पड़ोसी ही नहीं यह पूरे देश की व्यवस्था के लिए भी शर्म की बात है। कुछ महीनों पूर्व हमारे पास के जिले में भी भूख से हुई मौत का एक समाचार मिला था। मैंने उस घटना पर एक कविता लिखी थी–'अथात:

अन्न जिज्ञासा'। कविता लिखकर मैंने तो अपने को उन बोझिल भावों के दबाव से मुक्त कर लिया मगर जो भूख से मर गये या भूख से मर जाने वाली स्थितियों में हैं, उनके दारुण दु:ख की तो हम कल्पना ही कर सकते हैं। वे कैसे मुक्त होंगे?

गोरखपुर, 1 अगस्त, 2018

अपने स्वभाव के अनुसार ही कोई व्यक्ति सोचता और आचरण करता है और उसी के अनुरूप उसकी सफलता-असफलता या सद्गति-दुर्गति भी होती है। स्वभाव अर्थात् व्यक्ति की मूल प्रकृति। भाव बदलते हैं मगर स्वभाव नहीं बदलता। आधुनिक जेनेटिक वैज्ञानिक उसे 'जीन्स' कहते हैं। स्वभाव बदल भी सकता है, बदलता भी है पर परिवर्तनकामी संकल्प के कठिन और निरन्तर साधना के बाद। अनेक विचारधाराएँ, राजनीतिक दल, धार्मिक संगठन और शासन सत्ताएँ दुनिया को बदलने के सपने देखतीं और दिखाती हैं। मगर दुनिया तभी बदल सकती है जब इसका आधार व्यक्ति बदले। भौतिक परिस्थितियों, क़ानूनों और व्यवस्थाओं को बदलने से कुछ परिवर्तन तो सम्भव है मगर हमेशा ही व्यक्ति उनका उल्लंघन करते हुए परिवर्तन के रथ को बेपटरी कर देते हैं। ऐसे में व्यक्ति की मूल प्रवृत्ति और उसके स्वभाव को कैसे बदला जाय, असल चुनौती यही है। अन्तत: विज्ञान ही इसमें सबसे अधिक कारगर हो सकता है लेकिन उसका मानव प्रकृति में हस्तक्षेप कितना ख़तरनाक होगा, इसका अन्दाज लगाना कठिन है।

गोरखपुर, 11 अगस्त, 2018

कल मेरे घर पर दिन भर टेलीविज़न चैनलों के आने-जाने का क्रम लगा रहा। प्रात: साढ़े नौ बजे से रात बारह बजे तक मैं टेलीविज़न मीडिया के लोगों से घिरा रहा। रिपब्लिक टी.वी., टाइम्स नाऊ, इंडिया टी.वी., जी टी.वी., ए.एन.आई. आदि सभी चैनलों के पत्रकार एक-एक कर आते रहे। रिपब्लिक टी.वी. ने रात नौ से दस तक पैनल डिस्कशन चलाया और उसे रात ग्यारह बजे से बारह बजे तक पुन: दिखाया, इसलिए उसके दो कर्मचारी तो कई बार आये और घण्टों बैठे रहे। टी.वी. के पत्रकारों का ऐसा मजमा जीवन में दूसरी बार झेलना पड़ा।

दस्तावेज़ अंक–157 में मेरा एक लेख प्रकाशित हुआ–'असहिष्णुता की आँधी और पुरस्कार वापसी की अन्तर्कथा' शीर्षक से। लेख तो महीने-डेढ़ महीने पहले

प्रकाशित हुआ था और उस पर दस-बीस फ़ोन भी आये थे पर उसे दयानन्द पाण्डेय ने अपने ब्लाग 'सरोकारनामा' पर पूरा दे दिया, अपनी टिप्पणी के साथ। फिर इसे 'इकनामिक टाइम्स' ने अपने दो कालम में समाचार के रूप में छाप दिया। फिर क्या था, रिपब्लिक टी.वी. ने इस पर बहस की घोषणा कर दी–'एवार्ड वापसी एक्सपोज्ड' शीर्षक से। उस पर उसने मेरे इंटरव्यू के साथ अशोक वाजपेयी, लीलाधर जगूड़ी, के.सी. त्यागी (महामन्त्री, जे.डी.यू.) आदि के इंटरव्यू लिये और बहस में संविद पात्रा तथा कई अन्य को बैठाया तथा पुरस्कार वापसी पर घण्टे भर तक बहस कराया। अर्णव गोस्वामी को टी.वी. देखने वाले सभी उनकी आक्रामक प्रस्तुति से वाकिफ हैं। उनकी प्रस्तुति जैसी जीवन्त होती है, वैसी ही हुई। इस बहस में एक घटना यह भी हुई कि मंगलेश डबराल बहस से वाकआउट कर गये। अर्णव गोस्वामी ने मुझ से बातचीत के बीच ही माइक पर घोषित किया कि मेरा इंटरव्यू सुनने के बाद मंगलेश डबराल बहस से भाग गये।

आज 'अमर उजाला' अख़बार ने अपने सभी संस्करणों में मेरे लेख का सार संक्षेप और अशोक वाजपेयी का जवाब पूरे एक पृष्ठ में प्रकाशित किया है। मुझे किसी ने फ़ोन पर सूचना दी है कि प्रभात रंजन ने भी किसी के ब्लाग या फ़ेसबुक पर उसे डाल दिया। मैं इन माध्यमों के बारे में कुछ जानता नहीं हूँ अत: जो कुछ मेरे मोबाइल पर आ जाता है उसे पढ़ लिया करता हूँ या जो कुछ फ़ोन पर बता दिया जाता है उसे जान लेता हूँ। वाट्सअप का तो इस्तेमाल करता हूँ, केवल पढ़ने के लिए, पर फ़ेसबुक पर नहीं हूँ। सूचना तो मुझे मिली है यह भी, कि 'पांचजन्य' (भाजपा के मुखपत्र) ने भी अपने वेबसाइट पर या कहीं डाला है पर मैंने देखा नहीं। मेरा लेख भाजपा के पक्ष में पड़ता है अत: ऐसा स्वाभाविक है। यद्यपि मैंने किसी के पक्ष-विपक्ष में नहीं बल्कि तथ्यों को, जैसा मैंने विश्लेषित किया है, उसे उजागर करने के लिए लिखा है। उसका उपयोग चाहे जो भी अपने पक्ष-विपक्ष में करे। इस सन्दर्भ में मुझे विजय देव नारायण साही की एक कविता याद आती है जिसमें उन्होंने कहा है कि मैं सत्य कहूँगा बिना यह सोचे हुए कि कोई शत्रु भी उसका उपयोग अपने पक्ष में कर ले सकता है।

टेलीविज़न की बहसों के बारे में तिरुपति से श्री के.एस. राव, बंगलोर से श्री अनन्त विजय, इलाहाबाद से श्री रमेश ग्रोवर और पूना से शची शुक्ला तथा कुछ और लोगों ने मुझे बताया जिन्होंने उसे देखा था। शची ने मेरे वाट्सअप पर उसे भेज भी दिया जिसमें बोधिसत्व की एक टिप्पणी थी। बोधिसत्व ने लिखा है कि दूधनाथ

सिंह ने उनसे मंच पर बैठे विद्यानिवास मिश्र की शिखा काटने के लिए तथा गोविन्द चन्द्र पाण्डेय को अपमानित करने और उनके मुँह पर कालिख पोतने के लिए कहा था। बोधिसत्व ने इस बात पर खेद भी प्रकट किया है कि उन्हीं के कहने पर उन्होंने 1995 में इलाहाबाद संग्रहालय में गोविन्द चन्द्र पाण्डेय को तमाम लेखकों की भीड़ में अपमानित किया था।

दिल्ली से ओम निश्चल और लखनऊ से दयानन्द पाण्डेय ने इस घटना पर फ़ेसबुक की कुछ टिप्पणियों के बारे में बताया। फ़ेसबुक एक ऐसा माध्यम है जिस पर कुछ थोड़े से लोग तो तथ्यों को जानकर सन्तुलित टिप्पणियाँ करते हैं लेकिन अधिकांश लोग बिना जाने अपमानजनक भाषा में अपनी प्रतिक्रिया व्यक्त करते रहते हैं। कुछ तो ऐसे कुण्ठित और मनोरोगी हैं जो गाली-गलौच की भाषा में, जिसे वे अपना विरोधी समझते हैं, उस पर अपने मन की भड़ाँस निकालते रहते हैं। दरअसल ये वे लोग हैं जिन्हें भाषा की पवित्रता और गरिमा का कोई बोध नहीं है। इसलिए ये न तो साहित्य की देहरी के भीतर प्रवेश कर सके, न उसके लायक हैं। निराश और हताश होकर ये लोग फ़ेसबुक पर साहित्य में सम्मानित लोगों पर पत्थरबाज़ी शुरू कर देते हैं। वर्तमान घटनाक्रम में ये लोग मुझ पर भी अभद्र भाषा में टिप्पणियाँ कर रहे हैं मगर मुझे दुखी होने की ज़रूरत नहीं है। अपने-अपने समय में जब भगवान बुद्ध, गोस्वामी तुलसीदास और महात्मा गांधी को ऐसे लोगों की गालियाँ सुननी पड़ीं तो मैं तो एक सामन्य लेखक हूँ।

मैंने अपने लेख में मुख्य रूप से दो ही बातें कही हैं। एक यह कि पुरस्कार वापसी की घटना स्वत:स्फूर्त नहीं थी। उसके लिए लेखकों को फ़ोन करके प्रेरित और उत्तेजित किया गया था तथा उन पर दबाव भी बनाये गये थे। दूसरी यह कि जिन लेखकों ने पुरस्कार वापस किये उनमें से अधिकांश इस घटना के पूर्व ही मोदी जी का तथा साहित्य अकादेमी का लिखित विरोध कर चुके थे। इन बातों के पुष्ट प्रमाण मेरे लेख में दिये गये हैं। अब पुरस्कार वापसी के समर्थकों को मेरे लेख में कही गयी बातों को तथ्यपूर्ण उत्तर देना चाहिए। तू तू-मैं मैं करने और कीचड़ उछालने से क्या लाभ? इससे तो यही प्रमाणित होगा कि लेखक होते हुए भी ये लोग सत्य के नहीं, असत्य के पक्षधर हैं।

भोपाल से निकलने वाली पत्रिका 'अक्षरा' ने 'दस्तावेज़' में प्रकाशित मेरे उपर्युक्त लेख को अविकल प्रकाशित किया है। ऐसी सूचना है कि कुछ अन्य पत्रिकाओं ने भी इसे प्रकाशित किया है या करने वाली हैं। इस प्रकार लेख

इलेक्ट्रानिक और प्रिंट दोनों माध्यमों पर सुलभ है। कोई जवाब देने के लिए किसी को भी पहले मेरा लिखा पूरा पढ़ लेना चाहिए तब कोई उत्तर देना चाहिए।

गोरखपुर, 17 अगस्त, 2018

लगभग हर तीन-चार दिन बाद सायंकाल मेरे निवास पर श्री अनन्र मिश्र और चित्तरंजन मिश्र आ जाया करते हैं। कभी-कभी उनके साथ एक-दो और साहित्य प्रेमी और सामाजिक होते हैं। हम लोगों के बीच घण्टे-दो घण्टे साहित्य, राजनीति और तात्कालिक सामाजिक समस्याओं पर चर्चा होती है। इसका कोई ख़ास विषय नहीं होता। यह कुछ-कुछ वैसा ही होता है जैसा कलकत्ते में अड्डेबाज़ी हुआ करती थी या बाद में कुछ शहरों में इंडिया काफ़ी हाउस के काफ़ी हाउसों में। अब तो कलकत्ते में भी यह परम्परा लगभग समाप्त हो गयी और इंडिया काफ़ी हाउस की शाखाएँ भी लगभग बन्द ही हो गयीं। इससे लेखको, संस्कृतिकर्मियों और बुद्धिजीवी, राजनीतिकों की सामाजिकता पर प्रतिकूल प्रभाव पड़ा है। इसका सबसे बड़ा कारण है बुद्धिजीवियों में दूसरों के विचारों और विचारधाराओं के प्रति असहिष्णुता। इसी असहिष्णुता ने बुद्धिजीवियों में गुटों और संघों को जन्म दिया है। इसके लिए बाम और दक्षिण दोनों विचारधाराओं के लोग ज़िम्मेदार हैं। मैंने आज के बीस-पच्चीस वर्ष पहले लिखा था कि लेखक संघ दुनिया को बदलने में तो सफल नहीं हुए पर हर शहर में उन्होंने लेखकों के आपसी सम्बन्ध ज़रूर बदल दिये।

कल सायंकाल जिस समय अनन्त जी और चित्तरंजन जी मेरे यहाँ आये, उसके कुछ ही मिनट पूर्व अटल बिहारी वाजपेयी जी का निधन हो चुका था पर उसकी आधिकारिक घोषणा अभी नहीं हुई थी। कुछ देर बाद, जब वे लोग बैठे ही थे, वह भी हो गयी। वाजपेयी जी दो महीने से दिल्ली एम्स में दाख़िल थे और उनकी मृत्यु इतनी सम्भावित थी कि हमें कोई आश्चर्य नहीं हुआ। हमने इस घटना को सहज स्वाभाविक रूप में लिया लेकिन साथ ही यह भी महसूस किया कि उनके निधन से भारतीय राजनीति के एक युग का अन्त हो गया।

कल रात में ही सवा बारह बजे दिल्ली से ओम निश्चल का फ़ोन आया। वे विश्व हिन्दी सम्मेलन में मारिशस जाने के लिए दिल्ली हवाई अड्डे पर थे और वहीं से वाजपेयी जी के निधन पर मुझसे दो-चार वाक्य बोलने को कह रहे थे। सम्भवत: विश्व हिन्दी बुलेटिन में छापने के लिए। मैंने उनसे कहा, "अटल बिहारी वाजपेयी जी एक उदार राजनेता और सहृदय कवि थे। वे ऐसे राजनेता थे जिनका आदर उनके

विरोधी और विपक्ष के नेता भी करते थे। आज के समय में उनकी यह विशेषता रेखांकित करने योग्य है। वे लोकतन्त्र, मातृभूमि और मातृभाषा से प्यार करते थे और संयुक्त राष्ट्र संघ को उन्होंने पहली बार हिन्दी भाषा में सम्बोधित किया था" वाजपेयी जी पर इससे अधिक कुछ कहने का यह अवसर नहीं था। बाद में ही कुछ विस्तार से लिखूँगा।

गोरखपुर, 20 अगस्त, 2018

महात्मा गांधी अन्तरराष्ट्रीय हिन्दी विश्वविद्यालय, वर्धा, के कुलपति प्रो. गिरीश्वर मिश्र ने अपने विश्वविद्यालय संग्रहालय में रखने के लिए मेरी कुछ पाण्डुलिपियाँ माँगी थीं। उनके विश्वविद्यालय के एक कर्मचारी श्री आलोक कुमार श्रीवास्तव आज आये थे जिन्हें मैंने अपनी निम्नलिखित आठ पुस्तकों की पाण्डुलिपियाँ दे दीं–

1. कविता क्या है (आलोचना)
2. हजारीप्रसाद द्विवेदी (आलोचना)
3. कुबेरनाथ राय (आलोचना)
4. कबीर (आलोचना)
5. विश्वनाथ प्रसाद तिवारी के पत्र साहित्यकारों के नाम (आलोचना)
6. चीज़ों को देखकर (कविता संग्रह)
7. साथ चलते हुए (कविता संग्रह)
8. बेहतर दुनिया के लिए (कविता संग्रह)

पाण्डुलिपियों का संरक्षण एक समस्या है। मैं अपनी अन्य पाण्डुलिपियाँ भी कुछ संग्रहालयों को सौंप देना चाहता हूँ। हो सकता है वहाँ बेहतर रख रखाव हो सके और इन्हें कुछ और वर्षों तक सुरक्षित किया जा सके। लेकिन मैं यह भी जानता हूँ कि इन्हें काल द्वारा नष्ट होने से बचाया नहीं जा सकता। सब कुछ जो दृश्य है, काल का आहार बनेगा ही। क्या स्वयं संग्रहालय भी एक दिन काल का आहार नहीं बन जायेगा?

गोरखपुर, 21 अगस्त, 2018

आठ-दस दिनों से केरल भयानक बाढ़ की चपेट में है। पिछले सौ वर्षों में वहाँ ऐसी बाढ़ नहीं आयी थी। टेलीविज़न पर दिखाई दे रहे चित्र प्रकृति की विनाशलीला का बयान कर रहे हैं। चारों ओर जल ही जल। केरल तो वैसे भी ऐसा प्रदेश है

जिसकी जलमयता आकर्षित करती है। चालीस नदियाँ इस प्रदेश से हो कर गुज़रती हैं। पर इस बार जल आकर्षित नहीं, भयभीत कर रहा है। लगभग 25-30 वर्ष पूर्व केरल की यात्रा से लौट कर मैंने लिखा था कि भारत के नक्शे में दो प्रदेश अत्यन्त मनोरम हैं–एक ऊपर का कश्मीर और दूसरा नीचे का केरल। इस वर्ष बाढ़ ने केरल का सौन्दर्य बिगाड़ दिया है। प्राकृतिक आपदा के सामने मनुष्य विवश हो जाता है। लेकिन तब भी निरुपाय वह नहीं होता। केरल में जिस तरह भारतीय सेना के जवान अपने प्राणों की बाज़ी लगा कर वहाँ के बाढ़ पीड़ितों की रक्षा कर रहे हैं, वह अभिनन्दनीय है। सेना के जवानों का मैं व्यक्तिगत रूप से बहुत आदर करता हूँ। ये वे लोग हैं जो सीमाओं के मोरचों पर ही नहीं, राष्ट्रीय आपदा के समय देश के भीतर भी अपने देशवासियों की रक्षा करते हैं। उनके साहस ओर सेवाभाव को नमन।

आज मैंने ए. अरविन्दाक्षन को फ़ोन करके वहाँ का हालचाल लिया। वे कोचिन में हैं। उनका कहना है कि अब पानी तो उतर रहा है तथा नेशनल हाईवे भी चलने के लिए ठीक हो गया है जिससे राहत सामग्री पहुँचाई जा रही है पर जिन लोगों के घरों में दस फीट तक पानी घुस गया है उनका सारा सामान तो नष्ट हो ही गया है। उन्हें पानी के साथ आ गये कीचड़ की सफ़ाई में काफ़ी समय लगेगा। केरल के निचले इलाकों में बहुत बरबादी हुई है। अरविन्दाक्षन ने बताया कि सेना के अलावे स्वयंसेवी संगठनों और युवकों की टोलियों ने भी बहुत प्रशंसनीय काम किया है और अब भी कर रहे हैं। मनुष्य में यह सहयोग भाव जब तक बचा रहेगा तभी तक मनुष्य और उसका समाज भी बचा रह सकता है।

विश्वविद्यालय अतिथि गृह,
उदयपुर, 2 सितम्बर, 2018

परसों सायंकाल से उदयपुर में हूँ। साहित्य अकादेमी, दिल्ली ने राजस्थान साहित्य अकादेमी, उदयपुर के सहयोग से माखन लाल चतुर्वेदी पर यहाँ एक आयोजन किया है। यह उदयपुर की मेरी तीसरी यात्रा है। आज यहाँ का सिटी पैलेस देखने गया था जो महाराणाओं का महल और किला था जिसे संग्रहालय का रूप दे दिया गया है। साथ में श्री माधव कौशिक और चित्तरंजन मिश्र भी थे। इन संग्रहालय को जल्दीबाज़ी में भी देखने पर लगभग चार घण्टे लग गये। यहाँ राज वैभव और ऐश्वर्य प्रदर्शित करने वाला बहुमूल्य बहुत कुछ है लेकिन जिस पर सबसे ज़्यादा ध्यान टिका वह एक ख़ाली कुर्सी है जो 1911 में जार्ज पंचम के दिल्ली दरबार में ख़ाली रखी रह गयी। उस पर उदयपुर के महाराणा फतेह सिंह को बैठना था लेकिन

वे उस दरबार में उपस्थित नहीं हुए। बताया जाता है कि जार्ज पंचम के दरबार में शामिल होने के लिए वे उदयपुर से दिल्ली तक तो गये पर रेलवे स्टेशन से ही वापस लौट आये। अवश्य ही उन्हें ग्लानि महसूस हुई होगी कि जिस दिल्ली दरबार से उनके पूर्वज आजीवन संघर्ष करते रहे उसीमें शामिल होने वे क्यों चले आये। अत: भारत के सभी राजाओं के बीच एक उन्हीं की कुर्सी ख़ाली रह गयी। आज वह ख़ाली कुर्सी मुझमें बहुत कुछ भर रही है। 'स्वाधीनता जीवन का चरम मूल्य है' इसे इसी ख़ाली कुर्सी ने उस भरे दरबार में सबको महसूस कराया होगा। इस ख़ाली कुर्सी के पास एक और मूर्ति है–जैसे किसी किसान की हो, घुटनों तक धोती पहने, ऊपर एक सफ़ेद कुरता और हाथ में लाठी लिये, सिर पर पगड़ी और छोटी सफ़ेद मूछों वाली। मुझे समझ में नहीं आया, यहाँ यह मूर्ति क्यों रखी है। पूछने पर पता लगा यह राणा फतेह सिंह के भतीजे श्री चतुर सिंह की मूर्ति है जिन्होंने महाराणा के पद का त्याग कर दिया था। वे कवि और सन्त थे जिनका राजस्थानी साहित्य में बहुत महत्त्व है। एक सन्त कवि को राजमहल के वैभव से क्या वास्ता? जिसे जन के हृदय का सिंहासन मिल गया, उसके लिए राज सिंहासन तो छोटा पड़ ही जायेगा। राजमहल के सिंहासन तो छिन जाया करते हैं मगर लोकयन का सिंहासन सदा अजर और अमर रहता है। इस सन्त कवि को नमन।

गोरखपुर, 5 सितम्बर, 2018

पूर्व प्रधानमन्त्री अटल बिहारी वाजपेयी के निधन के बाद गोरखपुर में एक सर्वदलीय श्रद्धांजलि सभा का आयोजन 25 अगस्त को था, जिसकी अध्यक्षता के लिए मेरे पास फ़ोन आया और मैंने उस सभा की अध्यक्षता की। इसमें भाजपा के साथ कांग्रेस, सपा और मण्डल की लगभग सभी स्वयंसेवी एवं धार्मिक संस्थाओं के पदाधिकारी शामिल थे। सभा में दस-बारह एम.एल.ए., तीन-चार मन्त्री, चार-पाँच एम.पी. तथा मुख्यमन्त्री योगी आदित्यनाथ भी उपस्थित थे। सभा की अध्यक्षता मुझसे कराने के पीछे कारण यही रहा होगा कि मैं शहर का एक वरिष्ठ लेखक और किसी राजनीतिक दल से सम्बद्ध नहीं हूँ। मगर दो-चार दिन बाद एक व्यक्ति ने मंच पर योगी आदित्यनाथ जी के बग़ल में बैठे हुए मेरा चित्र फ़ेसबुक पर डाल दिया। उसकी धूर्तता यह कि उसने कोई सन्दर्भ नहीं दिया। उसका मक़सद था मेरी राजनीतिक तटस्थता पर प्रहार करना। आज के कुछ फेसबुकिया लेखक किसी के प्रति अपनी बुरी नीयत को इस प्रकार व्यक्त करते हैं। कुछ तो ऐसे फ़ेसबुकिया हैं जो, जिन्हें अपना विरोधी मान लेते हैं, उनके विरुद्ध बार-बार जहर उगलते रहते हैं। उन्होंने

सोशल मीड़िया जैसे पवित्र और समर्थ माध्यम को अपनी व्यक्तिगत कुण्ठाओं और बदले की कार्रवाई का माध्यम बना लिया है। उन्हें 'लाइक' करने वालों को भी इतनी फ़ुरसत नहीं कि वे ख़बर की वास्तविकता को जानने की ज़हमत उठावें।

गोरखपुर, 11 अक्तूबर, 2018

'स्व' की चेतना या स्व-बोध सृष्टि के हर प्राणी में होता है लेकिन मनुष्य के अतिरिक्त अन्य प्राणी उनका उपयोग या दुरुपयोग केवल अपने अस्तित्व की रक्षा मात्र के लिए करते या कर पाते हैं, जबकि मनुष्य में 'स्व' की चेतना विविध रूपों में विस्तारित और विराट होकर उसके विकास और विनाश दोनों का कारण बन जाती है। मनुष्य का स्वाभिमान कब उसके अभिमान का रूप ले लेता है, उसकी स्वतन्त्रता की आकांक्षा कब उसकी उच्छृंखलता बन जाती है, उसकी समानता की माँग कब उसके अनधिकार आचरण में बदल जाती है, इसका उसे पता ही नहीं चलता। "मनुष्य स्वतन्त्र पैदा होता है पर सब जगह वह बन्धनों में जकड़ा होता है" एक महान व्यक्ति का यह महान वाक्य किसी अज्ञानी को भ्रमित करता है। वह समझ नहीं पाता कि प्रकृति हर व्यक्ति को स्वतन्त्र पैदा करती है मगर उसके शरीर, मन और बुद्धि की क्षमता की तथा उसके परिवेश की भी सीमाओं के साथ। यही सीमाएँ उसकी समानता की आकांक्षा को भी सीमित करती हैं। अर्थात प्रकृति की सीमाएँ उसे न तो पूरी तरह स्वतन्त्र पैदा करती है, न पूरी तरह स्वाधीन। अगर ऐसा न होता तब तो संसार में कोई समस्या और संघर्ष ही न होता।

आई.आई.सी., दिल्ली, 17 अक्तूबर, 2018

कल दिल्ली आया। सायंकाल एक घण्टे के लिए साहित्य अकादेमी कार्यालय गया था। अकादमी से अलग हुए आठ महीने हो गये लेकिन गार्ड ने मेरी कार का फाटक उसी सम्मान के साथ खोला, ड्राइवर और चपरासी की आँखों में वही श्रद्धा भाव दिखा और अकादमी के सचिव के.एस. राव ने दो मंज़िल नीचे उतर कर पोर्टिकों में कार पर बिठा कर विदा किया (जो मेरे पद पर रहते हुए हमेशा ऐसा नहीं करते थे), इसके लिए प्रभु के प्रति कृतज्ञ न होऊँ तो किसके प्रति होऊँ? अकादमी से अवकाश ग्रहण के बाद छठीं बार दिल्ली आया हूँ। हर बार घण्टे भर के लिए अकादमी कार्यालय भी गया क्योंकि दस वर्ष अकादमी से सम्बद्ध रहने के कारण उसके साथ एक आत्मीय रिश्ता बन गया है। हर बार मुझे ऐसा ही महसूस हुआ।

आज (17 अक्तूबर) दिन भर कमरे में ही रहा। मुझे 1970 के बाद के वे दिन याद आये जब पूरा दिन दिल्ली के लेखकों से मिलने में गुज़रता था। अब वह स्थिति नहीं है। कुछ बढ़ी उम्र के कारण और कुछ माहौल के कारण। विचारधारा की राजनीति और लेखक संघों ने लेखकों के आत्मीय रिश्तों में दरारें डाल दीं। बहरहाल, संयोग वश, मेरी उपस्थिति का पता चल जाने के कारण वेद प्रताप वैदिक, विद्या प्रसाद मिश्र, राजेन्द्र उपाध्याय कुछ देर के लिए कमरे में आ गये। दस्तावेज़ के प्रकाशक योगेश शर्मा भी।

आज कथाकार ममता कालिया को बिड़ला फ़ाउंडेशन का व्यास सम्मान प्रदान किया गया। गोवा की राज्यपाल मृदुला सिन्हा मुख्य अतिथि थीं। चयन समिति का अध्यक्ष होने के नाते मैं भी इसी निमित्त दिल्ली आया हूँ। समारोह सुव्यवस्थित रहा। दिल्ली के अनेक लेखकों से समारोह में ही भेंट हो गयी। अच्छा लगा।

गोरखपुर, 18 अक्तूबर, 2018

स्त्री मुक्ति-आन्दोलन अब मी टू (Metoo) तक पहुँच गया है। स्त्री के स्वाभिमान और उसकी आस्मिता के लिए यह साहसिक कदम है। पर इसकी कुछ सीमाएँ भी हैं। एक तो यह कि यह आन्दोलन कुछ शिक्षित और प्रसिद्ध महिलाओं तक सीमित रहेगा। लाखों अशिक्षित और ग्रामीण महिलाओं के साथ जो दुर्व्यवहार हुआ है वह अनकहा और अनसुना रह जायेगा। दुनिया भर के पुरुष प्रधान समाज में 80 फ़ीसदी महिलाएँ कभी-न-कभी पुरुषों द्वारा यौन उत्पीड़न की शिकार हुई होंगी। उनकी फरियाद कौन और कैसे करेगा? दूसरे यह कि बीस-पच्चीस वर्ष पूर्व घटित घटनाओं को प्रमाणित करने का कोई विश्वसनीय साक्ष्य नहीं होगा। तीसरे यह, कि किसी प्रतिष्ठित व्यक्ति को बदनाम करने और उससे बदला लेने का यह एक षड्यन्त्र भी बन सकता है। चौथे यह भी कि 25 वर्षों पूर्व की उम्र और मन:स्थिति में किये गये अपने कर्म पर यदि कोई स्वयं लगातार प्रायश्चित्त करता रहा है तो उसे आज का कर्म मान कर दंडित करना क्या उचित है? क्या 25 वर्षों में कर्ता दस्यु से देवता नहीं बन सकता? महर्षि वाल्मीकि की लोक प्रचलित कथा तो यही सन्देश देती है।

स्त्री-पुरुष का यौन आकर्षण स्वाभाविक और प्रकृति प्रदत्त है। समाज द्वारा उनके सम्बन्धों की स्वीकृति बाद की घटना है। अत: Metoo की समस्या अधिक जटिल और गहरी है।

गोरखपुर, 29 अक्तूबर, 2018

पटियाला विश्वविद्यालय में पंजाबी के प्रोफ़ेसर श्री सतीशकुमार वर्मा नेशनल बुक ट्रस्ट के लिए मेरी आत्मकथा 'अस्ति और भवति' का पंजाबी में अनुवाद कर रहे हैं। अनुवाद को पूर्ण बनाने के लिए कई बार हम लोगों ने दिल्ली में साथ बैठने का कार्यक्रम बनाया, पर कभी उनकी और कभी मेरी व्यस्तता के कारण ऐसा संयोग नहीं बन पाया। फिर मैंने उन्हें सुझाव दिया कि हम लोग फ़ोन से ही बातचीत करके समस्या का समाधान कर लें। चार दिन पहले (25 अक्तूबर) प्रात: सात बजे उनका फ़ोन आया, बल्कि उनके फ़ोन से ही मैं सो कर उठा। उन्होंने पूछा, 'क्या आप बातचीत के लिए तैयार हैं?' मैंने आँख मुँह धोने के लिए आधे घण्टे का समय माँगा और साढ़े सात बजे से हम लोगों का विमर्श शुरू हुआ जो साढ़े नौ बजे रात तक चलता रहा। बीच में चार घण्टे स्नान-भोजन आदि के लिए निकाल कर यह फ़ोन-सम्पर्क दस घण्टे तक चला। एक दिन में फ़ोन पर इतने लम्बे समय तक बात करने का मेरा पहला अनुभव था। इसके बाद भी अगले तीन दिनों (26, 27, 28 अक्तूबर) में उन्होंने सोलह बार फ़ोन करके अनेक हिन्दी शब्दों के ठीक-ठीक आशय पूछे और उनके समकक्ष पंजाबी शब्द चुने। कल रात साढ़े नौ बजे इस अनुवाद कार्य को अन्तिम रूप देने के बाद उन्होंने पाण्डुलिपि नेशनल बुक ट्रस्ट को कूरियर द्वारा भिजवाई।

श्री सतीश कुमार वर्मा एक कुशल अनुवादक हैं जिन्हें साहित्य अकादेमी का अनुवाद पुरस्कार भी मिला है। वे पंजाबी, हिन्दी, उर्दू और अंग्रेजी–चार भाषाओं के ज्ञाता हैं। उन्होंने नेशनल बुक ट्रस्ट के लिए बच्चन जी की आत्मकथा के श्री अजित कुमार द्वारा किये गये संक्षिप्त संस्करण का पंजाबी अनुवाद किया है। वे अनुवाद कर्म के प्रति कितने संवेदनशील हैं, इसका अनुभव मुझे स्वयं उनके द्वारा व्यक्त की गयी शब्द-जिज्ञासाओं से हुआ। मेरी आत्मकथा के तो वे घनघोर प्रशंसक हैं और कहते हैं कि यह आत्मकथा केवल दो-तीन भिन्नताओं को छोड़ कर उन्हीं की लगती है। कल रात जब वे अनुवाद को अंतिम रूप दे रहे थे, उन्होंने कहा–"इस आत्मकथा को मैं चौथी बार पढ़ रहा हूँ। मुझ पर इसका प्रभाव उतना ही गाढ़ा है। इसके अन्तिम बीस-पच्चीस पृष्ठ पढ़ते हुए मेरी आँखों में आसूँ हैं और मैं कह सकता हूँ–कि हिन्दुस्तान का शायद ही कोई लेखक इतने मार्मिक ढंग से और इस सामाजिक शैली में इतनी गहन दार्शनिक चिन्ताओं को प्रस्तुत कर सका।" अन्त में सतीश वर्मा ने यह भी जोड़ा "मैं बाद में इस पुस्तक की सूक्तियों को एक पुस्तिका

में छापना चाहता हूँ।" प्रसंगवश कह दूँ कि मेरी सूक्तियों को संकलित करने और उन पर स्वतन्त्र काम करने की इच्छा कई अन्य लेखकों ने व्यक्त की है जिनमें श्री रेवतीरमण और पुष्पिता के नाम मुझे इस समय याद आ रहे हैं।

अनुवाद एक बहुत कठिन व्यापार है। रचनात्मक कृतियों और उनमें भी कविता का अनुवाद तो और भी दुष्कर है। संस्कृत आचार्य आनन्दवर्धन ने सटीक शब्द, जिसका कोई पर्याय न हो, को ध्वनि शब्द कहा है। संस्कृत के ही आचार्य कुन्तक कहते हैं कि किसी अर्थ का वाचक कोई एक ही शब्द होता है। शब्दों के पर्यायवाची ठीक वही अर्थ नहीं देते। अनुवाद की बारीकियों और कठिनाइयों के बारे में अनेक विचारकों ने गम्भीर विवेचन किये हैं। इस सन्दर्भ में इतना ही कहना चाहता हूँ कि एक श्रेष्ठ अनुवादक को एक-दूसरे परिवेश के पौधे को अपने परिवेश में इस प्रकार रोपना पड़ता है कि उसकी हरियाली और जीवनी शक्ति बची रहे तथा वह उसी प्रकार के फूल-फल दे सके। यह तभी सम्भव है जब अनुवादक लक्ष्य भाषा के पाठकों को एक मौलिक रचना का स्वाद दे सके। जिन भाषाओं का सांस्कृतिक परिवेश एक होता है उनमें तो परस्पर अनुवाद कार्य आसान होता है पर भिन्न संस्कृतियों वाली भाषाओं में अनुवाद मुश्किल हो जाता है। उदाहरण के लिए किसी भारतीय भाषा का दूसरी भारतीय भाषा में अनुवाद सुगम है पर किसी यूरोपीय भाषा में अनुवाद कठिन। चाहे जो हो, हर हाल में मूल का कुछ प्रतिशत अनुवाद में खो जाता है। मैं स्वयं, अन्य लेखकों की ही तरह, अपनी रचनाओं के अनुवाद अन्य भाषाओं में कराने का बहुत इच्छुक था, पर अब मेरी इच्छा उतनी तीव्र नहीं रह गयी है।

मगर कठिनाइयों के बावजूद अनुवाद होते हैं और दुनिया भर में बहुत श्रेष्ठ अनुवाद हुए हैं। किसी व्यक्ति द्वारा सभी महान लेखकों को उनकी मूल भाषाओं में पढ़ पाना सम्भव नहीं है। ऐसे में मानवीय संवेदना, विचार और उसके सौन्दर्यबोध के विस्तार के लिए अनुवाद ज़रूरी भी है।

गोरखपुर, 4 नवम्बर, 2018

सैकड़ों वर्षों की ग़ुलामी ने भारतीय समाज में हीनताबोध और भय की भावना भर दी है। आज़ाद के बाद भी उसके स्वत्व को जगाने और उसके भीतर स्वाधीनता का भाव भरने की कोशिश नहीं हुई। इस देश के बुद्धिजीवी चिन्तक यदि यूरोपीय प्रभावों से ग्रस्त रहे तो यहाँ के प्रशासनिक अधिकारी आतंक पैदा करने वाली ब्रिटिश मानसिकता से मुक्त नहीं हुए। परिणामत: यहाँ के पढ़े-लिखे लोग यदि अंग्रेज़ीपरस्त

हुए तो साधारण जन सरकारी कर्मचारियों से आशंकित और भयग्रस्त हुआ। बाहुबल, धनबल, नेतागीरी का बल और प्रशासनिक बल का आतंक समाज में न केवल कायम हुआ बल्कि साधारण समाज ने उसी का आदर करना शुरू कर दिया। जिस समाज में आदरणीय को आदर और तिरस्करणीय को तिरस्कार नहीं मिलता उसमें मूल्यों का क्षरण शुरू हो जाता है और वह समाज भी धीरे-धीरे मूल्यहीन हो जाता है। भारतीय लोक में पहले धन, बाहु और सत्ता बल से अधिक नैतिक बल आदरणीय रहा है। अब यह स्थिति बदलती जा रही है।

गोरखपुर, 5 दिसम्बर, 2018

आज वर्ष 2018 के साहित्य अकादेमी पुरस्कार की घोषणा की गयी। पुरस्कार के लिए जो पुस्तकें जूरी मण्डल के समक्ष विचारणीय थीं, उनमें मेरी आत्मकथा (अस्ति और भवति) भी थी। मैंने अकादेमी के अध्यक्ष पद से अलग होते समय (2017) ही अकादेमी के सचिव से कह दिया था कि अकादेमी पुरस्कार प्राप्त करने में मेरी कोई दिलचस्पी नहीं है। 2017 तक मैं अकादेमी का अध्यक्ष था। संयोग से 2018 के ही पुरस्कार के लिए मेरी उपर्युक्त पुस्तक संस्तुत होकर आ गयी। एक दिन गोविन्द मिश्र से फ़ोन पर बात हो रही थी। पुरस्कार का प्रसंग आने पर मैंने उनसे भी अकादेमी पुरस्कार लेने में अपनी अनिच्छा जाहिर की। संयोग से वे ही जूरी के सदस्य थे। शेष दो सदस्य थे–उषाकिरन ख़ान (पटना) और चन्द्र त्रिखा (चण्डीगढ़)। पुरस्कार समिति की बैठक में तीनों सदस्यों ने एकमत से यह स्वीकार किया कि मेरी पुस्तक सर्वश्रेष्ठ और पुरस्कार के योग्य है। परन्तु गोविन्द मिश्र, जिन से पुरस्कार के प्रति अपनी अनिच्छा मैं पहले ही जाहिर कर चुका था, ने अन्य सदस्यों को समझाया कि तिवारी जी अभी-अभी अकादेमी अध्यक्ष के पद से अलग हुए हैं अत: यदि हम उनका नाम स्वीकृत करेगें तो इस पुरस्कार के आकांक्षी और अकादमी का विरोध करने वाले लेखक अकादमी और तिवारी जी को बदनाम करने की कोशिश करेंगे। इससे तिवारी जी को भी क्लेश होगा। अत: इस वर्ष के अकादमी पुरस्कार का निर्णय मेरी ही इच्छा से मेरे विरुद्ध हुआ। मैं महसूस करता हूँ कि ऐसा करके मैंने अपनी पुस्तक के साथ अन्याय किया। रचना प्रकाशित होने के बाद रचनाकार से स्वतन्त्र हो जाती है। अकादमी पुरस्कार प्राप्त होने से पुस्तक को महत्त्व मिलता है तथा वह अपनी भाषा में प्रचार पाती है। मुझे कोई अधिकार नहीं कि अपनी रचना के महत्त्व और पाठकों के बीच उसके प्रचार को बाधित करूँ। इस अपराध के लिए मैं अपनी ही पुस्तक से क्षमा माँगता हूँ। मुझे ख़ुशी है कि मैंने अपने कर्तव्य

का पालन किया। मैं दस वर्षों (2008 से 2017) तक अकादेमी के विभिन्न पदों पर रहा इसलिए मुझे पुरस्कार नहीं मिला और अब जब कि उससे अलग हो गया हूँ इसीलिए पुरस्कार से वंचित हुआ हूँ कि मैं अकादेमी का अध्यक्ष रहा।

इन पंक्तियों को लिखते हुए मुझे एक और घटना की याद आ रही है जब मैंने कुलपति का पद स्वीकार करने में अपनी अनिच्छा जाहिर की थी। जब विष्णुकान्त शास्त्री जी उत्तर प्रदेश के राज्यपाल थे तो उन्होंने मुझसे कुलपति बनने को कहा था। मैंने हाथ जोड़ कर तुरन्त उनसे अपनी अनिच्छा जाहिर की थी। तब श्री रेवतीरमण पाण्डेय, गोरखपुर विश्वविद्यालय के कुलपति बनाये गये थे। दोनों घटनाओं में कारण मैं ही रहा जिसे मेरे कुछ आत्मीय ठीक नहीं मानते।

गोरखपुर, 5 जनवरी, 2019

विचारकों द्वारा बताया गया है कि आहार, निद्रा और काम की ही तरह भय भी मनुष्य की स्वाभाविक प्रवृत्ति है। कोई इससे मुक्त नहीं होता क्योंकि सभी जीवन से प्रेम करते हैं। मैं महसूस करता हूँ कि भय मेरे मन पर भी काबिज रहा है। मेरे साथ इतनी दुघर्टनाएँ घटी हैं और इतनी मैंने देखीं, सुनी तथा पढ़ी हैं कि मेरे भीतर भय गहरे तक उतर गया है। अपनी आत्मकथा में मैंने स्वीकार किया है कि अनिष्ट की आशंका मुझे हमेशा घेरे रहती है। अपने और अपने प्रियों के प्रति ही नहीं, जिनसे मेरा कोई ख़ास लगाव नहीं है उनके प्रति भी। इस अनिष्ट की आशंका से मुक्ति का एक ही उपाय मेरा सहायक होता है और वह है प्रकृति की इच्छा में या दैवी विधान में आस्था। जब भी आशंकाएँ घेरती हैं उन्हें इसी तर्क से दूर हटाता हूँ कि प्रकृति की व्यवस्था और दैवी विधान जब मेरी चिन्ताओं से प्रभावित नहीं होगा तो फिर आशंका क्यों? मैंने लक्ष्य किया है कि आस्थावान लोग उन लोगों से ज़्यादा निश्चिन्त, शान्त और सन्तुष्ट होते हैं जो आस्था और अनास्था के बीच झूलते रहते हैं।

गोरखपुर, 9 जनवरी, 2019

आज दिल्ली से विश्वनाथ त्रिपाठी का फ़ोन आया। 'समकालीन भारतीय साहित्य' के ताजा अंक में मेरी चार कविताएँ (जो छूट गये, कहना न कहना, खोलो बज्र किवाड़, अन्त) छपी हैं। त्रिपाठी जी 'जो छूट गये' शीर्षक कविता की प्रशंसा कर रहे थे और इसीलिए उन्होंने फ़ोन भी किया था। मैंने उनका आभार जताया और कहा कि आजकल अपने किसी समकालीन की रचना की तारीफ करने वाले उदार लोगों की प्रजाति लुप्त होती जा रही है। त्रिपाठी जी ने साहित्य अकादेमी में

मेरे अध्यक्ष काल की भी प्रशंसा की और कहा "आपने सबका ख़याल रखा और उनका भी जो किसी कारण ओझल हो रहे थे।" आज के दो ही दिन पूर्व (6 जनवरी) पटना से अरुण कमल का फ़ोन आया था। वह मेरी उपर्युक्त प्रकाशित कविताओं में दो कविताओं (खोलो बज्र किवाड़, अन्त) की प्रशंसा करते हुए एक (अन्त) को तो अतिशय महत्त्व दे रहे थे। मैंने उन्हें भी उन्हीं शब्दों में धन्यवाद दिया। लेकिन आश्चर्य यह कि विश्वनाथ त्रिपाठी ने अपनी बातचीत में उन दो कविताओं की चर्चा ही नहीं की जिन्हें अरुण कमल जी ने 'महान' विशेषण दिया था। इसका अर्थ क्या निकला? यह कि कविता का अर्थ कविता में ही नहीं, पाठक में भी निहित होता है। कोई कविता एक पाठक को बेहद महत्त्वूपर्ण और दूसरे को नगण्य लग सकती है और इसी का क्रम उलट भी सकता है। इसका अनुभव और प्रमाण मुझे पहले भी अनेक लेखकों, पाठकों और मित्रों की प्रतिक्रियाओं से हुआ और मिला है। मैंने अपनी पिछली डायरियों में कुछ का उल्लेख भी किया है। कविता का अपना स्वतन्त्र अस्तित्व ज़रूर होता है मगर उसका चक्र पाठक में पूरा होता है। कवि का चित्त जिस प्रकार अनेक रसायनों से निर्मित होता है उसी प्रकार सहृदय का चित्त भी। कवि चित्त का तार जब सहृदय चित्त से जुड़ जाता है तो सहृदय में स्वीकार और आभार की तरंगें गूँज उठती हैं।

गोरखपुर, 14 जनवरी, 2019

टी.एस. इलिएट ने अप्रिल महीने को सबसे निर्मम कहा है। मेरे लिए दिसम्बर और जनवरी के महीने सबसे निर्दयी साबित होते हैं। ये ठण्ड के महीने हैं और मैं शीत भीत व्यक्ति हूँ। इन महीनों में मेरा सारा काम ठप हो जाता है। शरीर ही नहीं मन भी सिकुड़ जाता है। न कहीं आने-जाने की इच्छा होती है, न कुछ पढ़ने-लिखने की। धूप से सहारा मिलती है लेकिन वह भी सिकुड़ी होती है। कभी कोहरा, कभी बदली। इस बीच यदि ठण्ड या एलर्जी के कारण जुकाम हो गया तो फिर कम-से-कम बीस दिनों के पहले ठीक नहीं होता। कफ और खाँसी के कारण बुरा हाल। देसी दवाइयों के साथ कभी-कभी ऐंटी एलर्जिक और ऐंटी बायटिक गोलियाँ भी लेनी पड़ती हैं। गिजर की सुविधा के बावजूद हफ़्तों स्नान करने की इच्छा नहीं होती। मैं निरन्तर सक्रिय और काम करने वाला आदमी हूँ। निष्क्रिय बैठने से डिप्रेशन होने लगता है। बाहर की तो बात ही नहीं, शहर के आयोजनों में भी जाने से मना कर देता हूँ। सोचता हूँ, वे लोग कैसे रहते हैं जो अधिकांश महीने माइनस तापमान में होते हैं। मैं तो दिसम्बर और जनवरी के दो महीनों का ही अभिशाप झेलते ऊब जाता हूँ। बचपन

और जवानी में भी ये महीने मेरे लिए कठिन रहे लेकिन तब इनका अनुभव उतना त्रासद नहीं रहा जितना अब बुढ़ापे में महसूस हो रहा है। तब ठण्ड मेरे सामने लाचार थी, अब मैं उसके सामने। शायद यह समय का ही फेर है।

गोरखपुर, 16 जनवरी, 2019

आज श्री श्रीनिवास मिश्र का फ़ोन आया जो आजमगढ़ के रहने वाले और दमोह (मध्य प्रदेश) में अध्यापक हैं। उन्होंने जब अपना परिचय बताया कि पहले वे सिवनी (मध्य प्रदेश) में थे तो मुझे स्मरण हो आया कि एक बार दो-ढाई वर्ष पहले भी उन्होंने मेरी आत्मकथा (अस्ति और भवति) पढ़ कर रोते हुए मुझे फ़ोन किया था, जिसका जिक्र मैंने अपनी पिछली डायरी पुस्तक (धावमान समय) में किया है। आज उन्होंने बताया कि उन्होंने विश्व पुस्तक मेले से मेरा यात्रा संस्मरण 'आत्म की धरती' (1999) ख़रीदा है। इसका दूसरा संस्करण, उन्हीं की सूचना के अनुसार, 2017 में प्रकाशित हुआ है। वे यह भी कह रहे थे कि मेरी पुस्तक 'रचना के सरोकार' और 'कबीर' (उत्तर प्रदेश हिन्दी संस्थान द्वारा प्रकाशित मोनोग्राफ़) वे पढ़ चुके हैं। आज वे मेरे यात्रा संस्मरणों की प्रशंसा कर रहे थे। इस बीच उनके छोटे बच्चे उनके कमरे में आगये जिन्हें उन्होंने बाद में आने को कह कर फ़ोन पर बातचीत जारी रखी। उन्होंने कहा कि उन्होंने मेरी आत्मकथा की दस प्रतियाँ ख़रीदी हैं जिन्हें अपने मित्रों को भेज रहे हैं। कल एक प्रति डॉ. श्याम सुन्दर दुबे को भी देंगें। उन्होंने अपने विद्यालय में भी कई मित्रों को पढ़वाया है और छात्रों से उसकी चर्चा की है। वे जिन भावपूर्ण शब्दों में मेरे लेखन की प्रशंसा कर रहे थे उन्हें लिख कर मैं आत्म प्रशंसा का अपराधी नहीं बनना चाहता। लेकिन उनकी चालीस मिनट की वार्ता का संक्षिप्त उल्लेख इसलिए ज़रूरी है कि ऐसे सहृदय पाठक दुर्लभ होते हैं और किसी लेखक को वह मिल जायें तो उसे अति भाग्यवान कहा जायेगा। ऐसे पाठकों के सामने आलोचकों के प्रमाण पत्र और पुरस्कार सारहीन प्रतीत होते हैं। मैं भाग्यशाली हूँ कि मेरी आत्मकथा और कुछ कविताओं के ऐसे सहृदय पाठक मिले हैं। उन्हें चिन्हित करना अपना फ़र्ज़ समझता हूँ।

गोरखपुर, 3 फ़रवरी, 2019

29 जनवरी को लगभग दो महीने बाद दिल्ली पहुँचा। हवाई अड्डे के बाहर ज्योंही मेरा मोबाइल सक्रिय हुआ, साहित्य अकादेमी के सचिव श्री के.एस. राव

का फ़ोन मिला कि उसी दिन साहित्य अकादेमी की जनरल कौंसिल की बैठक में मुझे अकादमी का महत्तर सदस्य (फेलो) चुना गया है। अन्य तीन लेखक जिन्हें फेलो बनाया गया है, वे हैं–श्री जयन्त महापात्र (अंग्रेज़ी-उड़िया), नगेन शाइकिया (असमी) और पद्मा सचदेव (डोगरी)। समाचार से प्रसन्न होना स्वाभाविक था। साहित्य अकादेमी में यह परम्परा 1968 से शुरू हुई थी और पहली बार डॉ. सर्वपल्ली राधाकृष्णनन को फेलो चुना गया था। 1969 में चक्रवर्ती राजगोपालाचारी, ताराशंकर वंद्योपाध्याय, सुमित्रानन्दन पन्त और डी.आर. बेन्द्रे का चुनाव हुआ था। उसके बाद अब तक सभी भारतीय भाषाओं से कुल 93 लेखकों को यह सम्मान दिया गया है। इन लेखकों के साथ अपना नाम जुड़ा पाकर मैं गौरव का भी अनुभव कर रहा हूँ और संकोच का भी।

हवाई अड्डे से मैं अकादेमी कार्यालय गया जहाँ साहित्योत्सव चल रहा था और उसी दिन वर्ष 2018 का पुरस्कार-अर्पण समारोह था। अकादमी का साहित्योत्सव बहुत व्यवस्थित और गरिमापूर्ण होता है। देश में आजकल चल रहे अन्य साहित्योत्सवों से चरित्र में अलग, सादगीपूर्ण साहित्यिक संस्कारों से युक्त। पुरस्कार-अर्पण समारोह में अकादमी के अध्यक्ष प्रो. चन्द्रशेखर कम्बार ने शुरू में तथा उपाध्यक्ष माधव कौशिक ने अन्त में आदर और कृतज्ञता के साथ मेरा नाम लिया तथा सार्वजनिक रूप से स्वीकार किया कि मेरी स्थापित की हुई परम्पराओं के अनुसार वे अकादेमी की गतिविधियों का संचालन कर रहे हैं। समारोह के मुख्य अतिथि श्री मनोजदास ने प्राचीन भारतीय साहित्य का व्यापक सन्दर्भ देते हुए कहा कि सच्चा साहित्य वही है जो तृप्त (fulfil) करता है। उनका कहना सही है। इसी तृप्ति (fulfilment) को काव्यशास्त्रियों ने सम्भवत: 'ब्रह्मानन्द' कहा है। इस समारोह में बहुत से लेखक-मित्रों से मुलाक़ात हुई। श्री आलोक मेहता जो साहित्य अकादेमी पर एक फ़िल्म बनवा रहे हैं, ने उस फ़िल्म के लिए मेरा साक्षात्कार लिया।

30 जनवरी को साहित्योत्सव में पूर्व और उत्तर की भाषाओं का एक आयोजन था। इसमें भी अकादमी अध्यक्ष श्री कम्बार ने इतनी विनम्रता और श्रद्धा के साथ मेरा स्वागत किया कि मेरी आँखें भर आयीं। लगभग बीस भाषाओं के इस आयोजन में मैंने कहा कि भारत दुनिया के उन देशों में है जहाँ बहुत अधिक भाषाएँ बोली जाती हैं। इनमें कुछ ऐसी भाषाएँ भी हैं जिनकी लिपियाँ नहीं हैं। लेकिन बुनियादी रूप से कोई भी भाषा बड़ी या छोटी, महत्त्वपूर्ण या कम महत्त्वपूर्ण नहीं होती। सभी भाषाएँ अपने परिवेश को व्यक्त करने और उसकी ज़रूरतों को पूरी करने में सक्षम होती हैं। इतना ही नहीं, अपने परिवेश को व्यक्त करने में वहाँ की भाषा जितनी समर्थ होती

है, दूसरी नहीं। क्योंकि एक भाषा में जो कहा जा सकता है उसे हू-ब-हू दूसरी भाषा में नहीं कहा जा सकता। भाषाएँ सभी अपने परिवेश से अविभाज्य होती हैं, अत: आदरणीय हैं, भले ही बोलने वालों की संख्या और क्षेत्र-विस्तार या शब्द-भण्डार के आधार पर हम उन्हें छोटा-बड़ा मानते हों।

31 जनवरी को साहित्योत्सव में महात्मा गांधी पर त्रिदिवसीय राष्ट्रीय संगोष्ठी थी जिसके प्रथम सत्र की अध्यक्षता मुझे करनी थी। इस अवसर पर श्री जयन्त महापात्र से भेंट हुई जिनसे 2012 में भुवनेश्वर में मुलाक़ात हुई थी। उस दिन उनके साथ एक दुर्घटना हो गयी थी। साहित्य अकादेमी के मंच से उतरते हुए वे फिसल कर गिर पड़े थे और उनके सिर में चोट लग गयी थी। उन्हें तत्काल अस्पताल भेजा गया। उस दिन उन्हें देखने और हालचाल लेने मैं उनके कटक स्थित निवास पर गया था। मुझे देखते ही महापात्र ने उस घटना का जिक्र किया और मेरी प्रशंसा करने लगे। इस समय जबकि वे 90 वर्ष के हैं, उनकी स्मृति ने मुझे चकित किया। चकित मैं यह देख कर भी हुआ कि इस उम्र में भी वे मिठाई रुचि से खा रहे थे और चाय में चीनी भी ले रहे थे।

1 फ़रवरी को मैं दिल्ली से लखनऊ आया। साथ में नन्दकिशोर आचार्य और राजेन्द्र उपाध्याय थे। लखनऊ में होने वाली गांधी जी पर संगोष्ठी में भाग लेना था। 2 फ़रवरी को इस संगोष्ठी में मैंने उद्घाटन भाषण दिया और उसी दिन डॉ. चित्तरंजन मिश्र के साथ उन्हीं की कार से गोरखपुर लौट आया।

गोरखपुर, 15 फ़रवरी, 2019

कल कश्मीर में पुलवामा के पास सी.आर.पी.एफ. के काफिले पर आतंकवादी हमला हुआ जिसमें चालीस जवान शहीद हो गये। यह हाल के वर्षों में आतंकवादियों द्वारा किया गया सबसे बड़ा हमला है। एक आत्मघाती आतंकवादी ने विस्फोटकों से भरी कार काफिले के एक वाहन से टकरा दी। इसकी ज़िम्मेदारी आतंकी संगठन जैश-ए-मोहम्मद ने ली है जिसका नेता पाकिस्तान का मसूद अजहर है। सारा देश इस हमले से गुस्से में है और लोग पाकिस्तान से बदला लेने की माँग कर रहे हैं। आज सारे देश में जगह-जगह हमले के विरोध में लोग सड़कों पर प्रदर्शन कर रहे हैं। गोरखपुर से निकलने वाले 'हिन्दुस्तान' अख़बार के स्थानीय सम्पादक श्री आशीष त्रिपाठी ने आज सायंकाल एक कैंडिल मार्च का आयोजन किया था जिसका नेतृत्व करने के लिए मुझे फ़ोन किया था। यद्यपि घुटने में दर्द के कारण मुझे पैदल चलने में तकलीफ होती है फिर भी मैं मार्च में शामिल हुआ। इसमें नगर के हज़ारों नागरिक

शामिल हुए जो 'पाकिस्तान मुर्दाबाद' और 'आतंकवाद मुर्दाबाद' के नारे लगा रहे थे। इस शहर में सड़क पर उतर कर समूह के साथ प्रदर्शन करने का मेरा यह दूसरा अनुभव है। पहली बार मैंने असम में हुए नरसंहार के विरोध में प्रदर्शन किया था। उस समय प्रदर्शनकारी जुलूस मेरे ही निवास स्थान से शुरू हुआ था जिसमें लाल बहादुर वर्मा, इनके सहयोगी और गोरखपुर के बुद्धिजीवी शामिल हुए थे। आसाम के सामाजिक कार्यकर्ता (ऐक्टिविस्ट) श्री नवारुण वर्मा भी गोरखपुर आये थे और उस जुलूस की अग्रिम पंक्ति में थे। उन दिनों मैं छड़ी के सहारे लँगड़ाते हुए चलता था क्योंकि कुछ दिनों पूर्व मेरे दाहिने पैर की हड्डी टूट गयी थी जो इलाज के बाद अभी पूरी तरह से सामान्य नहीं हुई थी। आज के कैंडिल मार्च में भी उसी पैर के घुटने में तकलीफ थी। पुलवामा की घटना इतनी निर्मम और अमानवीय है कि इसका जितना और जैसे भी हो विरोध हमारा कर्तव्य है। सारी दुनिया के शान्तिप्रेमियों को इसका विरोध करना चाहिए।

गोरखपुर, 18 फ़रवरी, 2019

रात कुम्भ स्नान करके लौटा। यद्यपि मैं इतना धार्मिक नहीं हूँ कि कुम्भ स्नान के लिए भीड़ भाड़ में प्रयागराज जाता पर मेरी पत्नी बहुत धार्मिक है। उनकी इच्छा कुम्भ स्नान की थी। मैंने सोचा वे वर्षों तक कुम्भ स्नान न कर पाने के लिए पछताँएगीं और मुझे ही दोष देंगी। अत: उन्हें और बहन को लेकर अपनी ही छोटी मारुति–800 कार से परसों (16 फ़रवरी) प्रयागराज गया। सायंकाल पहुँचा और कल (17 फ़रवरी) प्रात: संगम पर स्नान करके वही से सीधे गोरखपुर के लिए चल पड़ा। रात 8 बजे गोरखपुर पहुँच गया। इस बार कुम्भ में व्यवस्था इतनी अच्छी थी कि बिना किसी सिफ़ारिश या अनुमति (कार के लिए) के मैं कार द्वारा सीधे संगम घाट तक पहुँच गया। मुख्य पर्व के चार-पाँच दिनों को छोड़कर शेष दिन चार पहिया वाहनों के आने-जाने पर मेले में कोई प्रतिबन्ध नहीं था। यह आश्चर्यजनक लगा। बिजली, पानी, शौचालय, टेंट आदि की व्यवस्था भरपूर थी। सफ़ाई की व्यवस्था तो अद्‌भुत लगी। जिस स्थान पर बीस करोड़ लोग आते-जाते रहे वहाँ कोई गन्दगी देखने को नहीं मिली। आने-जाने वाली सड़कों पर जाम (भीड़) ज़रूर था पर यह तो स्वाभाविक था। मैंने 16 फ़रवरी को रात में मेले का एक चक्कर लगाया। बिजली की रोशनी में वह जगमगा रहा था। जल में प्रकाश का प्रतिबिम्ब पूरे मेला क्षेत्र को मनोहारी बना रहा था। पूरी दुनिया में कोई स्थान ऐसा नहीं है जहाँ दो महीने के भीतर इतने लोग आते और स्नान करते हों।

गोरखपुर, 20 फ़रवरी, 2019

प्रात: नामवर सिंह के निधन की सूचना मिली। वे डेढ़-दो महीनों से अस्पताल में थे और उनकी उम्र भी 90 वर्ष से ऊपर हो चुकी थी, अत: यह सूचना अप्रत्याशित तो नहीं थी, फिर भी उनका अपने बीच से सदा के लिए चले जाना मन को अवसाद ग्रस्त कर गया। अपने समकालीनों का जाना कहीं अपने जाने के लिए भी घण्टी बजा देता है।

नामवर जी के साथ बहुत लम्बा सम्बन्ध रहा है मेरा–लगभग 50 वर्षों से अधिक का। मैंने उनके पक्ष में भी लिखा, विरोध में भी, मगर उनसे मिलने-जुलने और बातचीत का सम्बन्ध अन्त तक बना रहा। कभी उन्होंने ऐसा वर्ताव नहीं किया जिससे लगे कि वे नाराज हैं। बल्कि कठिन समयों पर मेरा समर्थन ही किया। जैसे लेखकों द्वारा साहित्य अकादेमी पुरस्कारों की वापसी के समय। मैं उनका आत्मीय नहीं था फिर भी उनके मन के किसी कोने में मेरे लिए थोड़ी जगह ज़रूर थी। इसी प्रकार मेरे मन में भी असहमतियों के बावजूद, उनके लिए आदर भाव था।

नामवर जी ने अपने समय में हिन्दी रचनाकारों के भी ऊपर अपनी जगह बना ली थी। उनके चर्चित व्यक्तित्व ने आलोचना को साहित्य के केन्द्र में स्थापित कर दिया था। हिन्दी आलोचना में वाद-विवाद और संवाद को महत्त्वूपर्ण बनाने में उनका योगदान उल्लेखनीय रहेगा। एक छोटे-से गाँव से उठ कर देश के स्तर पर बौद्धिकों के बीच छा जाना उनके सक्रिय संघर्ष का प्रमाण है। उनकी स्मृति को प्रणाम।

गोरखपुर, 26 फ़रवरी, 2019

आज टी.वी. चैनलों ने ख़बर दी है कि रात 3.30 बजे पाक अधिकृत कश्मीर में 80 किलोमीटर अन्दर घुस कर भारतीय सेना ने जैश-ए-मोहम्मद के आतंकी केन्द्र पर बम गिराये। बताया जा रहा है कि इस बमबारी में जैश के कई प्रशिक्षण शिविर तबाह हुए हैं और लगभग तीन सौ आतंकी मारे गये हैं। भारत के साथ आतंकवादी जिस प्रकार की कार्रवाई कर रहे हैं और अभी दस-बारह दिन पहले पुलवामा में जिस तरह घात लगा कर सी.आर.पी.एफ. जवानों पर हमला हुआ है, भारतीय सेना द्वारा इस प्रकार की जवाबी कार्रवाई ज़रूरी थी। इससे देश का गुस्सा कुछ शान्त होगा। लेकिन यह कार्रवाई कहीं युद्ध का रूप न ले ले, चिन्ता यही है। हालाँकि सेना ने स्पष्ट किया है कि उसने न तो किसी नागरिक क्षेत्र को निशाना बनाया है, न किसी

पाकिस्तानी सैनिक अड्डे को। सेना के अनुसार यह शुद्ध रूप से आतंकविरोधी कार्रवाई है। युद्ध बहुत भयानक निर्णय है, उससे हर हाल में दोनों देशों को बचना चाहिए।

फार्चून होटल, विजयवाड़ा, 3 मार्च, 2019

27 फ़रवरी को सुबह घर से चलकर दोपहर दिल्ली पहुँचा। हवाई अड्डे से सीधे साहित्य अकादेमी कार्यालय। अकादेमी का अध्यक्ष न रहने के बाद भी जब दिल्ली जाता हूँ वहाँ एक-दो घण्टे के लिए इसलिए चला जाता हूँ कि मुझसे मिलने वालों को सुविधा रहे। अकादेमी कार्यालय शहर के केन्द्र में है। 27 फ़रवरी को भी वहीं कुछ लोगों को बुला दिया था। श्री कैलाश सत्यार्थी जी के एक प्रतिनिधि श्री पाण्डेय जी ने उनकी आत्मकथा प्रकाशित होने के पूर्व मेरे पास पढ़ने के लिए भेजी थी, जिस पर मेरे विचार जानने के लिए वहाँ आ गये थे। मैंने उनसे कुछ चर्चा की तथा अपने कुछ सुझाव भी दिये। सत्यार्थी जी इस समय विदेश में हैं अत: पाण्डेय जी मेरे सुझाव उन्हें वाट्सअप पर भेज देंगे। उस दिन आई.आई.सी. में कोई कमरा ख़ाली नहीं था अत: मैं बंगाली मार्केट में 'चेकइन' नाम के एक होटल में रुका। अगले दिन (28 फ़रवरी) साहित्य अकादेमी के सचिव श्री के.एस.राव और अजय शर्मा के साथ दिल्ली से तिरुपति पहुँचा। दिल्ली हवाई अड्डे पर ही तिरुपति विश्वविद्यालय के कुलपति श्री मुरलीधर शर्मा मिल गये जिनके यहाँ कार्यक्रम था। रात में विश्वविद्यालय के अतिथि भवन में ही रुकने की व्यवस्था थी। अगले दिन प्रात: भगवान व्यंकटेश के दर्शन का समय दिल्ली से ही तय करा लिया गया था अत: रात में ढाई बजे ही उठ कर तैयार हुआ और चार बजे प्रात: के.एस. राव तथा अजय के साथ अतिथि भवन से मन्दिर के लिए चले। तिरुपति का बालाजी मन्दिर विश्वप्रसिद्ध तो है ही, विश्व का सबसे धनी मन्दिर भी है। इस मन्दिर की व्यवस्था में कई आई.ए.एस. अफसर तथा भारी संख्या में कर्मचारी तैनात हैं। इसीलिए मन्दिर परिसर में व्यवस्था और स्वच्छता प्रशंसनीय है। मुझे बताया गया कि मन्दिर में प्रतिदिन एक लाख लोग मुफ्त भोजन करते हैं। मन्दिर में दर्शन के नियम अलग-अलग दिन अलग-अलग प्रकार के हैं। 1 मार्च को प्रात:, जिस दिन हमने दर्शन किया, शुक्रवार का दिन था। इस दिन प्रात: 'निज पाद दर्शनम्' होता है जिसमें विग्रह बिना किसी साज़-शृंगार के होता है। मुझे पहली बार इस मन्दिर में विधिवत दर्शन का सौभाग्य मिला। प्रात: 5 बजे भी दर्शनार्थियों की लम्बी पंक्ति लगी थी।

हम चार बजे प्रात: अतिथि भवन से निकले थे और आठ बजे वापस लौटे। 10 बजे से तिरुपति विश्वविद्यालय में 'संस्कृत तथा अन्य भारतीय भाषाएँ' शीर्षक संगोष्ठी थी। इस संगोष्ठी के उद्घाटन सत्र के बाद कुलपति जी यू.जी.सी. सदस्य श्रीमती उमा वैद्य तथा हमें विश्वविद्यालय के कई विभागों में ले गये। उन्होंने पाण्डुलिपियों का डिजिटाइजेशन करने वाला विभाग भी दिखाया जो मुझे बहुत महत्त्वपूर्ण लगा। सायंकाल हम तिरुपति से विजयवाड़ा के लिए रवाना हुए। एयर इंडिया का विमान देर से उड़ा और पहुँचा, अत: हम 12 बजे रात को उस होटल पहुँचे जिसमें रुकना था।

अगले दिन (2 मार्च) प्रात: साढ़े आठ बजे हम (के.एस. राव, मल्लेश्वर जी और मैं) विजयवाड़ा से अवनिगड्डा के लिए चले जहाँ 'तेलगु साहित्य और संस्कृति पर महात्मा गांधी का प्रभाव' शीर्षक संगोष्ठी होनी थी। अवनिगड्डा (Avanigadda) श्री बुद्धप्रसाद जी का निवास स्थान है जो आंध्र प्रदेश विधान-सभा के उपाध्यक्ष थे। उनके पिता जी आन्ध्र प्रदेश के लोकप्रिय शिक्षा मन्त्री थे। उन्होंने 'गांधी क्षेत्रम' नामक निर्माण इस छोटे से स्थान पर किया है जिसमें मात्र एक आडिटोरियम और दो-एक और कमरे हैं। सब कुछ बहुत सादा और गांधी जी के सिद्धान्तों के अनुकूल है। मगर यह एक ऐसा स्थान तो है जहाँ गांधी जी को स्मरण किया जा सकता है।

विजयवाड़ा से अवनिगड्डा तक के सीधे बाईपास रोड के दोनों ओर विस्तृत कृषि भूमि है जिसमें कृष्णानदी भी बहती है। यह नदी आन्ध्र प्रदेश की जीवन रेखा है जो वहाँ की भूमि को उर्वर और हरित बनाती है। सड़क के दोनों ओर गन्ने और केले की खेती देखने को मिली। केले की अनेक किस्मे यहाँ होती हैं। यहाँ के किसान इस खेती पर ही निर्भर हैं। किसान गरीब हैं मगर उन्हीं परिवारों ने यहाँ अनेक बड़ी-बड़ी प्रतिभाओं को जन्म दिया है। मुझे इस क्षेत्र के अनेक विशिष्ट और प्रसिद्ध व्यक्तियों के नाम बताये गये। भारत के राष्ट्रीय तिरंगे झण्डे को जिसे हर भारतीय सलामी देता है, यहीं के एक कलाकार श्री पिंगली वेंकैया ने डिज़ाइन किया था। उनका नाम शायद ही कोई जानता हो।

अवनिगड्डा में संगोष्ठी के उद्घाटन के बाद हम हंसलाद्वीवी गये जहाँ वेणुगोपाल का प्रसिद्ध मन्दिर है। वहाँ से कृष्णा संगम पर गये जहाँ कृष्णानदी बंगाल की खाड़ी में मिलती है। संगम पर समुद्र और नदी के मिलन का दृश्य देखने लायक था। समुद्र की लहरें चाँदी की तरह चमकती दीवार बनाकर नदी जल को पीछे ठेल रही थीं और नदी उमड़ती हुई समुद्र का बरबस आलिंगन कर रही थी। पीछे लौटता नदी-जल उसके विशाल अलकों की तरह लहरा रहा था। जैसे प्रेम व्याकुल कोई

युवती धधाकर अपने प्रेमी को आलिंगन कर रही हो और उसकी केशराशि पीछे वायु तरंगों में लहरा रही हो।

कृष्णा संगम से लौटते हुए हमने तेलुगु तल्ली की मनोहर मूर्ति देखी जो सड़क किनारे स्थापित की गयी थी। तेलुगु तल्ली का अर्थ है तेलुगु माँ। इस प्रकार की कल्पना जनित मूर्ति मैंने भारत के किसी अन्य प्रदेश में नहीं देखी थी। इसमें सम्पूर्ण तेलुगु अस्मिता माँ के रूप में कल्पित है। सम्भव है किसी अन्य प्रदेश या भाषा में भी हो पर मैं यहाँ पहली बार देख रहा था।

इस लौटानी यात्रा में हम के.एस. राव के घर भी गये जो रास्ते में ही था। अपनी जन्मभूमि का प्रेम मनुष्य के भीतर से कभी नहीं जाता। वह जीवन भर उस भूमि को देखने की चाह सँजोये रहता है। राव के गाँव में उनके साथ मैं यह दूसरी बार आया था। मुझे लगता है वे जब भी इधर आस-पास आते हैं, अपने घर भी जाते हैं और पास के मन्दिरों में भी।

आई.आई.सी., नयी दिल्ली, 4 मार्च, 2019

कल रात ग्यारह बजे विजयवाड़ा से लौटा। आज शिव रात्रि है। शिव आदि देव हैं। भारतीय साहित्य में 'शिव' शब्द का अर्थ ही होता है 'मंगल'। वे मानव मंगल के देवता हैं। मानव मंगल के लिए ही उन्होंने स्वयं विषपान कर लिया और अमृत अन्य देवताओं को दे दिया था। भारतीय जन के मंगल के लिए उनहोंने गंगा को भारत भूमि पर उतारा। भारतीय शास्त्रों, पुराणों और स्मृतियों में शिव की सैकड़ों कथाएँ विद्यमान हैं। जिनके अनुसार उन्होंने अनेक दुर्दान्त राक्षसों का संहार किया। भारत का सामान्य जन उन्हें मिथक नहीं सच मानता है जो हर दु:ख में उसके साथ होते हैं। मैं स्वयं रोज ही अपने मंगल के लिए शिव का स्मरण करता हूँ। यद्यपि उनके भक्तों की तरह मन्दिर में उनकी पूजा-अर्चना तो नहीं कर पाता पर भाव रूप में उनका ध्यान बराबर करता हूँ और अपनी चिन्ताओं कठिनाइयों में उनके स्मरण मात्र से अपने भीतर शक्ति अर्जित करता हूँ तथा हर संकट में उन्हें अपना रक्षक महसूस करता हूँ। शिव मेरा, मेरे परिवार का, मेरे इष्ट मित्रों का और सम्पूर्ण सृष्टि का मंगल करें। ओउम नम: शिवाय।

गोरखपुर, 18 मार्च, 2019

पिछले लगभग डेढ़ महीने से विभूतिभूषण वंद्योपाध्याय की अरण्य गाथा पढ़ता रहा हूँ। घण्टे-दो घण्टे जब-जब मौक़ा मिलता रहा है या दोपहर भोजन के बाद लेटे

हुए पुस्तक उलटता-पलटता रहा हूँ। इसे साहित्य अकादेमी ने दो खण्डों में प्रकाशित किया है जिसका अनुवाद रामशंकर द्विवेदी ने किया है। विभूतिभूषण (1894-1950) ने अपनी डायरियों में अपने भ्रमण वृत्तान्त दर्ज किये हैं। इसमें झरने, नदी, पहाड़, वृक्ष, वनस्पतियों ओर अरण्यवासियों के जीवन के अद्‌भुत चित्र हैं। प्रकृति को देखने की उनकी संवेदनशील और मुक्त दृष्टि तथा सूक्ष्म सौन्दर्य बोध विरल है। ऐसे लेखक अन्य भाषाओं में भी दुर्लभ हैं जिन्होंने प्रकृति के साथ इस प्रकार की आत्मीयता महसूस की हो। रामशंकर द्विवेदी ने विभूतिभूषण के भ्रमण वृत्तान्तों का अनुवाद भी बहुत अच्छा किया है।

गोरखपुर, 19 मार्च, 2019

श्री बलवन्त जीऊरकर मेरी आत्मकथा (अस्ति और भवति) का मराठी में अनुवाद कर रहे हैं। उन्होंने अमृतराय के 'कलम का सिपाही' का भी मराठी अनुवारद किया है। परसो जीऊरकर ने फ़ोन पर डेढ़ घण्टे बात की और उन बहुत से शब्दों के बारे में पूछा जिनके अर्थ पर उन्हें सन्देह हो रहा था। आज फिर उन्होंने एक घण्टे बात की। अनुवाद में इस प्रकार की सचेतता ज़रूरी है। मुझे ख़ुशी है कि जीऊरकर इस अनुवाद में पर्याप्त श्रम कर रहे हैं। बीच में अपनी शारीरिक अस्वस्थता के चलते उनका यह काम रुक गया था, लेकिन अब लगता है गति पकड़ेगा। जीऊरकर जी मेरी आत्मकथा से बहुत प्रभावित हैं। वे मेरी स्मरण शक्ति और लेखन शिल्प की प्रशंसा कर रहे थे। मेरी आत्मकथा 425 पृष्ठों की है। जीऊरकर ने अभी 144 पृष्ठों तक के स्पष्टीकरण लिये हैं। अभी यह क्रम चलता रहेगा। उन्हें पूर्ण विश्वास है कि वे बहुत अच्छा अनुवाद करेंगे, ऐसा भरोसा वे मुझे दे रहे हैं। जीऊरकर को साहित्य अकादेमी का अनुवाद पुरस्कार मिल चुका है।

इंटरनेशनल गेस्ट हाउस, दिल्ली वि.वि., 21 अप्रैल, 2019

परसों (19 अप्रैल) प्रात: स्पाइस जेट का फ़ोन आया कि गोरखपुर से दिल्ली की उनकी उड़ान विलम्ब से होगी। मुझे चिन्ता हुई क्योंकि दिल्ली से मुझे 'विस्तारा' की उड़ान से चण्डीगढ़ जाना था। जब गोरखपुर हवाई अड्डे पहुँचा, पता चला कि उड़ान और भी विलम्बित हो गयी है। जब निश्चित लगाा कि आगे की उड़ान छूट जायेगी, मैंने साहित्य अकादेमी में पंकज को फ़ोन करके अगली उड़ान का टिकट

रद्द कराया और दिल्ली से चण्डीगढ़ जाने वाली शताब्दी एक्सप्रेस का टिकट लेने को कहा। संयोग से टिकट मिल गया। फिर दिल्ली हवाई अड्डे उतर कर सड़क मार्ग से नयी दिल्ली रेलवे स्टेशन पहुँचा और पहुँचते-पहुँचते वह गाड़ी मिल गयी। चण्डीगढ़ स्टेशन पर माधव कौशिक आये थे जिनके साथ रात 11.30 बजे होटल पहुँचा। इन्हीं परेशानियों के कारण अब यात्राएँ बहुत कम कर दी हैं। मित्रों की सलाह पर और शरीर को फिट रखने के लिए महीने में बाहर की केवल एक यात्रा स्वीकार करता हूँ। उम्र भी अब ढल गयी है। रास्ते में कोई-न-कोई यह पूछ बैठता है, 'क्या अकेले हैं?' उसके पूछने का संकेत यह होता है कि मुझे अब अकेले यात्रा नहीं करनी चाहिए। फिर भी मुझे अपने पर भरोसा है कि अकेले निकल पड़ता हूँ। बल्कि सच कहूँ तो अपने से ज़्यादा भरोसा अपने आत्मीयों पर कि आगे वे मेरे सा थ रहेंगे ही।

कल (20 अप्रैल) चण्डीगढ़ साहित्य अकादेमी में पुरस्कार अर्पण समारोह था जिसमें चण्डीगढ़ के संस्कृत, हिन्दी, पंजाबी और अंग्रेज़ी भाषा के लगभग तीस लेखकों को पुरस्कृत किया गया। चण्डीगढ़ अकादमी के अध्यक्ष माधव कौशिक और उपाध्यक्ष गुलजार सिंह संधू के साथ मुख्य अतिथि के रूप में मैं भी मन्च पर था। मेरे आधे घण्टे के व्याख्यान से सभी प्रभावित लगे। दर्जनों लोगों ने ऐसे शब्दों में प्रशंसा की कि उनका उल्लेख आत्म विज्ञप्ति लगेगी। एक श्रोता श्री हरेन्द्र शर्मा ने कहा कि वे पचास किलोमीटर से मुझे सुनने आये थे लेकिन मैं आधे घण्टे ही क्यों बोला। मुझे सुनने और मुझसे मिलने के लिए ही मेरे पुराने और वरिष्ठ मित्र प्रो. रमेशकुन्तल मेघ और प्रो. वीरेन्द्र मेहदीरत्ता भी आये थे। तीसरे पहर यहाँ होटल के कमरे में फूलचन्द मानव आये। सायंकाल माधव कौशिक के साथ सुखना झील के किनारे कुछ समय गुज़रा।

आज प्रात: शताब्दी एक्सप्रेस द्वारा चण्डीगढ़ से दिल्ली पहुँचा। कल दिल्ली विश्वविद्यालय में एक व्याख्यान देना है। आज दिल्ली विश्वविद्यालय के शोध छात्र प्रदीप गुप्ता के साथ प्रो. कृष्ण कुमार गोस्वामी मिलने आये। उनसे मेरी पहली भेंट थी, यद्यपि उनको पहले से जानता था। यहाँ मेरी उपस्थिति जान कर श्री ज्योतिष जोशी भी आये और उन्होंने स्वयं द्वारा लिखी गयी जैनेन्द्र कुमार की जीवनी की प्रति भेंट की। सायंकाल सुनील मिश्र आये जो गोरखपुर के पास के रहने वाले हैं और दिल्ली विश्वविद्यालय से पीएच.डी. पूरी कर रहे है।

गोरखपुर, 23 अप्रैल, 2019

कल दिल्ली विश्वविद्यालय में 'प्रो. नगेन्द्र स्मृति व्याख्यान' के अन्तर्गत आचार्य रामचन्द्र शुक्ल पर मेरा व्याख्यान था। नगेन्द्र जी दिल्ली विश्वविद्यालय हिन्दी विभाग के संस्थापक–अध्यक्ष थे जिन्होंने बनारस और इलाहाबाद विश्वविद्यालयों के हिन्दी विभागों के बाद दिल्ली विश्वविद्यालय के हिन्दी विभाग को भी भारतीय स्तर पर प्रतिष्ठित किया। वे अपने विभाग के प्रति समर्पित थे। उन्होंने आलोचना के क्षेत्र में स्वयं तो काम किया ही, अन्य अध्यापकों को भी प्रेरित किया। उनके निर्देशन में तुलनात्मक आलोचना तथा संस्कृत के महत्त्वपूर्ण शास्त्रीय ग्रन्थों के अनुवाद के क्षेत्र में उल्लेखनीय कार्य हुआ। दिल्ली विश्वविद्यालय द्वारा उनकी स्मृति में व्याख्यान का आयोजन उनके प्रति सही श्रद्धांजलि है।

मुझे प्रसन्नता हुई कि नगेन्द्र जी की स्मृति में उनके पूर्व के एक महान आलोचक आचार्य रामचन्द्र शुक्ल पर बोलने के लिए मुझे कहा गया। आचार्य शुक्ल का हिन्दी आलोचना को इतना बड़ा योगदान है कि उसे घण्टे भर में कह पाना कठिन है। फिर भी मैंने प्रयास किया और मुझे सन्तोष है कि सभी श्रोताओं को वह अच्छा लगा। उपस्थित लोगों में विभागाध्यक्ष प्रो. मोहन, प्रो. गोपेश्वर सिंह, पूरन चन्द्र टण्डन, अनिल राय, अपूर्वानन्द, विनोद तिवारी, श्योराज सिंह बेचैन, कुछ और अध्यापक तथा लगभग तीन सौ छात्र-छात्रा, शोध छात्र आदि उपस्थित थे। उनमें से कई–विनय गुप्ता, प्रशान्त सिंह, अतुल कुमार शुक्ला, अभिप्राय त्रिपाठी आदि मुझसे अलग से मिले।

व्याख्यान के बाद दिल्ली विश्वविद्यालय के छात्र अनुपम भट्ट के साथ मैं साहित्य अकादेमी कार्यालय गया, जहाँ अकादेमी के उपाध्यक्ष माधव कौशिक तथा सचिव श्री राव मेरी प्रतीक्षा कर रहे थे। दोनो से अकादेमी की गतिविधियों के बारे में कुछ चर्चा हुई। कल ही मैंने अपनी डायरी (धावमान समय) की पाण्डुलिपि किताबघर प्रकाशन को छपने के लिए दी। यह डायरी विधा की मेरी दूसरी पुस्तक है जो 2013 से 2017 के काल खण्ड से सम्बन्धित है। संयोग से यह साहित्य अकादेमी का मेरा अध्यक्ष काल भी है। इसके पूर्व की डायरी 'दिनरैन' नाम से वाणी प्रकाशन से प्रकाशित हो चुकी है।

आई.आई.सी., दिल्ली, 12 मई, 2019

अभी कुछ देर पहले अहमदाबाद से यहाँ पहुँचा हूँ। 2019 के लोकसभा चुनाव में आज दिल्ली में मतदान का दिन है। मुझ को यहाँ मतदान नहीं करना है, मैं घर

के रास्ते में हूँ, कल गोरखपुर के लिए रवाना होना है। 8 मई को गोरखपुर से चला था, रात में यहाँ रुक कर अगले दिन (9 मई) गांधी नगर पहुँचा था। वहाँ के केन्द्रीय विश्वविद्यालय में 10-11 मई को 'हिन्दी और गुजराती में 1980 के बाद के साहित्य पर गांधी जी के प्रभाव' विषय पर संगोष्ठी थी। विषय-प्रवर्तन मुझे ही करना था। साहित्य अकादेमी के अध्यक्ष, उपाध्यक्ष, सचिव, उस विश्वविद्यालय के कुलपति, गुजराती के वरिष्ठ लेखक रघुवीर चौधरी, विनोद जोशी, तथा हिन्दी के अरुण कमल, पंकज चतुर्वेदी, अकादमी में हिन्दी परमर्श मण्डल के संयोजक चित्तरंजन मिश्र, अनुपम तिवारी गांधी नगर केन्द्रीय विश्वविद्यालय के हिन्दी विभागाध्यक्ष आलोक गुप्त तथा उनके विभागीय सहयोगी और विश्वविद्यालय के छात्र-छात्राओं की उपस्थिति रही।

कल (11 मई) को मैं गांधी जी के साबरमती आश्रम का दर्शन करने गया। अहमदाबाद और गांधी नगर पहले भी दो-तीन बार गया था पर आश्रम नहीं देख सका था। आश्रम ठीक साबरमती के तट पर है। सामने साबरमती का प्रशस्त फैलाव लेकिन नदी में जितना जल, उससे अधिक रेत। जल और उसका प्रवाह ही नदी का सौन्दर्य है। अब यह भारत की किसी नदी में नहीं दिखता। हम सभी इसके दोषी हैं। केवल सरकारों को दोषी ठहरा कर हम दायित्व मुक्त नहीं हो सकते। साबरमती आश्रम वर्धा के सेवाग्राम आश्रम से अधिक आधुनिक लगता है। इसके फर्श पर पत्थर मढ़ दिया गया है, दीवारों और लकड़ी के खम्भों तथा छत आदि की रंगाई-पुताई हो गयी है। देखने में साफ-सुथरा और ताजा लगता है। गांधी जी इस आश्रम में 1918 से 1930 तक रहे। 12 मार्च 1930 को गांधी ने नमक सत्याग्रह के लिए दाण्डी मार्च किया। उन्होंने प्रण किया कि अब वे इस आश्रम में देश के आजाद होने के बाद ही लौटेंगे। दुर्भाग्य से इतिहास में वह दिन नहीं आया। इसीलिए इस आश्रम से गांधी के निकलने को उनका महाभिनिष्क्रमण कहा जाता है। इस आश्रम में गांधी जी, कस्तूरबा और अतिथियों के लिए अलग-अलग एक-एक कमरे हैं। अपने कमरे में गांधी जी राजनेताओं तथा देशी-विदेशी आगन्तुकों से मिलते और काम करते थे। इस आश्रम में उनके सहयोगी काका साहब कालेलकर, जमनालाल बजाज, महादेव देसाई, प्यारे लाल, नरहरी पारीख आदि भी रहते थे। गांधी जी आश्रम के नियमों का इतना कड़ाई से पालन करते थे कि छुआछूत सम्बन्धी नियम का पालन न करने के कारण उन्होंने अपनी बहन को भी आश्रम से निकाल दिया था। एक बार उनके पोते-पोती आश्रम में ठहरे थे जिनके ठहरने का ख़र्च भी उन्होंने लिया था।

सायंकाल मैंने गांधी नगर के दाँडी कुटीर में गांधी जी से सम्बन्धित एक घण्टे का कार्यक्रम देखा जिसमें अत्याधुनिक तकनीक से उनके जीवन की कुछ घटनाओं को प्रदर्शित किया गया है।

आज (12 मई) अहमदाबाद से दोपहर दिल्ली पहुँचा। हवाई अड्डे से सीधे अपने पोते (grandson) अमृतांशु से मिलने चला गया जो इसी महीने बी.टेक. की परीक्षा देकर एक ही दिन पहले, आगे की परीक्षाओं की तैयारी के लिए, दिल्ली आया है। उसे पटेल नगर में एक किराये के फ्लैट में पहुँचा कर आई.आई.सी. लौटा हूँ।

गोरखपुर, 19 मई, 2019

कल रात में श्री राकेश कुमार मिश्र का फ़ोन आया, जो आई.ए.एस. है और नोएडा में किसी पद पर है। कुछ दिनों पूर्व उन्होंने 'गाय' शीर्षक मेरी एक कविता की प्रशंसा की थी। कल उन्होंने माँ के सम्बन्ध में लिखी मेरी कविताओं की प्रशंसा की। मेरी ये कविताएँ आज के लगभग 30 वर्ष पहले प्रकाशित हो चुकी है। 'गाय' शीर्षक कविता तो लगभग 35 वर्ष पहले। लेकिन राकेश जी का क्या दोष? वे तो जब पढ़ेंगे तभी उनके बारे में कहेंगे। मेरी कविताओं को उन्होंने अभी हाल ही में पढ़ा है। वे एक संवदेनशील कवि भी है इसीलिए इन कविताओं ने उन्हें भीतर तक प्रभावित किया जैसा कि उनके उद्‌गारों से ज्ञात हुआ। 'गाय' कविता की चर्चा कल वे फिर कर रहे थे, जो प्राय: अलक्षित-सी है। यह कविता आपातकाल के दरम्यान 'धर्मयुग' में प्रकाशित हुई थी और यह एक राजनीतिक कविता है। मात्र दस-पन्द्रह पक्तियों की इस छोटी-सी कविता में 'गाय' एक पशु मात्र नहीं बल्कि 'लोकतन्त्र' का प्रतीक है। इससे अधिक संकेत मैं उसका रचयिता क्या दे सकता हूँ, आगे उसके पाठक ही उसकी व्याख्या कर सकते हैं। यह कविता भारतीय आपातकाल से ही पैदा हुई थी। माँ सम्बन्धी मेरी सात कविताएँ भी बहुत से पाठकों द्वारा सराही जाती रही हैं। मुझे बेहद ख़ुशी है कि तीस-पैंतीस वर्षों बाद भी इन कविताओं को प्रबुद्ध पाठक पसन्द कर रहे हैं।

गोरखपुर, 24 मई, 2019

भारतीय लोकसभा–2019 (सत्रहवीं लोकसभा) का आम चुनाव सकुशल सम्पन्न हो गया। इस बार चुनाव सात चरणों में हुआ जिसमें दो महीने से ज़्यादा

समय लगा। 19 मई को आखिरी चरण के मतदान के बाद मीडिया के सभी चैनलों ने भाजपा और उसके सहयोगी दलों (एन.डी.ए.) की भारी जीत का आँकड़ा पेश किया। इस पर विश्वास न करते हुए विपक्षी दलों ने ई.वी.एम. वोटिंग मशीनों पर सन्देह जताया और चुनाव आयोग से इसकी शिकायत की। कल (23 मई) मतगणना हुई जिसमें मीडिया का अनुमान सच साबित हुआ। लोकसभा की कुल 542 सीटों में भाजपा अकेले 300 से ज़्यादा सीट पाने में कामयाब हो गयी। जनता का यह निर्णय ऐतिहासिक साथ ही उसके परिपक्व सोच को भी प्रकट करता है।

इस चुनाव में जनता ने भाजपा के नेता और वर्तमान प्रधानमन्त्री श्री नरेन्द्र मोदी के व्यक्तित्व और काम पर वोट दिया। सारे देश में मोदी के नाम की ही लहर रही। जनता ने मोदी के पाँच वर्षों के कार्यकाल को देख कर उनकी दृढ़ता, निर्णय लेने की क्षमता, और सक्रियता को स्वीकार किया तथा उन पर आगे के लिए भी विश्वास किया कि वे देश की आन्तरिक और वाह्य सुरक्षा और जनहित में निर्णय लेंगे। जनता को उनके समानान्तर विकल्प में उनके जैसा कोई अन्य नेता नहीं दिखा। जनता ने यह भी लक्ष्य किया कि सभी विपक्षी नेता एकजुट होकर नरेन्द्र मोदी पर निशाना साध रहे हैं, उन्हें 'चोर', 'गुंडा', 'नीच', 'पूँजीपतियों का दलाल', 'महा झूठा' और यहाँ तक की 'कायर' भी बता रहे हैं। विपक्ष का एक ही एजेंडा है 'मोदी हटाओ'। इसीलिए उत्तर प्रदेश-बिहार में कुछ विपक्षी दलों ने गठबन्धन भी किया जिसका आधार था जातिवाद। इस बार जनता ने जातिवाद को सिरे से खारिज करके सबसे महत्त्वपूर्ण और प्रशंसनीय काम किया है। यह इस चुनाव की रेखांकित करने योग्य विशेषता है। यदि यह भविष्य में भी कायम रहे तो भारतीय जनता परिपक्व समझी जायेगी। मत गणना के बाद सभी विपक्षी नेताओं ने जनादेश को शालीनतापूर्वक स्वीकार किया, इसके लिए उनकी भी प्रशंसा की जानी चाहिए।

गोरखपुर, 31 मई, 2019

कल (30 मई) सायंकाल श्री नरेन्द्र मोदी ने दूसरी बार भारत के प्रधानमन्त्री पद की शपथ ली। वे 2014 में पहली बार भारत के प्रधानमन्त्री चुने गये थे। इस बार उनके साथ 57 मन्त्रियों ने पद और गोपनीयता की शपथ ली। मुझे यह देख कर सुखद अनुभूति हुई कि कुल 57 मन्त्रियों में लगभग 50 ने हिन्दी भाषा में शपथ लिया। इनमें आसाम, ओडिशा, महाराष्ट्र, गुजरात और कर्नाटक के मन्त्री भी शामिल थे। इन बड़े पदाधिकारियों के हिन्दी बोलने से इस भाषा का सम्मान बढ़ता-सा

लगा। वैसे पिछले (2014) चुनाव से लेकर अब तक श्री नरेन्द्र मोदी की सफलता में हिन्दी भाषा का भी महत्त्वपूर्ण योगदान है। हिन्दी में दिये गये उनके भाषणों को भारत की अधिसंख्य जनता ने समझा और सराहा। महात्मा गांधी ने 1915 में ही यह लक्ष्य कर लिया था कि भारत के जन-सम्पर्क की भाषा हिन्दी ही हो सकती है। अफ्रीका से भारत आने के बाद अपना जो प्रथम महत्त्वपूर्ण भाषण उन्होंने काशी हिन्दू विश्वविद्यालय में दिया था वह हिन्दी में ही। उसके बाद जन-सम्पर्क के लिए वे बराबर इसी भाषा का प्रयोग करते रहे। मुझे लगता है कि अब हिन्दी वालों को हिन्दी के लिए हाय-हाय करने की ज़रूरत नहीं है। इतिहास का भीतरी आवेग हिन्दी के पक्ष में है। देश की मुख्य धारा से जुड़ने के लिए लोग स्वयं हिन्दी सीख और बोल रहे हैं। हिन्दी को क़ानून से नहीं, सामाजिक-राजनीतिक-आर्थिक परिस्थितियों से बल मिलेगा।

गोरखपुर, 1 जून, 2019

जिस व्यक्ति के जीवन का सबसे बड़ा लक्ष्य पैसा होता है और पैसा ही जिसका साध्य बन जाता है, उससे अधिक दरिद्र कोई दूसरा नहीं होता। अन्त में वही सबसे अधिक अकेला, अतृप्त और निराश होता है।

जो व्यक्ति केवल अपने ही कर्मों, अपनी ही सफलताओं-विफलताओं अर्थात् अपने ही बारे में बात करता या सोचता है वह अहंकारग्रस्त और आत्ममोहग्रस्त होता है। दूसरों की वेदना में साझा किये बिना वह मनुष्यता के परिसर में प्रवेश नहीं कर पाता। बिना संवेदनशील हुए परकाय प्रवेश सम्भव नहीं है और बिना परकाय प्रवेश लेखक होना असम्भव है।

गोरखपुर, 14 जून, 2019

जो लोग अपने कर्तृत्वाभिमान में डूबे रहते हैं, उन्हें कहीं दूर न जाकर अपने ही घर में अपने माता-पिता, पितामह-पितामही को देखना या उन्हें स्मरण कर लेना चाहिए। कितना संघर्ष किया है उन लोगों ने अपने घर और परिवार को बनाने के लिए। मैं तो जब अपने पुरखों और उनके पुरखों के लाखों वर्षों की कुर्बानियों की कल्पना मात्र करता हूँ तो मेरा सारा अस्तित्व झनझना उठता है और उनके प्रति श्रद्धा व्यक्त करने के सारे भाव अपर्याप्त हो जाते हैं। किस प्रकार हमारे पुरखों ने भयानक प्रकृति और मौसम से संघर्ष किये, कैसे उन्होंने बिना साधन नदी-नाले, जंगल और

रेगिस्तान पार किये, कैसे-कैसे हिंस्र पशुओं से निहत्थे जूझते रहे, कैसे उन्होंने शब्द और भाषा बनाकर अँधेरे में उजाला किया, कैसे नई-नई कलाओं का आविष्कार करके अन्न उपजाया, चलने को रास्ते बनाये–अगर हम इसकी एक धुँधली और अधूरी-सी भी कल्पना कर सकें तो हमारा कर्तृत्वाभिमान चूर-चूर हो जायेगा। जब मैं 28 वर्ष का था, मैंने बस से काठमाण्डु की यात्रा की थी। घर लौट कर जब मैं काठमाण्डु के पशुपतिनाथ मन्दिर की चर्चा कर रहा था, मेरे बाबा (ग्रैंड फ़ादर) ने कहा कि उन्होंने पैदल ही पशुपतिनाथ की यात्रा की है। उनसे यह सुनकर मेरी तो बोलती बन्द हो गयी। उनकी यात्रा के सामने मेरी तो सारी विदेश यात्राएँ कहीं नहीं ठहरतीं। यह तो एक छोटा-सा व्यक्तिगत उदाहरण हे, वह भी पिछले सौ-सवा सौ वर्षों का। इसी से अपने पुरखों की लाखों वर्षों की जीवन-यात्रा का अनुमान किया जा सकता है। मैंने बहुत पहले एक कविता लिखी थी–'अपने पुरखों के लिए'। वह कविता अपने पुरखों के प्रति मेरी श्रद्धांजलि व्यक्त करती है।

गोरखपुर, 20 जून, 2019

आज मैं 79 वर्ष का हो गया। जब मैं 55 का था, प्रभु से प्रार्थना करता था कि मुझे कम-से-कम दस वर्ष का जीवन और दे दें ताकि मैं अपने लेखन और गृहस्थ जीवन के काम पूरे कर लूँ। यही प्रार्थना मैंने दस वर्ष पूरे होने पर भी की। फिर यही आगे दस वर्ष पूरे होने पर भी। मनुष्य के जीने की इच्छा कभी पूरी नहीं होती, न उसके काम ही कभी पूरे होते हैं। पहले, मैं अपने जिन कामों के पूरे होने के लिए प्रार्थनाएँ करता था, वे तो अब लगभग पूरे हो चुके हैं। लेकिन इस बीच एक और काम शुरू किया है जिसके लिए प्रभु से कुछ वर्ष और माँग सकता हूँ। यह काम है अपने को स्वयं के दुर्गुणों और कमज़ोरियों से मुक्त करने का। अपनी आत्मकथा में मैंने लिखा है कि मुझमें सामान्य मनुष्य की सारी कमज़ोरियाँ है। उन्हें कम करने की कोशिश जीवन भर करता रहा हूँ और बहुत कुछ कर भी लिया है। काम, क्रोध, मद, लोभ, मोह, मत्सर–इन छह रिपुओं के अतिरिक्त भी मुझमें कुछ शत्रु छिपे थे जैसे कि मृत्यु-भय, अनिष्ट की आशंका और यश की आकांक्षा। इनसे भी अपने को मुक्त करने का अभ्यास कर रहा हूँ। कुछ तो मुक्त हो चुका हूँ और विश्वास है कि हो जाऊँगा।

79 वर्ष की उम्र कम नहीं है। इतनी ही आयु में एक आदमी ने महात्मा गांधी बन कर अपने को चरितार्थ कर दिया। इस सन्दर्भ में गांधी जी का ही एक अदभुत

संस्मरण लिखने की प्रेरणा हो रही है। बात वर्धा के सेवाग्राम की है। हिन्दी के प्रसिद्ध कवि श्री रामनरेश त्रिपाठी मिलने गये थे। बापू ने कहा–'तुलसीदास का कुछ सुनाओ।' त्रिपाठी जी ने तुलसीदास का यह दोहा सुनाया–

तुलसी राम सनेह करु, त्यागि सकल उपचार।
जैसे घटत न अंक नौ, नौ के लिखत पहार।।

त्रिपाठी जी ने इसका अर्थ बताया कि अन्य सब प्रकार के प्रयत्नों को छोड़कर अविचल भाव से राम से इस प्रकार स्नेह करना चाहिए, जैसे नौ का पहाड़ा लिखने पर नौ का अंक नहीं घटता। इसका उदाहरण देते हुए उन्होंने कहा–नौ दूने अठारह, एक + आठ = नौ, नौ तियां सत्ताइस, दो + सात = नौ। इसी तरह 36, 45, 54, 63, 72, 81 के अंको को जोड़ने से नौ ही होता है। अर्थात् नौ अनेक रूपों में गया, पर उसका नौपन सब में एक-सा कायम रहा। इसी तरह मनुष्य चाहे जिस अवस्था में रहे, राम के स्नेह में कमी नहीं होनी चाहिए।

इसे सुन कर बापू कहने लगे, "मान लो नौ एक आदमी है। अठारह का होने पर उसने अपने स्वभाव के गुणों और दोषों को अलग-अलग करके देखा तो उसमें गुण एक और अवगुण आठ थे। उसने अवगुण को कम करने का प्रयोग शुरू किया। सत्ताइस तक पहुँचते-पहुँचते एक गुण बढ़ा दिया ओर एक अवगुण हटा लिया। इसी तरह नौ वर्षों की अवधि बाँध कर प्रत्येक अवधि में गुण बढ़ाते और एक-एक अवगुण घटाते हुए उसने 36, 45, 54, 63, 72 और 81 की अवधि पूरी की और अन्त में अवगुण ख़त्म हो गया और नौ जैसे निर्दोष निर्विकार रूप में संसार में आया था, वैसे ही निर्विकार नौ हो कर दिखला दिया।"

बापू की इस व्याख्या के अनुसार क्या अपने अवगुणों को शून्य में बदलने के लिए मैं भी प्रभु से कम-से-कम 90 वर्ष की आयु माँगू? लेकिन मुझे लगता है 90 तक पहुँच कर भी मेरी जीवनेच्छा तृप्त नहीं होगी।

गोरखपुर, 21 जून, 2019

मेरे जीवन के 79 वर्ष बीत गये। अब 80वाँ शुरू हो गया है। मगर मैं ज़िन्दगी को समझ नहीं पाया। न किसी शास्त्र से, न सिद्धान्त से, न लोक से और न तर्क बुद्धि से। किसी भी खण्ड प्रश्न का उत्तर तो दे देता हूँ, दे सकता हूँ, पर पूर्ण सत्य का उत्तर नहीं सूझता। अपनी ही ज़िन्दगी भर के कार्यकलापों का स्मरण करता हूँ तो उनके

कारणों की व्याख्या नहीं कर पाता, उनके परिणामों की भी नहीं। दूसरों की रुचियों-अरुचियों और कर्मों तथा उनके फलों को समझ पाना तो महा दुष्कर है। मनुष्य कहाँ से संचालित होता है और किन-किन रास्तों से होता हुआ उसे किस गंतव्य तक पहुँचना है, यह एक रहस्य है। कुछ के रास्ते सीधे हैं जो तर्क की पकड़ में आ जाते हैं मगर कुछ के बिल्कुल ही नहीं। 'क्यों' का उत्तर कभी-कभी मिल जाता है, कभी बिल्कुल नहीं। किसी को कुछ निर्देश देते या समझाते हुए संशय होता है, भ्रम भी और भय भी। भविष्य के गर्भ में क्या है, नहीं जानता। संचालित करने वाली शक्ति का विधान क्या है, समझ में नहीं आता। ऐसा लगता है अपना वश जहाँ तक भी है, सीमित है। क्या मनुष्य का सब कुछ अर्थात् उसकी क्षमता-अक्षमता, सफलता और असफलता, अनुभव और विचार, गति और दिशा, आकृति और प्रकृति, रोग और आरोग्य, जरा और मरण–उसके उस 'बीज' में ही निहित होता है जिसका कि वह वृक्ष है? 'बीज' अर्थात् जीव-चैतन्य?

गोरखपुर, 25 जून, 2019

आज दोपहर कथा लेखिका चित्रा मुद्‌गल का फ़ोन आया। छह-सात दिन पूर्व उन्होंने मेरी आत्मकथा पढ़ने की इच्छा जाहिर की थी जो उन्हें मिल नहीं रही थी। मैंने साहित्य अकादेमी में फ़ोन करके अजय शर्मा से उनके पास भिजवाया। वे पिछले चार दिनों से उसे पढ़ती रहीं और पूरा करने के बाद आज उस पर अपनी प्रतिक्रिया व्यक्त कर रही थीं। उनकी प्रशंसात्मक प्रतिक्रिया पूरी तो नहीं लिख सकता लेकिन उसका उल्लेख करके अपनी कृतज्ञता व्यक्त करना अपना धर्म समझता हूँ। यह आत्मकथा उन्हें अन्य आत्मकथाओं से अलग एक गम्भीर कृति लगी, जो अन्त तक पहुँचते-पहुँचते एक दार्शनिक कृति बन गयी है। इसकी वैचारिकता और मनोमंथन से वे प्रभावित हैं, साथ ही संकेतों में बहुत कुछ कहने की शैली से भी। चित्रा जी 'दस्तावेज़' के मेरे सम्पादकीयों से प्रभावित रही हैं और उन पर कई बार अपनी राय जाहिर कर चुकी हैं पर मेरा रचनात्मक लेखन सम्भवत: पहली बार उन्हें पढ़ने का अवसर मिला है। पहले भी वे कह चुकी हैं कि मेरा व्यक्तित्व अन्य बहुत से लेखकों से अलग है और इस बार भी वे इसे दुहरा रही थीं। उनका मानना है कि मैं चाहता तो अपने पद और सम्पर्कों से बहुत कुछ लाभ ले सकता था लेकिन मेरी प्रवृत्ति इस ओर नहीं रही। आज ही श्री रामदरश मिश्र का भी फ़ोन आया। वे कह रहे थे

कि साहित्य अकादेमी के पुरस्कार की पुस्तक सूची में पिछले वर्ष तो मेरी पुस्तक थी लेकिन इस वर्ष नहीं है। मैंने उनसे कहा कि मैंने स्वयं ऐसी इच्छा व्यक्त कर दी है कि अकादमी पुरस्कार के लिए मेरी पुस्तकों पर विचार न किया जाय। (देखिए, 5 दिसम्बर 2018 की मेरी डायरी का पृष्ठ)। इस पर रामदरश जी की प्रतिक्रिया थी–'आपने ठीक किया। अब आप इस पुरस्कार से ऊपर हैं।" क्या लेखकों की ऐसी प्रतिक्रिया मेरे लिए पुरस्कार नहीं है? चित्रा जी को मैंने इस बारे में कुछ नहीं बताया क्योंकि पिछले वर्ष मेरी पुस्तक हटाये जाने के बाद ही उनकी पुस्तक पर विचार हुआ था। उन्होंने इस वर्ष किसी पुरस्कार हेतु स्वीकृत करने के लिए ही मेरी पुस्तक मँगायी थी। हो सकता है अकादमी पुरस्कार के लिए ही संस्तुत करना चाहती हों। लेकिन वे पिछली घटनाओं से अनजान हैं।

गोरखपुर, 27 जून, 2019

आज टेलीविज़न पर आरिफ मोहम्मद ख़ान का इंटरव्यू सुना। आरिफ मोहम्मद खान राजीव गांधी सरकार में मन्त्री थे और शाहबानो प्रकरण पर सुप्रीम कोर्ट के फैसले के विरुद्ध संसद में क़ानून बनाने के विरोध में उन्होंने सरकार और कांग्रेस पार्टी से इस्तीफा दे दिया था। यह घटना 1986 की है। उस समय सरकार की कार्रवाई के विरुद्ध उन्होंने बयान भी दिया था जिसकी देश के तटस्थ, धर्म निरपेक्ष और प्रगतिशील लोगों ने प्रशंसा की थी। तब से आरिफ ने किसी पार्टी का दामन नहीं थामा न वे कोई चुनाव लड़े। वे एक स्वतन्त्र नागरिक के रूप में अपने घर में समय बिता रहे हैं। आज उन्होंने अपने पुराने बयान को ताजा करते हुए कुछ और खुलासे किये। उन्होंने बताया कि शाहबानो प्रकरण में सुप्रीम कोर्ट के फैसले को संसद द्वारा पलटवाने में मुस्लिम परसनल ला बोर्ड और कांग्रेस के तीन प्रमुख मन्त्रियों–नरसिंम्हा राव, अर्जुन सिंह और नारायण दत्त तिवारी का दबाव रहा। जब आरिफ मोहम्मद ख़ान ने इस निर्णय के विरोध में इस्तीफ़ा दिया तो उन्हें मनाने के लिए कई मन्त्री उनसे मिले और अन्त में नरसिंम्हा राव ने उनसे कहा, "हम लोग राजनीति करने आये हैं, समाज सुधार करने नहीं। मुसलमान हमारे वोटर हैं। यदि वे स्वयं ही गटर में रहना चाहते हैं तो हमें उन्हें वहीं रहने देना चाहिए।" वस्तुत: देश की जनता के प्रति यही विचार उन सभी राजनीतिक दलों और नेताओं की है जो सत्ता पाने और सत्ता में बने रहने के लोभी हैं। राजनीति और सत्ता में इक्के-दुक्के नेता ही अपवाद स्वरूप ऐसे हैं जो मूल्यों को महत्त्व देते हैं और जनता के मन तथा उसकी हालत में बुनियादी परिवर्तन करना चाहते हैं।

राजनीतिक सत्ता का चरित्र ही कुछ ऐसा है कि इसमें जनता एक साधन के रूप में इस्तेमाल की जाती है। जाति, धर्म, पन्थ और विचारधारा की कट्टरता भी अपनी सत्ता कायम करने के लिए प्रयत्नशील रहती है और उसके नेताओं में जनता के प्रति ऐसा ही लाभ लेने की दृष्टि रहती है। मुस्लिम परसनल ला बोर्ड के नेता जिस प्रकार मुसलमानों को गटर में डाल कर भी अपने सत्ता सुख का भोग करना चाहते हैं उसी प्रकार की मानसिकता सभी जाति, धर्म, पन्थ और विचारधारा के कट्टरवादी नेताओं की होती है। आज के 15-20 वर्षों पूर्व मैंने दस्तावेज़ के दो सम्पादकीय लिखे थे–'राज्य, समाज, धर्म और विचारधारा' तथा 'राजनीति और साहित्य के सरोकार'। दोनों लेख मेरी पुस्तक 'आलोचना के हाशिये पर' (2008) में प्रकाशित हैं। इन दोनों लेखों में मैंने सत्ता के उस चरित्र का विश्लेषण किया था जो अवसर या कहें कि लगभग हमेशा ही जनता के बुनियादी परिवर्तन के विरुद्ध होती है। इसीलिए गांधी जी ने भारत की आज़ाद मिलने के बाद कहा था कि अब कांग्रेस पार्टी का काम ख़त्म हो गया है और इसे भंग करके लोक सेवक संघ के रूप में प्रकट होना चाहिए, जिसका एक मसविदा भी उन्होंने तैयार कर दिया था। राजनीतिक सत्ता के बुनियादी चरित्र को ध्यान में रख कर ही 2011 में अन्ना हजारे ने अपने आन्दोलन में राजनीतिक लोगों का प्रवेश निषिद्ध कर दिया था। फिर भी उस आन्दोलन से निकली आम आदमी पार्टी ने जनता के साथ कितना छल किया, इसे हमारे समय के लोग जानते हैं।

राजनीति, धर्म और पन्थ की सत्ताएँ सामान्य जन के साथ जिस प्रकार का सलूक करती हैं उसी प्रकार का व्यवहार साहित्य में विचारधारा की सत्ताएँ भी करती हैं। साहित्य में 'विचार' जब 'विचारधारा' का रूप ले कर राजनीतिक दलों के साथ जुड़ते हैं तो वे अपनी स्वाधीनता और तटस्थता खो कर बँधुआ बन जाते हैं और पाठकों को गुमराह करके बाँधने का काम करने लगते हैं। फिर उनसे जुड़े लेखक अपने-अपने संगठनों के द्वारा अपनी-अपनी राजनीतिक सत्ताओं के दुष्कर्मों का भी समर्थन करने लगते हैं। आज साहित्य में कुछ ऐसी ही स्थिति बनने लगी है। इससे संगठन से जुड़े लेखकों को लाभ तो होता है, जैसे कि उन्हें अपने-अपने संगठनो द्वारा कुछ पुरस्कार-सम्मान आदि मिल जाते हैं, मगर साहित्य की चिन्तन शक्ति, उसकी गुणवत्ता ओर विश्वसनीयता मर जाती है। लेखकों की स्थिति पुरस्कार, पद और सम्मान के लिए गिड़गिड़ाते कटोरे थामें भिखारियों की सी हो जाती है। क्या कोई भिक्षाकांक्षी समाज में उच्चतर नैतिक मूल्यों की स्थापना में अपना योगदान दे सकता है?

गोरखपुर, 5 जुलाई, 2019

पण्डित राजशेखर (दसवीं शताब्दी) ने 'काव्य मीमांसा' में आलोचकों की चार कोटियाँ बताई हैं। तीसरी कोटि के आलोचक को उन्होंने 'मत्सरी' आलोचक कहा है। इस समय उनका कथन तो मुझे याद नहीं आ रहा है मगर 'मत्सर' शब्द का उनका प्रयोग सटीक है। आज ऐसे लेखक कुछ ज़्यादा ही दिखते हैं जो ईर्ष्या, द्वेष, पूर्वग्रह, अहंकार और अपनी तुच्छ प्रवृत्तियों से ग्रस्त होते हैं। ये आत्मविकास छोड़ कर दूसरों के विनाश में जुटे होते हैं। अपनी लकीर को बढ़ाने से अधिक दूसरों की लकीर को मिटाने में। लेकिन जो दूसरों को मिटाने में जुटेगा वह स्वयं का निर्माण कैसे करेगा? ऐसे लोग हर काल में और हर जगह हुए हैं। और आज तो फ़ेसबुक की ऐसी सुविधा मिली है कि बिना किसी भय या जवाबदेही के अपने मन की भड़ाँस निकालते रहते हैं। कुछ लोग तो किसी एक ही व्यक्ति को लक्ष्य बना लेते हैं और उसी के विरुद्ध विषवमन करते रहते हैं। लेकिन यह प्रवृत्ति पाठकों के बीच उन्हें अविश्वसनीय और उपहास का पात्र बना देती है तथा वे स्वयं कुण्ठित होकर कभी-कभी अर्ध विक्षिप्त हो जाते हैं। लेखन एक क्रिया है, प्रतिक्रिया नहीं। वह 'स्व' से ऊपर उठने और 'पर' से जुड़ने की प्रक्रिया है। वह व्यक्ति को उसकी तुच्छ संकीर्णताओं से मुक्त कर उदात्त के द्वार पर पहुँचाता है। जो व्यक्ति इस रहस्य को नहीं जानता वह 'लेखक' ही नहीं बन पाता, बेहतर लेखक बनने की बात तो दूर है। लेखन उँगलियों का खेल नहीं, यह भाव और विचार का तप है।

गोरखपुर, 30 जुलाई, 2019

कल दिल्ली से लौटा। परसों (28 जुलाई) इन्दिरा गांधी राष्ट्रीय कला केन्द्र में नामवर सिंह के जन्म दिन पर कलाकेन्द्र द्वारा शुरू किये जा रहे 'नामवर स्मृति व्याख्यान' के अन्तर्गत पहला व्याख्यान देना था। मैंने 'आलोचना का स्वधर्म' विषय पर अपना व्याख्यान दिया। व्याख्यान श्रोताओं को अच्छा लगा क्योंकि परसों से ही कई ऐसे फ़ोन आये। प्रो. नामवर सिंह ने अपना निजी पुस्तकालय इन्दिरा गांधी कला केन्द्र को दे दिया है जिसका उद्घाटन भी इस अवसर पर हुआ। मैंने भी पिछले 41 वर्षों से निकल रही अपनी पत्रिका 'दस्तावेज़' के सभी अंक (संख्या 1 से 161 तक) कला केन्द्र को दे दिया था जिसे उसने डिजिटाइज करा दिया है। उसे भी इस अवसर पर लांच किया गया। कलाकेन्द्र के अध्यक्ष श्री रामबहादुर राय, सदस्य सचिव श्री सच्चिदानन्द जोशी तथा कला निधि के विभागाध्यक्ष श्री रमेशचन्द्र गौड़

मंच पर थे। यह जान कर ख़ुशी हुई कि श्री सुनीति कुमार चटर्जी और हजारीप्रसाद द्विवेदी के भी निजी पुस्तकालय इस कलाकेन्द्र को दान में मिल चुके हैं। पुस्तकों की सुरक्षा अब व्यक्तियों के लिए कठिन है। ऐसी संस्थाओं में ही उनकी रक्षा हो सकती है, यद्यपि कहा नहीं जा सकता, कितने दिनों तक। मुझे अपने निजी पुस्तकालय की भी चिन्ता सता रही है।

आज (30 जुलाई) सायंकाल टेलीविज़न पर एक महत्त्वपूर्ण सुखद समाचार देखने को मिला। सरकार द्वारा तीन तलाक पर लाया गया विधेयक राज्य सभा से स्वीकृत हो गया है। सरकार तीसरे प्रयत्न में इसे स्वीकृत करा पाई। इसके लिए उसे तीन बार अध्यादेश भी करने पड़े हैं। अब यह राष्ट्रपति के हस्ताक्षर के बाद क़ानून बन जायेगा। इसे तो पहली बार में ही राज्यसभा से स्वीकृत हो जाना चाहिए था लेकिन विपक्षी दल कभी-कभी विरोध प्रकट करने के लिए जनहित के विधेयकों का भी विरोध करने लगते हैं। तीन तलाक क़ानून निश्चित रूप से मुस्लिम महिलाओं के हित में है। इसका किसी पार्टी को विरोध नहीं करना चाहिए। शाहबानो प्रकरण में जो दृढ़ता राजीव गांधी नहीं दिखा पाये उसे नरेन्द्र मोदी ने तीन तलाक मामले में दिखा दिया। विरोधियों को मानना चाहिए कि मोदी में दृढ़ इच्छा शक्ति है, जिसके कई उदाहरण वे पेश कर चुके हैं।

गोरखपुर, 1 अगस्त, 2019

आज दिल्ली से नासिरा शर्मा का फ़ोन आया। वह कह रही थीं, "मैं आप पर बहुत गुस्से में थी। इसीलिए कुछ दिन बात नहीं की। सोच रही थी कि गुस्सा कुछ कम हो तो बात करूँ।..." मैंने कारण पूछा तो उन्होंने कहा, "आपने अकादमी पुरस्कार के लिए संस्तुत अपनी पुस्तक क्यों वापस ले ली?" मैंने उन्हें अपनी नैतिक मजबूरी बताई, तो उन्होंने कहा, "आपके अपनी पुस्तक ले लेने के कारण ही इस वर्ष एक ऐसी पुस्तक को अकादमी पुरस्कार मिल गया, जिसकी बड़ी आलोचना हो रही है। इससे तो अच्छा था उस लेखक को मिल जाना जिसने रामकथा पर लिखा है जो कथा जन-जन के मन में है।" उनका संकेत श्री नरेन्द्र कोहली से था। मुझे ठीक पता नहीं कि सूची में कौन-कौन सी पुस्तकें थी। मैं सिर्फ अपनी पुस्तक के बारे में जानता हूँ जिसे मैंने पुरस्कार के लिए संस्तुत सूची से निकालने का अनुरोध किया था। उन्होंने यह भी कहा, "आपको पुरस्कार मिलने से कुछ लोग आलोचना करते तो आप क्यों डर गये? आलोचना तो करने वाले अब भी करते हैं।" मैं उनके इस

तर्क से सहमत हूँ। मैंने उनसे पूछा कि इस गोपनीय प्रसंग की जानकारी उन्हें कैसे हुई, तो उन्होंने जूरी मण्डल के एक सदस्य का नाम लिया। मैं इस प्रसंग में अधिक कुछ नहीं कहना चाहता। इसे मैंने इसी पुस्तक में 5 दिसम्बर, 2018 की डायरी में लिख दिया है। कभी-कभी स्वयं ही स्वयं के लिए कुछ दण्ड विधान करने होते हैं, जो मैंने कर लिया।

गोरखपुर, 7 अगस्त, 2019

भारतीय संसद ने धारा 370 को समाप्त कर दिया। 5 अगस्त को यह प्रस्ताव पहले राज्यसभा में स्वीकृत हुआ और कल लोकसभा में। अब कश्मीर का विशेष दर्जा समाप्त हो गया और वह अन्य प्रान्तों की तरह ही भारत का हिस्सा बन गया। इसका पूरे देश ने तो स्वागत किया ही, अधिकांश राजनीतिक दलों ने भी समर्थन किया। जिन दलों ने विरोध करना चाहा उनमें अपने ही दल में फूट पड़ गयी जैसे कांग्रेस में। प्रधानमन्त्री नरेन्द्र मोदी और गृह मन्त्री अमित शाह की दृढ़ता का यह अब तक का सबसे बड़ा उदाहरण है। मोदी ने अपने कार्यकाल में ऐसे कई निर्णय लिये हैं जिनमें से एक भी उनकी सरकार के लिए घातक हो सकता था लेकिन जन भावना उनके पक्ष में है। अपने दृढ़ निर्णयों के कारण मोदी भारत के पिछले सभी प्रधानमन्त्रियों में शीर्ष पर पहुँचते दिख रहे हैं।

गोरखपुर, 2 सितम्बर, 2019

इस सृष्टि में मनुष्य का अन्तिम शरण्य ईश्वर के अतिरिक्त दूसरा 'कोई' और 'कुछ', नहीं हो सकता। गहन अन्धकार में जब कोई रास्ता नहीं सूझता, कहीं से किसी किरण की आशा नहीं दिखती, रक्त सम्बन्धी, आत्मीय प्रियजन, किसी को पुकारना जब अर्थहीन लगता है तब ईश्वर के चरणों में समर्पण ही एक मात्र सम्बल होता है। उसी से खड़े होने, टिके रहने और जीने की शक्ति मिलती है। इस सत्य को मैं नहीं, महामना मार्क्स ने भी स्वीकार किया है जो ईश्वर का निषेध करते और धर्म को अफीम मानते हैं। मेरी आत्मकथा (अस्ति और भवति) के शुरूआती पृष्ठों (पृ. 9) पर एक पंक्ति लिखी है–"ईश्वर के लोकस्वीकृत रूप में मेरी आस्था नहीं है..."। इसे पढ़ कर कुछ पाठकों में भ्रम हो गया कि मैं नास्तिक हूँ। मगर इस अर्ध वाक्य में मैं कहना यही चाहता था कि लोक में ईश्वर के जो विविध रूप स्वीकृत है उनमें मेरा विश्वास नहीं है। इसका यह अर्थ नहीं कि परमसत्ता की परमशक्ति में मेरा

विश्वास नहीं है। लोक मन में ईश्वर के जो विविध रूप स्वीकृत हैं वे केवल प्रतीक मात्र हैं, उस परमसत्ता तक व्यक्ति-मन की आर्त्त प्रार्थना को पहुँचाने के। अगर ऐसा कोई माध्यम न होता तो व्यक्ति उस अज्ञात तक अपनी वेदना को कैसे सम्प्रेषित करता? तब अपनी दारुण वेदना में दहन के अतिरिक्त अभय का और क्या आधार था उसके पास? मनुष्य एक अधूरा प्राणी है। वह नहीं जानता कि कहाँ से, कैसे और क्यों आया है तथा कहाँ, कैसे, क्यों और कब जायेगा। अपने इस अधूरेपन को भरने के लिए वह चाहे जितने तरीके अपनाता है, भर नहीं पाता। फिर वह अनन्त आकाश की ओर देखता है जहाँ उसे ईश्वर के वास की अनुभूति होती है। वही उसके अधूरेपन को भरता है। कुछ विचारकों का मानना है कि ईश्वर ही मनुष्य की सारी समस्याओं का कारण है। उनका मानना इस अर्थ में सही भी है कि ईश्वर के नाम पर मनुष्य ने बहुत-बहुत रक्त बहाया है, बहुत शोषण और अत्याचार किया है। मगर इस सारे ध्वंस के बीच कुछ तो ऐसा है जो कभी नष्ट नहीं होता और यदि सब कुछ नष्ट हो जाय तो भी मनुष्य के अमरत्व की आकांक्षा तो नहीं ही नष्ट होती। तो फिर जब तक इस सृष्टि में 'मृत्यु' है तब तक ईश्वर की सत्ता भी रहेगी। मृत्यु से बचने के लिए मनुष्य किसके शरण में जायेगा?

गोरखपुर, 10 सितम्बर, 2019

वर्तमान का कोई अस्तित्व नहीं होता। जिसे हम देखते हैं, जो हमारे सामने होता है, वह तो अतीत में भी था और भविष्य में भी रहेगा। मगर उस दृश्य के बीच जो कुछ घटित होता है वह भविष्य में ही घटित होता है और घटित होते ही अतीन हो जाता है। वैसे तो इस भविष्य में घटने वाली घटनाएँ प्राय: सहज-स्वाभाविक रूप से ही घटित होती हैं पर कभी-कभी अप्रत्याशित भी घटित हो जाता है। लेकिन सच तो यह है कि घटित होने वाले क्षण और उसके स्वरूप को हम नहीं जानते, नहीं जान सकते। इसीलिए भविष्य हमारे लिए एक अभेद्‌य रहस्य की तरह होता है। और इसीलिए उसमें ईश्वर का वास होता है। जो अज्ञात है वही तो ईश्वर है।

गोरखपुर, 15 सितम्बर, 2019

जैसे हर काम शुरू करने का प्रस्थान बिन्दु महत्त्वपूर्ण होता है कि आप किस प्रयोजन से उसे शुरू कर रहे हैं, उसी प्रकार हर रचना या आलोचना शुरू करने मैं लेखक की मन:स्थिति महत्त्वपूर्ण होती है कि आप किस मनोदशा में है। आशा,

निराशा, उत्साह, ईर्ष्या, द्वेष, अहंकार, काम, क्रोध, लोभ, मोह–कौन-सा मनोविकार आपको प्रस्थान के लिए प्रेरित कर रहा है। भाषा उसी प्रस्थान बिन्दु से उत्पन्न होती है। भाषा का स्तर-उत्कृष्ट या निकृष्ट, उसी से निर्मित होता है। किसी ने कहा है कि ईर्ष्या, द्वेष और निन्दा की मन:स्थिति में भाषा अपने निकृष्ट स्तर पर पहुँच जाती है। रचना अपने अनुभव से लिखी जानी चाहिए। अपने समय की रचना की या किन्हीं सिद्धान्तों की या किन्हीं आलोचकों के मतों की नक़ल या निर्देशों के अनुसार लिखने में रचना अपने समय में चर्चित भले हो जाय, अपनी मौलिक प्रकृति और प्रभाव से शून्य हो जाती है जो कि बाद के समयों में भी उसे मूल्यवान बनाये रख सकते थे। लेखक को हमेशा लिखते समय अपने मन को क्षुद्रताओं से और चालू मुहावरों से मुक्त करके लिखना उसकी रचना और आलोचना को दीर्घ और निरोग जीवन प्रदान करता है।

गोरखपुर, 30 सितम्बर, 2019

साहित्य अकादेमी, दिल्ली, ने कल मेरे गृह नगर गोरखपुर में एक विशेष आयोजन करके मुझे अकादमी का महत्तर सदस्य बनाया। यह साहित्य अकादेमी का सर्वोच्च सम्मान है जो 1968 में शुरू हुआ था और पहली बार सर्वपल्ली डॉ. राधाकृष्णनन को दिया गया था। उसके बाद से यह देश के इतने बड़े-बड़े व्यक्तित्वों को प्रदान किया गया है कि उनके समक्ष मैं अपने को नगण्य मानता हूँ। अकादमी में एक समय में केवल इक्कीस महत्तर सदस्य होते हैं जो देश की सभी भाषाओं से चुने गये होते हैं।

यह सम्मान देने के लिए साहित्य अकादेमी के अध्यक्ष श्री चन्द्रशेखर कम्बार, उपाध्यक्ष श्री माधव कौशिक और सचिव श्री के. श्रीनिवास राव आये थे। साहित्य अकादेमी ने इस अवसर पर हिन्दी सलाहकार मण्डल की बैठक भी गोरखपुर में रखी थी जिसमें पन्द्रह-सोलह हिन्दी विद्वान उपस्थित थे।

सम्मान अर्पण समारोह के बाद श्री अरुण कमल, श्री ए. अरविन्दाक्षन, श्री रेवतीरमण और श्री कमलकिशोर गोयनका ने मेरे व्यक्तित्व और कृतित्व पर अपने विचार रखे। सलाहकार मण्डल के संयोजक प्रो. चित्तरंजन मिश्र ने इस संगोष्ठी का संयोजन किया।

इस अवसर पर मेरा नवीनतम कविता संग्रह (सब ने कुछ दिया) तथा मेरे बारे में श्री अरविन्दाक्षन की लिखी आलोचना पुस्तक (विश्वनाथ प्रसाद तिवारी : सृजन का विस्तार) का लोकार्पण भी हुआ।

आयोजन बहुत भव्य था। यद्यपि पिछले चार-पाँच दिनों से मौसम बहुत ख़राब था, रुक-रुक कर बारिश हो रही थी फिर भी लगभग साढ़े तीन सौ साहित्य-प्रेमी, लेखक, प्रोफ़ेसर, डॉक्टर और गोरखपुर के सभी वर्गों के नागरिक उपस्थित थे। पटना और मुज़फ़्फ़रपुर में बाढ़ आई हुई थी, सड़कों पर पानी लगा था फिर भी वहाँ से अरुण कमल और रेवतीरमण किसी तरह गोरखपुर पहुँच ही गये। मैं इन लोगों का और सब का आभारी हूँ और साहित्य अकादेमी का तो हूँ ही जिसने मुझे सम्मानित करने के लिए यह विशेष आयोजन सम्पन्न किया।

गोरखपुर, 10 अक्तूबर, 2019

दुनिया में जितने बड़े और महान कार्य हुए हैं वे उन लोगों द्वारा किये गये हैं जिनमें यश की आकांक्षा थी। यह एक ऐसी आकांक्षा है जिसे महाकवि मिल्टन ने सात्विक मन की आख़िरी कमज़ोरी (The last infirmity of the nobel mind) कहा है। यह आकांक्षा दूसरों के लिए स्वयं की बलि माँगती है। इस पर चलने वालों का रास्ता भोग का नहीं, तप का रास्ता है। जिनकी आकांक्षा धन कमाने या पद और शक्ति (Power) प्राप्त करने की होती है, उनका पथ भोग का पथ है। वे सुखी और सन्तुष्ट हो सकते हैं पर यशस्वी और महान नहीं हो सकते क्योंकि वे दूसरों का शोषण और उत्पीड़न भी करते हैं अर्थात् अपने लिए दूसरों की बलि चढ़ाते हैं। यशस्वी और महान वे तभी होते हैं जब अपने धन और शक्ति का उपयोग दूसरों के हित में करते हैं। जिस निज से जितना ही अधिक परहित होता है वह उतना ही महान हो जाता है।

गोरखपुर, 23 अक्तूबर, 2019

महात्मा गांधी ने कहा है "राज्य मनुष्य के असभ्य होने का प्रमाण है।" इसका तात्पर्य यह कि अगर मनुष्य सभ्य हो जाय तो राज्य की आवश्यकता या उसकी भूमिका समाप्त हो जायेगी। मार्क्स के चिन्तन का आदर्श भी यही है–'राज्य विहीन समाज की स्थापना।' रास्ते अलग हैं पर लक्ष्य दोनों विचारकों का समान है। यह विडम्बना है कि लोकतंत्री और मार्क्सवादी दोनों व्यवस्थाओं में राज्य अधिकाधिक मज़बूत और अनियन्त्रित होते गये, जिनके प्रमाण इतिहास में हैं। इसका कारण यह है कि दोनों विचारकों के अनुयायियों ने अपने विचारकों की मूल आत्मा को स्वीकार नहीं किया।

यदि भारत जैसे लोकतन्त्र की बात की जाय तो गांधी अपने ग्राम स्वराज द्वारा अपना वही आदर्श स्थापित करना चाहते थे। अपने सारे कार्यक्रमों में भी वे आत्मशुद्धि को प्रथम स्थान देते थे और इसीलिए उन्होंने आश्रमों की भी स्थापना की। आत्मशुद्धि आत्मबल का आधार है जो राज्य के समानान्तर खड़ी होने वाली परिकल्पना है। "जब सब करेंगे तब मैं करूँगा, यह न करने का बहाना है। मुझे ठीक लगता है, मैं करूँ, जब दूसरों को ठीक लगेगा, करेंगे, यही करने का मार्ग है।" गांधी का यह कथन भी राज्य के समानान्तर एक नागरिक धर्म की घोषणा है। लेकिन आज के भारतीय समाज में ठीक इसके उल्टा घटित हो रहा है। हर कोई, हर छोटे-से-छोटे काम के लिए भी राज्य को कोसता और गरिआता मिलेगा। उसका आत्मविश्वास और आत्मनिर्भरता जैसे विकलांग हो गयी है। हो सकता है राज्य ने ही जाने-अनजाने उसे विकलांग बनाने की साज़िश रची हो। या हो सकता है कि कोई विपक्षी दल उसे अपना पुर्जा बना कर उसे उसके आत्मबल से रहित कर रहा हो। दोनो–सत्ता और विपक्ष–क्योंकि राज्य को अपरिहार्य और सर्वशक्तिमान बनाये रखना चाहते हैं इसलिए वे जनता के आत्मबल और उसके स्वत्व को निष्क्रिय कर देना चाहते हैं। वे जनता को इतना कमज़ोर बना देना चाहते हैं कि वह सब कुछ के लिए राज्य पर ही निर्भर रहे। जबकि सच्चाई यह है कि जनता यदि अपने नागरिक धर्म का पालन करते हुए अपनी समूह शक्ति की भावना को जाग्रत करे तो राज्य के समानान्तर खड़ी हो सकती है और कालान्तर में काफी हद तक राज्य को अप्रासंगिक भी बना सकती है।

गोरखपुर, 26 अक्तूबर, 2019

आज मुज़फ़्फ़रपुर से प्रो. रेवतीरमण का फ़ोन आया। उन्होंने बताया कि आज (जन्मकुण्डली के अनुसार) उनका जन्म दिन है। वे मेरा आशीर्वाद माँग रहे थे जो कि मेरा सदा से उनके साथ रहा है। वे ऐसे व्यक्ति हैं जिन्होंने मेरा लिखा लगभग सब पढ़ा है। वे समकालीन साहित्य के सबसे अच्छे पाठक हैं और इस पर उन्होंने कई पुस्तकें भी लिखी हैं। लेकिन अफ़सोस, कि उन्हें अब तक कोई बड़ा पुरस्कार नहीं मिला। वे किसी गुट के नहीं हैं, न पुरस्कारों के प्रति प्रयत्नशील। रेवती जी इस समय साहित्य अकादेमी के लिए मेरा 'रचना-संचयन' तैयार कर रहे हैं। इस निमित्त उन्हें मेरी सारी रचनाओं को पुन: देखने का अवसर मिला है। वे कह रहे थे कि साहित्य अकादेमी का अध्यक्ष तथा अन्य सक्रियताओं के कारण मुझे जानते तो सब हैं पर मुझे पढ़ा नहीं गया है। रेवती जी का कहना सही है। अभी 30 सितम्बर को अरुण

कमल जी गोरखपुर से ट्रेन द्वारा पटना जा रहे थे। रास्ते से ही उन्होंने फ़ोन करके ठीक यही बात कही। उन्होंने कहा, "आपकी कविताओं की उपेक्षा हुई है। समय पर जिन लोगों को इन्हें परखना चाहिए और इनकी चर्चा करनी चाहिए थी उन्होंने नहीं की। मैं दूसरों को नहीं, स्वयं अपने को इसका दोषी मानता हूँ और आज अपराध बोध महसूस कर रहा हूँ।" अरुण कमल जी मेरी कविताओं का छठा संग्रह रास्ते में पढ़ रहे थे जिसका कल ही गोरखपुर में लोकार्पण हुआ था। उपर्युक्त दोनों प्रबुद्ध लेखकों की बातें मैं स्वयं महसूस करता हूँ, लेकिन इसके लिए क्या कर सकता हूँ? मनुष्यों की तरह रचनाओं का भी भाग्य होता है। इसे नियतिवादी अर्थ में नहीं लेना चाहिए। सब लोगों के पास इतना समय नहीं कि सब कुछ पढ़ सकें। अपने-अपने लोगों और विचारधाराओं की चीज़ें पढ़ने में ही उनका समय बीत जाता है। मैंने न कोई गुट बनाया, न किसी गुट के साथ रहा, न किसी से अपनी कोई रचना पढ़ने के लिए आग्रह किया। लेकिन इसमें मेरा पक्का विश्वास है कि न लेखक रह जाता है, न उसका पद और कोई पुरस्कार। किसी आलोचक का प्रमाणपत्र और उसका लिखा हुआ इतिहास भी नहीं रह जाता। रह जाती है सिर्फ़ रचना। वह कब किसी सहृदय पाठक के हाथ लगेगी, लेखक नहीं जानता। अब मैं इसका क्या करूँ कि मेरी कुछ पुस्तकों पर कई जाने माने लेखकों ने दस, पन्द्रह या बीस वर्षों बाद अपनी प्रतिक्रियाएँ दीं क्योंकि वे पुस्तकें इतने वर्षों बाद ही उनके हाथ लगीं। इनके उल्लेख मेरी डायरियों में हैं।

गोरखपुर, दीपावली, 27 अक्तूबर, 2019

जो सम्पूर्ण सत्ता में व्याप्त है, वह ईश्वर है। जिसे इसकी अनुभूति हो गयी, वह सन्त, महात्मा और ऋषि है। जो इसका अनुभव न कर सका वह सामान्य मानव है। जिसने स्वयं को ही सम्पूर्ण सत्ता मान लिया वह राक्षस और बर्बर है।

आई.आई.सी., दिल्ली, 30 अक्तूबर, 2019

इच्छा शक्ति या कहें कि दृढ़ इच्छा शक्ति जिसे गांधी जी 'आत्मबल' कहते हैं, व्यक्ति के सम्पूर्ण अस्तित्व को बदलने में जितना कारगर होता है, उतना और कुछ भी नहीं। वह उसे सन्देह, मोह, भ्रम, निराशा और अवसाद से मुक्त करता है। व्यक्ति के भीतर वह जिस क्षण पैदा होता है उसी क्षण से उसमें परिवर्तन शुरू हो जाता है। इसका असर उसके परिवेश और समाज पर भी पड़ता ही है। जो दुनिया उसे अन्धकारमय ओर डरावनी लगती रही वह प्रकाश और प्रफुल्लता से जगमगा

उठती है। संसार के सारे बड़े कार्य सकारात्मक इच्छाशक्ति के प्रताप से ही सम्पन्न हुए हैं, असम्भव कर्म भी सम्भव हो गये हैं। स्वयं गांधी के पास क्या था 'आत्मबल' के सिवा। यह कहीं बाहर होता भी नहीं है, मनुष्य के भीतर ही होता है, भीतर निवास करने वाले ईश्वर में।

गोरखपुर, 1 नवम्बर, 2019

कल दिल्ली से लौटा। एक ही दिन की, पर बड़ी व्यस्त यात्रा रही। ठीक तीन महीनों बाद 29 अक्तूबर को 2 बजे दिन में दिल्ली हवाई अड्डे पहुँचा। वहाँ से 3 बजे साहित्य अकादेमी कार्यालय। साढ़े चार बजे से अशोक द्विवेदी की भोजपुरी पुस्तक (भोजपुरी रचना आलोचना) का लोकार्पण अकादमी के ही सेमिनार कक्ष में करना था, सो हुआ। वहाँ से सात बजे सायं इंडिया इंटरनेशनल सेंटर पहुँचा, जहाँ रात में रुकना था। अगले दिन व्यास सम्मान की बैठक थी जिसमें नासिरा शर्मा को 2019 का व्यास सम्मान देने पर सहमति बनी। उस बैठक के तुरन्त बाद साहित्य अकादेमी पहुँचा। श्री अमरनाथ 'अमर' साहित्य अकादेमी के लिए मुझ पर एक वृत्तचित्र बना रहे हैं जो शूटिंग के लिए वहाँ मेरी प्रतीक्षा कर रहे थे। दो घण्टे उसमें लग गये। फिर वहाँ से इंडिया इंटरनेशनल सेंटर पहुँचा जहाँ सायं 6 बजे से पिछले वर्ष का व्यास सम्मान श्री लीलाधर जगूड़ी को दिया जाना था। वहाँ रात 8 बजे ख़ाली हुआ, अपने कमरे में आया। अगले दिन प्रात: 8 बजे पुन: हवाई अड्डे के लिए और दोपहर में गोरखपुर पहुँच गया। इस बीच दो व्याख्यान देने पड़े और श्री गोविन्द मिश्र, रामजी तिवारी, ममता कालिया, सुरेश ऋतुपर्ण आदि लेखक मित्रों से मिलना भी हुआ। साहित्य अकादेमी के सचिव श्री के. श्रीनिवास राव तथा अकादमी के अन्य कर्मचारियों से मिलना-जुलना तो हुआ ही, अपने दो पोतों–अमृतांशु और अव्यय को भी बुला कर भेंट की जो इस समय दिल्ली में ही प्रतियोगी परीक्षाओं की तैयारी कर रहे हैं।

यह व्यस्तता मेरे जीवन में कोई पहली बार नहीं घटित हो रही थी पर इस बार यह इसलिए भारी और उल्लेखनीय महसूस हुई क्योंकि पिछले तीन महीनों से मैं अस्वस्थ चल रहा हूँ और इस अवधि में पहली बार घर से बाहर निकला था। 29 अक्तूबर को घर से निकलने के पूर्व बार-बार मन में आ रहा था कि यात्रा रद्द कर दूँ पर यह कार्यक्रम पहले से तय था और मेरे न जाने पर आयोजकों की बदनामी तो होती ही, उनका आर्थिक नुकसान भी होता। सो, ईश्वर का स्मरण करके घर से

निकल पड़ा और सारे कार्य इस आत्मविश्वास से सम्पन्न हुए कि किसी को मेरी अस्वस्थ मन:स्थिति का भान तक नहीं हुआ। इस यात्रा का स्वयं मुझे सबसे बड़ा लाभ यह हुआ कि मेरा आत्मविश्वास बढ़ा और अपनी रुग्ण मन:स्थिति से बहुत कुछ मुक्त हो गया।

गोरखपुर, 15 नवम्बर, 2019

पिछले चार दिनों में इतना थक गया था कि आज दिन भर अपने बिस्तर पर आराम के लिए पड़ा रहा। साहित्य अकादेमी, दिल्ली, मेरे बारे में एक घण्टे का एक वृत्तचित्र बनवा रही है जिसे बनाने की ज़िम्मेदारी उसने दिल्ली दूरदर्शन में अधिकारी रहे श्री अमरनाथ 'अमर' को सौंपी है। अमर जी मेरे भी पुराने परिचित हैं। वे श्री रितू और कैमरामैन राजीव के साथ 11 नवम्बर को गोरखपुर आये। उनके साथ मुझे भी लगना पड़ा। अपनी पुस्तकें, अपने बारे में लिखी पुस्तकें, अपनी पुस्तकों के अनुवाद, प्राप्त पुरस्कारों के प्रतीक चिह्न, दस्तावेज पत्रिका के अंक आदि सुलभ कराने पड़े। रानी का गोला जहाँ मैं विद्यार्थी जीवन में रहता था, विश्वविद्यालय जहाँ मैं शिक्षक रहा–साथ-साथ जाना पड़ा। इंटरव्यू देना पड़ा, कविताएँ पढ़नी पड़ीं। कविताएँ भी जिस परिवेश की थीं, वहाँ-वहाँ जाकर। कल गाँव जाना पड़ा जो गोरखपुर से 70 किलोमीटर दूर है। वहाँ गाँव और उस परिवेश के चित्र लिये गये तथा उस गण्डक नदी के भी जो सदानीरा है और मेरे गाँव से एक किलोमीटर की दूरी पर है। कल रात 8 बजे लौटा। फ़िल्म बनाने में कितना श्रम लगता है और कितने प्रकार के उपक्रम करने पड़ते हैं, इसका अनुभव पहली बार हुआ। इस संक्षिप्त अनुभव से फ़िल्मी कलाकारों के कठिन श्रम और धीरज की कल्पना कर सकता हूँ।

गोरखपुर, 1 दिसम्बर, 2019

स्वर्ग और नरक मनुष्य की अपनी ही अतृप्ति और आकांक्षा के कल्पित रूप हैं। अपने जागतिक जीवन के दारुण दु:ख और अतृप्ति को उसने नरक के रूप में तथा ऐश्वर्य और वैभव की आकांक्षा को स्वर्ग के रूप में कल्पित कर लिया है। अर्थात् सृष्टि में जो सर्वोत्तम और सुखदतम है वह स्वर्ग तथा जो निकृष्टतम और दुखदतम, वह नरक। एक दूसरा कारण यह भी कि जब मनुष्य ने देखा कि एक परपीड़क, अत्याचारी और क्रूर, संसार में वैभवपूर्ण, सफल और सुखी जीवन जीता है तथा उसके उलट एक करुणावान लोकसेवक असाध्य पीड़ा भोगता है तो इस

विसंगति और विडम्बना के अपने मनोवांछित तार्किक उत्तर के रूप में उसने स्वर्ग और नरक की कल्पना कर ली।

गोरखपुर, 9 दिसम्बर, 2019

कल सायंकाल पटना से लौटा। 6 दिसम्बर को जब पटना जा रहा था तो गोरखपुर रेलवे स्टेशन पर मेरे मोबाइल पर अनामिका का एक सन्देश मिला– "मूर्तिदेवी के लिए बधाई।" मैं इसका कुछ आशय तो समझ गया पर पूरा नहीं। दो घण्टे बाद जब मैं ट्रेन में था, प्रो. सत्यव्रत शास्त्री और भारतीय ज्ञानपीठ के निदेशक श्री मधुसूदन आनन्द के फ़ोन सन्देश से प्रामाणिक रूप में जानकारी मिली कि मेरी आत्मकथा–अस्ति और भवति–को 2019 का मूर्तिदेवी सम्मान प्राप्त हुआ है। इस समाचार से मुझे विशेष प्रसन्नता इसलिए हुई कि यह सम्मान मेरी आत्मकथा को मिला है जो मेरी प्रिय पुस्तक है और मैं चाहता हूँ कि पाठक उसे पढ़ें। इस समाचार से पाठकों के बीच उस कृति का नाम पहुँचेगा। 6 दिसम्बर को रात में मुझे शीन काफ़ निज़ाम का भी फ़ोन मिला जो उस जूरी मण्डल के सदस्य थे और उन्हीं से यह भी ज्ञात हुआ कि अनामिका भी जूरी मण्डल में थी और प्रो. सत्यव्रत शास्त्री जूरी मण्डल के अध्यक्ष थे। आजकल सोशल मीडिया का जमाना है और रात तक मेरे पास पच्चीस तीस बधाई फ़ोन आगये। 7 दिसम्बर को जब यह समाचार 'जागरण' के सभी संस्करणों में और 8 दिसम्बर को 'हिन्दुस्तान' में प्रकाशित हुआ तब तो बधाइयों और सन्देशों का तांता लग गया जो अब तक चल रहा है और आगे भी दो-चार दिनों तक चलता ही रहेगा। इस सम्मान के बहाने पुस्तक चर्चा में आकर पढ़ी भी जाय, यही कामना है।

परसों 7 दिसम्बर को पटना में उदयराज स्मृति सम्मान का अर्पण समारोह था जिसकी अध्यक्षता के लिए मैं पटना गया था। इस वर्ष यह सम्मान कवि नरेश सक्सेना को दिया गया। मैं इस समारोह में तीसरी बार उपस्थित था। एक बार स्वयं लेने के लिए और दो बार देने के लिए। इस बार यह समारोह पटना के नये संग्रहालय में आयोजित था। 'नई धारा' पत्रिका का सम्पादन डॉ. शिवनारायण करते है जो बहुत विनम्र है और इसी का प्रभाव रहा कि पूरा हाल श्रोताओं से भरा रहा। इस अवसर पर श्योराज सिंह बेचैन, देव शंकर नवीन और पत्रकार राजकमल को भी 'नई धारा' ने सम्मानित किया। 'नई धारा' के सम्मान की आर्थिक व्यवस्था स्व. उदयराज जी

के सुपुत्र श्री प्रमथराज सिंह द्वारा की जाती है और वे स्वयं सपरिवार प्रति वर्ष इस अवसर पर उपस्थित रहते हैं।

गोरखपुर, 22 दिसम्बर, 2019

पिछले तीन-चार दिनों से देश के कई स्थानों पर नागरिकता क़ानून और नागरिकता क़ानून संशोधन (NRC और CAA) पर जम कर हंगामा और बवाल हो रहा है। हर जगह हिंसा, आगजनी और तोड़ फोड़ के दृश्य दिख रहे हैं। करोड़ों की सार्वजनिक और व्यक्तिगत सम्पत्ति बरबाद हो रही है। मुस्लिम समुदाय उत्तेजित है और उसके साथ अराजक तत्त्व भी जुड़ गये हैं। भारत के विपक्षी दल (कांग्रेस, सपा, तृणमूल, राजद आदि) निश्चित रूप से इसके पीछे हैं क्योंकि किसी दल के नेता ने आगे आकर यह बयान नहीं दिया कि विरोध प्रदर्शन हिंसात्मक नहीं होना चाहिए। क्या ये राजनीतिक दल गांधी के सत्याग्रह आन्दोलनों को भूल गये? गांधी के आंदोलनो के बारे में हमने जो कुछ किताबों-पत्रिकाओं में पढ़ा है और जो दृश्य-माध्यमों पर देखा है वह आज के समय में अद्‌भुत और अविश्वसनीय लगता है। लाठियों और बूटों से लहूलुहान होकर भी गांधी के सत्याग्रही बचाव में अपने हाथ तक ऊपर नहीं उठाते थे। यदि ऐसा अनुशासित अहिंसात्मक सत्याग्रह न होता तो देश का आजाद होना कठिन था। गांधी तो ख़ैर पुराने हो गये, उनके शिष्य अन्ना हजारे का आन्दोलन भी हमारे विपक्षी नेता भूल गये। अन्ना का आन्दोलन गांधी के बाद विश्व का सबसे बड़ा आन्दोलन था जिसमें गाँवों के छोटे-छोटे बच्चे भी शामिल हो गये थे। लेकिन इतने व्यापक आन्दोलन में, जिसमें करोड़ों लोग शामिल थे, एक भी हिंसा, आगजनी या तोड़फोड़ की घटना नहीं हुई। क्या हमारे विपक्षी और पक्ष के भी नेता इसका अनुसरण करेंगे?

गोरखपुर, 27 दिसम्बर, 2019

हिंसा एक आपद्‌धर्म है। यह आहार, निद्रा, भय और मैथुन की तरह प्रकृति प्रदत्त सहज धर्म नहीं है। इसलिए इसका प्रयोग आपत् काल में, अपरिहार्य स्थितियों में होना चाहिए। आत्मरक्षा के लिए इसके प्रयोग की इजाज़त सभी धर्मों और संविधानो ने दिये हैं। मगर अपनी इच्छानुसार सुविधाओं की माँगों के लिए इसका प्रयोग नहीं होना चाहिए क्योंकि मनुष्य की इच्छाओं और माँगों का कोई अन्त नहीं है। जो व्यक्ति अपनी मनोकामनाओं की पूर्ति के लिए हिंसा का प्रयोग करता है वह

अपने प्रतिपक्षी को भी हिंसा के लिए प्रेरित करता है। इतना ही नहीं वह राज्य को भी हिंसा के लिए छूट देता और उसके द्वारा की गयी हिंसा को वैधता प्रदान करता है। हिंसा का रास्ता प्रतिहिंसा की ओर ले जाता है और हिंसा द्वारा प्राप्त सत्ता हिंसा को नागरिकता प्रदान करती है तथा वह स्वयं भी अपने व्यवहार में हिंसक हो जाती है। गांधी जी ने अपने सत्याग्रह को हिंसक नहीं बनाया, यह उनकी बहुत बड़ी सूझ और गहरी निर्मल दृष्टि थी। अहिंसा जब हिंसा से टकराती है तो हिंसा को भी अहिंसक बनाती है। अहिंसक से हिंसा करने वाला ख़ुद अपनी निगाह में शर्मिन्दा होता है, दूसरों की निगाह में तो होता ही है। अत: अपनी माँगों के लिए व्यक्ति या समूह या राजनीतिक दलों का अहिंसात्मक संघर्ष स्वयं उनके हित में जितना होता है उतना प्रतिपक्षी के हित में नहीं।

गोरखपुर, 5 जनवरी, 2020

स्वाधीनता जीवन का चरम मूल्य है। यदि कोई स्वाधीन नहीं है तो वह अपने किसी कर्म के प्रति ज़िम्मेदार भी नहीं माना जा सकता। लेकिन इस समय कुछ विश्वविद्यालयों (जामिया मिलिया, जे.एन.यू., जादवपुर) में, 'आज़ादी, आज़ादी' के जो नारे गूँज रहे हैं, उनके पीछे एक वर्ग की विचारधारा, एक साम्प्रदायिक कट्टरता, कुछ राजनीतिक दलों का षड्यन्त्र और मोदी तथा भाजपा विरोध प्रमुख है। इसमें स्वाधीनता की माँग नहीं, मोदी हटाओ की माँग है। मोदी जी यदि हार जायें तो क्या स्वाधीनता की माँग भी समाप्त हो जायेगी? सच्चाई यह है कि एक स्वाधीन देश में ही इस प्रकार के नारे सम्भव हैं। इस प्रकार के नारे आपात्काल में क्यों नहीं लग रहे थे? ये विश्वविद्यालय और छात्र तो तब भी थे। स्पष्ट है कि तब आज़ादी नहीं थी और आज़ादी की माँग करने वालों में उतनी हिम्मत भी नहीं थी जितनी अपने समय में गांधी में थी। स्वाधीनता एक महान मूल्य है जिसके लिए संघर्ष अराजक होकर या किन्हीं दूसरे निहित उद्देश्य वालों के अधीन होकर नहीं किया जा सकता। जो लोग पराधीन हैं अर्थात् स्वयं किन्ही वाम या साम्प्रदायिक या राजनीतिक दलों के अधीन है वे स्वाधीनता जैसे महान मूल्य के लिए कैसे लड़ सकते हैं? स्व के अधीन होकर और केवल कुछ के नहीं, बल्कि सबकी स्वाधीनता के लिए संघर्ष ही सच्चा संघर्ष हो सकता है।

अतिथि भवन, सम्भलपुर विश्वविद्यालय (उड़ीसा), 9 जनवरी, 2020

बरामदे में बैठा हूँ। बाहर बारिश हो रही है। सुबह सात बजे का समय है। ठण्ड है पर गोरखपुर या दिल्ली की तरह अधिक नहीं है। इसे सुहावना ही कहा जाना

चाहिए। यह क्षेत्र उड़ीसा का पश्चिमी क्षेत्र है। भुवनेश्वर यहाँ से 300 किलोमीटर दूर है। यहाँ पास में झारसू गुडा नाम का हवाई अड्डा है जो डेढ़ घण्टे की दूरी पर है। वहाँ दिल्ली से रोज स्पाइस जेट की केवल एक ही फ्लाइट आती है और वही लौटती है। परसों (7 जनवरी) उसी उड़ान से आया। हवाई अड्डे पर अंग्रेज़ी के प्रोफ़ेसर अशोक महापात्र और रसायन शास्त्र के प्रोफ़ेसर चक्रवर्ती मुझे लेने के लिए पहुँचे थे। उनके साथ कार से यहाँ आया। यह विश्वविद्यालय सम्बलपुर से 16 किलोमीटर दूर है। यहीं विश्वविद्यालय का परिसर 670 एकड़ में फैला है। ज़मीन जंगली और पहाड़ी है। विश्वविद्यालय के लिए हर प्रकार से उपयुक्त और प्रशस्त।

विश्वविद्यालय के स्थापना दिवस पर कल (8 जनवरी) मुझे वर्ष 2018 का गंगाधर मेहर पुरस्कार दिया जाना था लेकिन कल 'भारत बन्द' की घोषणा के कारण कार्यक्रम टाल दिया गया। वह कार्यक्रम आज सम्पन्न होगा। अभी तीन घन्टे बाद मुझे उसमें जाना है। गंगाधर मेहर आधुनिक उड़िया भाषा और साहित्य के उन्नायकों में थे। वे हिन्दी के प्रसिद्ध लेखक भारतेन्दु हरिशचन्द्र के समकालीन थे। भारतेन्दु का जन्म 1850 ई. में हुआ था और उनका 1862 ई. में। मुझे प्रीतिकर लगा कि सम्बलपुर विश्वविद्यालय का नाम उनके नाम पर है। देश के कुछ ही विश्वविद्यालयों के नाम लेखकों के नाम पर है। यह तो और भी आश्चर्यजनक है कि यह विश्वविद्यालय उनके नाम पर एक प्रतिष्ठित पुरस्कार भी देता है जो केवल कविता के लिए दिया जाता है और प्रतिवर्ष किसी एक भारतीय भाषा के कवि को। यह पुरस्कार 1991 से अब तक अली सरदार जाफरी, नवकान्त बरुआ, शक्ति चट्टोपाध्याय, रमाकान्त रथ, जयन्त महापात्र, अयप्पा पणिक्कर, सीताकान्त महापात्र, विन्दा करन्दीकर, शंख घोष, दिलीप चित्रे, गुलज़ार, सुरजीत पातर आदि 27 महत्त्वपूर्ण भारतीय कवियों को प्रदान किया गया है।

पुनश्च–

विश्वविद्यालय के स्थापना दिवस समारोह में मैंने महसूस किया कि विभिन्न कार्यक्रमों के बीच गंगाधर मेहर पुरस्कार अर्पण को जितना महत्त्व देना चाहिए था उतना नहीं दिया गया। विश्वविद्यालय को यह कार्यक्रम गंगाधर मेहर के जन्म दिन पर अलग से अयोजित करना चाहिए जिसमें कविता और उड़िया कविता पर दिनभर का आयोजन हो तथा पुरस्कार प्राप्त करने वाले कवि का कविता पाठ या साहित्य के विषय पर व्याख्यान भी कराया जाय। इससे इस पुरस्कार को गरिमा भी मिलेगी और उसकी उपयोगिता भी सिद्ध होगी।

इस विश्वविद्यालय परिसर से मात्र पाँच किलोमीटर की दूरी पर प्रसिद्ध 'हीरा कुड' बाँध है जिसे मैं पहले 'हीराकुण्ड' के नाम से जानता था। आज उसके शुद्ध नाम का पता चला जब प्रो. अशोक रथ के साथ उसे देखने आया। प्रो. रथ इसके पहले भारतीय रेल सेवा में थे जहाँ से त्यागपत्र देकर अब इस विश्वविद्यालय में अध्यापन कर रहे हैं। 'हीराकुड' बाँध बहुत विशाल है—लगभग 5 किलोमीटर लम्बा, जो 'महानदी' के प्रवाह को रोक कर बनाया गया है। यह प्रधानमन्त्री जवाहर लाल नेहरू के प्रमुख कार्यों में एक है।

जहाँ मैं रुका हूँ, उस अतिथि भवन की देख-रेख करने वाले एक त्रिपाठी जी हैं जिनसे कई बार की बातचीत में मैंने उड़ीसा के भूगोल, इतिहास, मौसम और यहाँ की जाति तथा समाज व्यवस्था के बारे में व्यावहारिक जानकारी प्राप्त की।

अतिथि भवन, काशी विद्यापीठ, वाराणसी, 12 जनवरी, 2020

सम्बलपुर से दिल्ली होते हुए कल वाराणसी पहुँचा। शाम को विश्वनाथ जी का दर्शन किया साथ में विश्वास पाटील भी थे। जबसे देश में आतंकवादी ख़तरे बढ़े हैं प्रसिद्ध मन्दिरों में सुरक्षा के इतने प्रबन्ध किये गये हैं कि उनमें प्रवेश पाना कठिन हो गया है। पहले जब मैं वाराणसी आता था, आधे घण्टे में विश्वनाथ मन्दिर से दर्शन करके बाहर निकल आता था। इस बार बहुत दिनों बाद आया हूँ। देव दर्शन में भी पुलिस का सहयोग लेना पड़ा।

आज विद्या श्री न्यास का प्रतिवर्ष नियमित होने वाला आयोजन था जो इस वर्ष महात्मा गांधी की 150वीं जयन्ती पर गांधी जी पर ही केन्द्रित था। उसके उद्घाटन समारोह में रहा। जहाँ स्व. विद्या निवास जी के परिवारी जनों के साथ अच्युतानन्द मिश्र और इतिहासकार सुधीरचन्द्र जी से भेंट हुई।

गोरखपुर, 27 जनवरी, 2020

कल सायंकाल राष्ट्रीय स्वयं सेवक संघ प्रमुख श्री मोहन भागवत के साथ चाय पर निमन्त्रित था। वे गोरखपुर में चार-पाँच दिनों से हैं। उन्होंने कुछ बुद्धिजीवियों से मिलने की इच्छा प्रकट की थी। इसके पहले भी मुझे दो बार ऐसा निमन्त्रण मिला मगर मैं गया नहीं था। इस बार भी जाने का विचार नहीं था क्योंकि कई कारणों से ऐसे कार्यक्रमों में जाने से बचता हूँ। ऐसे कार्यक्रमों में एक ही विचारधारा के लोगों की भीड़भाड़ होती है और मैं किसी राजनीतिक दल या विचारधारा से अपने को बाँधना नहीं चाहता। लेकिन कल जिस सज्जन ने आमन्त्रित किया था उन्होंने मुझे ले

जाने के लिए मुझसे जुड़े एक व्यक्ति को वाहन के साथ भेज दिया और मुझे जाना पड़ा। लेकिन वहाँ जाने का मेरा अनुभव अच्छा रहा और मोहन भागवत जी की बातें सुनकर तथा उनसे मिल कर प्रसन्नता हुई।

मैं कुछ विलम्ब से पहुँचा। वहाँ लगभग पचास व्यक्ति उपस्थित थे जिनमें दो कुलपति, एक पूर्व कुलपति, कुछ प्रोफ़ेसर, कुछ मेडिकल डॉक्टर, कुछ व्यापारी और कुछ संघ के पदाधिकारी थे। उनमें से अधिकांश मेरे परिचित थे या मुझे जानते थे। मैं पीछे की कुर्सी पर बैठ गया। वहाँ लोग एक-एक कर उनसे प्रश्न पूछ रहे थे और वे संक्षेप में सधे हुए उत्तर दे रहे थे। उनके उत्तर आयन्त सन्तुलित और आत्मविश्वास पूर्ण थे जो बीच-बीच में किंचित व्यंग्य और विनोद के साथ जीवन्त थे। उनके उत्तर सुनकर किसी भी तटस्थ या संघ विरोधी व्यक्ति को भी कोई आपत्ति नहीं हो सकती थी।

हिन्दू-मुस्लिम सम्बन्धों पर उनसे कई प्रश्न पूछे गये जिनके उत्तर में उन्होंने कहा कि भारत में जो मुसलमान रह रहे हैं उन्हें देश से बाहर नहीं किया जा सकता। वे यहाँ के नागरिक हैं। उन्हें उनके अपने ही लोग डरा कर और बरगला कर अलग-थलग रखना चाहते हैं। उनके अपने लोगों का ही दायित्व है कि वे उन्हें ग्लोबल (वैश्विक) बनावें। मुसलमान अशिक्षित और संकीर्ण सोच के हैं जिनका फ़ायदा उन्हीं के लोग उठा रहे हैं। आरक्षण और हिन्दुओं में जाति व्यवस्था के सवालों पर उन्होंने कहा, कि दलितों की सैकड़ों वर्षों तक उपेक्षा की गयी है जिसके लिए आरक्षण स्वाभाविक है। जाति-पाति गुप्त काल के पहले ऐसी नहीं थी लेकिन बाद में यह हमारे मन को ग्रस्त करती गयी है और इसका उत्तर हमें अपने ही मन से माँगना चाहिए कि क्या हम इससे मुक्त हैं? स्कूलों में पाठ्यक्रमों को बदलने के बारे में उन्होंने कहा कि इससे कुछ ख़ास परिवर्तन नहीं होगा। एक सरकार पाठ्यक्रम बदलेगी तो दूसरी सरकार भी उसे बदल देगी। असली परिवर्तन समाज बदलने से होता है। समाज का मन बदल जायेगा तो न उसे किसी प्रकार भ्रमित किया जा सकेगा न उसमें भय रह जायेगा। अपने पूरे वक्तव्य में मोहन भागवत जी ने समाज को बदलने पर ही ज़ोर दिया। उन्होंने यह भी कहा कि वे किसी सरकार के अनुयायी नहीं है, न किसी सरकार से उनका कोई मतलब है। संघ के विरुद्ध जो आरोप लगाये जाते हैं, उनमें दुष्प्रचार अधिक है। वास्तव में संघ का लक्ष्य समाज को बदलना और सत्य के लिए काम करना है। उन्होंने यह भी कहा कि हर व्यक्ति को अपनी कमाई का 1/3 स्वयं पर, 1/3 परिवार पर और 1/3 समाज पर ख़र्च करना चाहिए। अपने पूरे वक्तव्य में उन्होंने शास्त्रों से कई उदाहरण भी दिये। उनके दिये गये उत्तर

तर्क संगत तो थे ही, वे स्वयं के चिन्तन और मनन पर आधारित थे। इसीलिए स्पष्ट और सारगर्भित थे।

गोरखपुर, 5 फ़रवरी, 2020

आज इन्दौर से लौटा हूँ। प्रात: 5 बजे होटल सूर्या, जहाँ रुका था, से हवाई अड्डे के लिए निकला और दिल्ली में जहाज़ बदल कर दोपहर साढ़े ग्यारह बजे घर पहुँच गया। यह मेरे लिए आश्चर्य की तरह था। बहुत वर्षों पूर्व पहली बार मैंने ट्रेन से इन्दौर की यात्रा 26 घण्टों में पूरी की थी। आज कुल साढ़े छह घण्टे लगे। इन्दौर की यह मेरी तीसरी यात्रा थी। दूसरी बार जब मध्य पद्रेश हिन्दी प्रचार समिति, इन्दौर, ने श्री रामदरश मिश्र और प्रभाकर श्रोत्रिय को पुरस्कृत किया था तब वह पुरस्कार देने गया था। उस समय मैं साहित्य अकादेमी का अध्यक्ष था। इस बार भी मध्य प्रदेश हिन्दी प्रचार समिति के ही निमन्त्रण पर और उसी निमित्त गया था–3 फ़रवरी को श्रीमती मालती जोशी और जी गोपीनाथन जी को पुरस्कृत करने। मध्य प्रदेश हिन्दी प्रचार समिति आर्थिक दृष्टि से सम्पन्न संस्था है जिसके पास शहर के केन्द्र में पर्याप्त ज़मीन है जिससे लाखों रुपया प्रतिमाह किराया आता है। मैंने अपने व्याख्यान में कहा कि मध्यकाल के कवियों को जितना पुरस्कार मिलता था उसकी तुलना में आज हम कुछ नहीं देते। मैंने कहीं पढ़ा है कि आचार्य कवि केशवदास को ओरछा नरेश इन्द्रजीत सिंह ने 22 गाँव दिये थे। कवि पद्माकर हाथी से चलते थे और बिहारी तथा अनेक कवियों के बारे में इस प्रकार की बातें की जाती हैं। आज तो हिन्दी के किसी लेखक को सारे पुरस्कार दे दिये जायें तब भी उस राशि से वह किसी बड़े शहर में एक फ्लैट तक नहीं ख़रीद सकता। मैंने मध्य प्रदेश हिन्दी प्रचार समिति से अनुरोध किया कि वह सम्पन्न संस्था है अत: लेखकों को दिये जाने वाले पुरस्कारों की राशि एवं उनकी संख्या बढ़ाने की कोशिश करें।

विगत तीन वर्षों से लगातार इन्दौर को भारत में सबसे स्वच्छ शहर का प्रमाण पत्र मिल रहा है। मैंने दो तीन साधारण लोगों जैसे कार ड्राइवर, होटल के बेयरा और गार्ड से बात की, वे सभी इससे उत्साहित लगे और बोले कि चौथी बार भी हमें पुरस्कार मिलेगा। कार ड्राइवर ने बताया कि वह कोई भी गन्दी चीज़ कार के बाहर सड़क पर नहीं फेंकता। जन सामान्य में इस प्रकार की चेतना आ जाय तभी स्वच्छता या कोई भी अभियान सफल हो सकता है। सरकारों पर दोष मढ़ने की अपनी सामान्य प्रवृत्ति छोड़कर हर व्यक्ति अपने नागरिक धर्म का पालन करे तो देश की बहुत सी समस्याएँ सुलझ सकती हैं। राजनीतिक लोग जन सामान्य को जागरूक

करने की बजाय अपने विरोधी सरकारों को कठघरे में खड़ा करना अपने स्वास्थ्य के लिए ज़्यादा मुफीद पाते हैं।

गोरखपुर, 11 फ़रवरी, 2020

विचारक और सिद्धान्तकार जितनी चर्चा 'बुद्धि' की करते हैं उतनी ही चर्चा कवि और प्रेमी 'हृदय' की और उतनी ही चर्चा दार्शनिक और सन्त 'आत्मा' की करते हैं। लेकिन पोस्टमार्टम करने वाले डॉक्टर से पूछिए, तो कहेगा कि उसे बुद्धि की जगह मस्तिष्क तो मिलता है और हृदय भी मिलता है पर काया में 'आत्मा' कहीं नहीं मिलती। वह यह भी कहेगा कि 'हृदय' सोचता नहीं है, सोचता तो 'मस्तिष्क' ही है। इन सब की बातें सही हैं। मस्तिष्क का ही एक भाग भाव प्रधान होता है जो 'हृदय' के रूप में वर्णित होता है और मस्तिष्क में ही कोई बिन्दु 'आत्मा' का भी होना चाहिए जो उसका जाग्रत, तटस्थ और दैवी स्वरूप है। वास्तव में ये मस्तिष्क के ही तीन स्तर है–बुद्धि, हृदय और आत्मा, जो अलग-अलग काया में अलग-अलग महत्त्व के साथ प्रतिष्ठित होते हैं। यह काया ही प्रकृति का सबसे बड़ा चमत्कार है, जैसे भाषा मनुष्य का सबसे बड़ा आविष्कार।

गोरखपुर, 1 मार्च, 2020

ठण्ड का मौसम मेरे लिए विशेष कष्टकर होता है पर इसी मौसम में मेरे शुभेच्छु मुझ पर ज़्यादा मेहरबान हो जाते हैं और हाथ जोड़ कर विनती करने के बाद भी छोड़ते नहीं बल्कि खींच-खींच कर घुमाते रहते हैं। उनकी कृपा से 1 फ़रवरी को गोरखपुर साहित्योत्सव में, 3 फ़रवरी को इन्दौर में, 14 फ़रवरी को लखनऊ के 'अवध कान्क्लेव' में, 16 फ़रवरी को मुम्बई विश्वविद्यालय के जयशंकर प्रसाद संगोष्ठी में शामिल होना पड़ा। फिर 25 फ़रवरी को साहित्य अकादेमी, दिल्ली के कार्यक्रम में जाना पड़ा जहाँ एक व्याख्यान अकादमी में और दूसरा देना पड़ा भाई वीर सिंह सदन में पंजाबी श्रोताओं के बीच सन्त कबीर पर। दूसरे व्याख्यान की अध्यक्षता पूर्व प्रधानमन्त्री डॉ. मनमोहन सिंह ने की। इस प्रकार शारीरिक दृष्टि से पूरी तरह स्वस्थ न होने के बावजूद फ़रवरी महीने में मुझे छह व्याख्यान देने पड़े और वह भी अलग-अलग विषयों पर। कल दिल्ली से घर लौटा, आज पहली मार्च है, लेकिन मार्च में भी मुझे पाँच व्याख्यान देने हैं–गोरखपुर, कुशीनगर, लखनऊ और पटना में। अभी यह संख्या बढ़ भी सकती है। मेरे मन पर पड़ने वाला असली दबाव यही है जिसके कारण नींद नहीं आती। मगर अपने साथ जब मैं राजनेताओं

या सार्वजनिक जीवन के अन्य विशिष्ट व्यक्तियों को देखता हूँ तो उनके व्यस्त कार्यक्रमों पर आश्चर्य होता है। डॉ. मनमोहन सिंह (यद्यपि वे अब प्रधानमन्त्री नहीं है) को ही, जो 27 फ़रवरी को मेरे व्याख्यान की अध्यक्षता कर रहे थे, मैंने गौर से देखा, उनकी आँखों की रोशनी कमज़ोर हो गयी है, वे बहुत स्वस्थ नहीं लग रहे थे। उस कार्यक्रम के संचालक श्री मोहिन्दर सिंह ने बताया कि चार बार उनकी बाईपास सर्जरी हो चुकी है। फिर भी 85 वर्ष की अवस्था में वे समय से दो मिनट पूर्व कार्यक्रम में पहुँच गये थे। अपना दुखड़ा रोने की जगह क्या मुझे उनके जीवन की प्रशंसा नहीं करनी चाहिए?

गोरखपुर, 12 मार्च, 2020

एक अति सूक्ष्म, अदृश्य विषाणु (कोरोना) ने लगभग एक महीने से दुनिया को भयभीत कर रखा है। संसार के एक सौ से अधिक देशों में इसने प्रवेश करके मनुष्य की सारी सुरक्षा व्यवस्था को चुनौती दे दी है। अमेरिका के राष्ट्रपति तक इससे इतने डरे हुए हैं कि उन्होंने अपनी ही हथेली से अपना मुँह कई दिनों तक नहीं छुआ। ईरान के एक मन्त्री की मृत्यु हो चुकी है और इटली के लगभग आधे नागरिक इसके डर से अपने-अपने घरों में कैद हैं। चीन के युहान से (?) निकले इस विषाणु (वाइरस) से चीन में तीन हज़ार से अधिक लोग मर चुके हैं। ख़ौफ इतना है कि दुनिया की अर्थव्यवस्था और आवागमन व्यवस्था तक डगमगा गयी है। कोई नहीं जानता कि यह कहाँ से कैसे पैदा हुआ और इससे लड़ने या इसे मारने के क्या उपाय हैं। क्या यह दुनिया भर के वैज्ञानिकों को चुनौती नहीं है। क्या इसी तरह महाप्रकृति दम्भी मनुष्य जाति को अपनी शवित का एहसास कराती है? लेकिन प्रकृति ने मनुष्य को जो अपरिमित क्षमता दी है उस पर अविश्वास का कोई कारण नहीं है। इस प्रकार की महामारियाँ पहले भी पृथ्वी पर फैलती रही हैं और मनुष्य उनका मुकाबला करता रहा है। मेरे बाबा और पिता मेरे गाँव में आये प्लेग और हैजा के बारे में बताते थे। उस समय किसान अपने गाँव छोड़कर खेतों और बगीचों में चले जाते थे। तब दवा का भी कोई ख़ास प्रबन्ध नहीं था। चेचक में तो कोई दवा दी ही नहीं जाती थी। मैंने कहीं पढ़ा है कि जहाँगीर को जब पहली बार प्लेग की जानकारी हुई तो वह बहुत डर गया था। तुलसीदास के अन्तिम दिनों में वाराणसी में प्लेग से हाहाकार मचा था जिसका हिला देने वाला वर्णन 'कवितावली' के कुछ छन्दों में हुआ है। लेकिन मनुष्य की दुर्दम जिजीविषा हर परिस्थिति में उसका साथ देती है। मनुष्य के साहस और उसके संकल्प से बड़ा कुछ भी नहीं है।

पुनश्च

कोरोना ने मार्च के मेरे सारे कार्यक्रम स्थगित कर दिये, इससे राहत महसूस कर रहा हूँ।

गोरखपुर, 13 मार्च, 2020

भारतीय विचारकों ने चार पुरुषार्थों (धर्म, अर्थ, काम, मोक्ष) का विधान किया है। इनमें सबसे प्रमुख है धर्म। अर्थ और काम को धर्म के अधीन होना चाहिए। जब अर्थ और काम धर्म के नियन्त्रण में रहते हैं तब संस्कृति की अवस्था में होते हैं, अन्यथा वे विकृति हो जाते हैं। 'हिन्द स्वराज' में महात्मा गांधी ने 'सभ्यता' की एक अत्यन्त संक्षिप्त परिभाषा इन शब्दों में दी है–"सभ्यता वह चीज़ है जिसके द्वारा हम दूसरे के प्रति अपना फ़र्ज़ अदा करते हैं। फ़र्ज़ अदा करना अर्थात् अपनी इन्द्रियों को वश में रखना।" यदि इन्द्रियाँ वश में न होंगी तो अर्थ और काम की पिपासा अनियन्त्रित हो जायेगी। इसीलिए भारत के सभी ऋषियों-मुनियों और सन्तों-भक्तों ने सबसे अधिक बल इन्द्रिय निग्रह और मन को वश में रखने पर दिया है। संसार को सुन्दर बनाने और बनाये रखने का यही एक रास्ता है। दूसरा कोई नहीं। कोई सिद्धान्त, कोई विचारधारा, कोई संविधान, कोई व्यवस्था, कोई पोथी, कोई मन्त्र नहीं।

गोरखपुर, 15 मार्च, 2020

मैं 25 फ़रवरी को दिल्ली में था जहाँ एक दिन पहले से साम्प्रदायिक मार-काट, लूटपाट और आगजनी हो रही थी। लेकिन मैं जिस क्षेत्र में था वहाँ इसका कोई प्रभाव नहीं था। हालाँकि सूचनाएँ और अफ़वाहें वहाँ भी फैल रही थीं मगर नागरिक जीवन सामान्य था। अब उन दिनों के जो तथ्य समाने आ रहे हैं वे भयानक हैं। उनके दृश्य डराने और बेचैन करने वाले हैं। उन्माद में आदमी कितना हिंसक और बर्बर हो जाता है कि किसी राह चलते निरीह और बेगुनाह को भी चाकुओं से गोदने लगता है। उसे यह पता भी नहीं होता कि जिसे मार रहा है वह कौन है। क्या यह साम्प्रदायिक और धार्मिक संघर्ष है? नहीं। यह गुण्डों, अपराधियों और अराजक तत्त्वों का अपनी हिंसा वृत्ति को तुष्ट करने का कुकृत्य है। जो सचमुच भीतर से धार्मिक होगा, चाहे वह किसी धर्म का हो, अकारण हिंसा नहीं करेगा। सभी धर्म हिंसा को आपद्धर्म के रूप में स्वीकार करते हैं, सामान्य धर्म के रूप में नहीं। सभी धर्मों-सम्प्रदायों का यह कर्तव्य है कि गुण्डों के उस संगठित गिरोह को जो इस प्रकार के दंगों को अंजाम

देते हैं, अपने-अपने धर्म-सम्प्रदाय से बाहर मानें और बाहर करें। तभी उनका धर्म बचेगा और उन्हें भी बचायेगा। धर्मो रक्षति रक्षितः।

गोरखपुर, 17 मार्च, 2020

मेरी आत्मकथा 'अस्ति और भवति' को भारतीय ज्ञानपीठ का मूर्तिदेवी पुरस्कार देने की घोषणा के बाद बहुत से पाठकों ने उसके बारे में जानकारी ली और कइयों ने उसे पढ़ लेने के बाद मुझे फ़ोन किया। कल ही सुल्तानपुर से श्री धर्मपाल सिंह जो अंग्रेज़ी के अध्यापक थे ने फ़ोन करके पुस्तक की काफी प्रशंसा की और कहा कि वे उसे पढ़ना शुरू करने के बाद बिना उसे समाप्त किये कोई काम नहीं कर सके। उन्होंने यह भी कहा कि यह पुस्तक 'गीता' और 'रामायण' की तरह है जो बार-बार पठनीय और मननीय है। उन्होंने वाट्सएप पर लिख कर भेजा–"आपकी आत्मकथा 'अस्ति और भवति' चार दिन में लगातार पढ़ते हुए अभी समाप्त की। यह अद्‌भुत पुस्तक है जो हमें देश-विदेश के पर्यटन स्थलों तथा वहाँ के लोगों के बीच ले जाती है। राजनीति, धर्म, दर्शन, साहित्य से लेकर जीवन के विभिन्न पहलुओं को आपने जिस तरह से प्रस्तुत ही नहीं किया है बल्कि उस पर नये तरीके से विचार करने के लिए मार्ग दिखाया है, वह प्रशंसनीय है। पुस्तक का शीर्षक अत्यन्त सारगर्भित है जिसकी अद्‌भुत व्याख्या आपने अन्तिम अध्याय में की है। जिस बेबाकी से आपने अपने जीवन की गल्तियों को पाठकों के समक्ष रखा है, वह आपको गांधी जी जैसे महान व्यक्तित्वों के समक्ष खड़ा कर देती है। मेरी राय में यह पुस्तक प्रत्येक समझदार व्यक्ति को पढ़नी चाहिए और एक से अधिक बार पढ़नी चाहिए। लेकिन पुस्तक बहुत ही ख़राब तरह से छापी गयी है"...इसके बाद धर्मपाल जी ने पुस्तक में प्रूफ की गल्तियों की एक सूची भी भेज दी है और अगले संस्करण में उसके सुधार की इच्छा प्रकट की है। मैं उनका आभारी हूँ कि उन्होंने इस पुस्तक को शब्दशः इतने ध्यान से पढ़ा।

लगभग बीस-पच्चीस दिन पूर्व हिन्दी के एक प्रबुद्ध अध्यापक श्री अभिषेक मिश्र जो गोरखपुर विश्वविद्यालय के छात्र रहे हैं, ने उपर्युक्त पुस्तक नेशनल बुक ट्रस्ट से मँगा कर पढ़ा और मुझे फ़ोन किया। वे भी बहुत प्रभावित दिखे और बोले कि इसकी सैकड़ों पंक्तियाँ तो उन्हें याद हो गयी हैं। वे भी इस पुस्तक को स्थायी महत्त्व का बता रहे थे जिसे बार-बार पढ़ा जाना चाहिए।

इस आत्मकथा को छपे पाँच वर्ष हो गये। इस पर मिल रही प्रतिक्रियाओं से मेरा ख़ुश होना स्वाभाविक है। मैं स्वयं महसूस करता हूँ कि मुझे इससे न पैसे की

आकांक्षा है, न यश की, मैं तो बस यही चाहता हूँ कि पुस्तक अधिक से अधिक पढ़ी जाय और निष्क्रिय न रहे बल्कि पाठकों को बदलने में अपनी भूमिका निभाये।

गोरखपुर, 19 मार्च, 2020

महाप्रकृति के दो विधान महान और अभिनन्दनीय हैं। एक यह, कि जो भी इस ब्रह्माण्ड में व्यक्त है अर्थात् पैदा हुआ है उसका मरण भी निश्चित है। और दूसरा यह, कि मृत्यु के समय कोई भी अपने साथ कुछ नहीं ले जा सकता। ये दोनों विधान मानवता और पूरी सृष्टि के पक्ष में हैं।

गोरखपुर, 2 अप्रैल, 2020

इस समय भयानक कोरोना वायरस ने सारी दुनिया को अपने चपेट में ले लिया है। सबसे ख़राब हालत दुनिया के सबसे शक्तिशाली देश अमेरिका की है। इटली और स्पेन की दशा भी बहुत ख़राब है। सभी देश इस वायरस से बचने के लिए युद्ध स्तर पर प्रयत्न कर रहे हैं। भारत में पिछले 22 मार्च से लॉकडाउन चल रहा है। लेकिन इस बीच 28 मार्च को आयी एक ख़बर ने सारे देश को भयभीत कर दिया है। ख़बर यह है कि दिल्ली के निजामुद्दीन स्थित तब्लीगी मरकज में पिछले 12 मार्च से तब्लीगी जमात के लगभग छह सात हज़ार लोग एक ही इमारत में इकट्ठे थे जिनमें न केवल कई देशों से आये विदेशी थे बल्कि उनमें सैकड़ों लोग कोरोना संक्रमित भी थे। यह ख़बर मिलते ही सरकार ने कार्रवाई की और मरकज से लगभग दो हज़ार लोगों को बाहर निकाल कर विभिन्न अस्पतालों में भेज दिया। कल 1 अप्रैल को मरकज को पूरी तरह ख़ाली करा लिया गया। लेकिन इसके पहले मरकज के हज़ारों लोग बिना कोई सूचना दिये देश के विभिन्न शहरों में चले गये हैं जिनसे कोरोना के फैलने का ख़तरा बहुत बढ़ गया है। सारा देश चिन्तित है। सरकारी मशीनरी युद्धस्तर पर उन्हें तलाशने और चिह्नित करने में जुटी है। पता चला है कि देश के लगभग बीस-बाईस राज्यों में पहुँच गये इन लोगों में बीस-पच्चीस की तो मौत भी हो चुकी है। इन लोगों के कारण देश में संक्रमित मरीजों की संख्या भी उछल कर बहुत बढ़ गयी है।

तब्लीगी मरकज की यह घटना अनजान में नहीं घटी है। इस जमात के प्रमुख मोहम्मद साद के वीडियो इसके साक्ष्य हैं। साद ने अपने कई तकरीरों में जमात के लोगों को मरकज में इकट्ठा होने के लिए प्रेरित किया है तथा इसे यूट्यूब पर

भी डाला है जिसे दुनिया के 80-90 हज़ार लोगों ने देखा है। इन तकरीरों में उसने ऐसी-ऐसी बातें की हैं जिन्हें सुनकर उसके प्रति ग़ुस्सा पैदा होगा। वह कहता है कि कोरोना का डर दिखा कर सरकार मस्जिदों को बन्द करना चाहती है। यदि इससे मृत्यु भी हो तो मरने की सबसे अच्छी जगह मस्जिद ही है। इतना ही नहीं वह यह भी कहता है कि लोग डॉक्टरों की सलाह भी न माने और अधिक से अधिक संख्या में मरकज में इकट्ठे हों। स्पष्ट है कि वह कोरोना के ख़तरे से पूरी तरह वाकिफ होते हुए भी लोगों को मौत के मुह में ढकेल रहा है।

गोरखपुर, 13 अप्रैल, 2020

कोरोना-काल में मुझे जयशंकर प्रसाद के 'कामायनी' की याद आ रही है। जल-प्रलय के दृश्य से शुरू होती है उसकी कथा। प्रकृति के कोप से देव-सृष्टि का ध्वंस हो चुका है। कवि कहता है–"प्रकृति रही दुर्जेय।" क्या आज ऐसी स्थिति नहीं है? प्रसाद जी पहली बार देवताओं के अभियान और उनकी उच्छृंखलता को चुनौती देते हैं जिनके कारण प्रकृति कुपित हुई है। महाकाव्य की नायिका कहती है–क्यों इतना उत्पात, ठहर जा ओ गर्बीले।" आज हमें भी यही पूछने का मन होता है। 'कामायनी' के 27 वर्ष पहले गांधी ने 'हिन्द स्वराज' में यही कहा था। उसकी समीक्षा करते हुए मैंने उत्तर आधुनिक चिन्तक ज्याक देरिदां का एक इंटरव्यू उद्धृत किया था जिसमें वे कहते हैं, "आतंकी हमलो के लिए अब किसी हवाई जहाज़ या बम की ज़रूरत नहीं है। देश के आर्थिक, सैनिक और राजनीतिक संसाधनों को तहस-नहस करने में सक्षम किसी वायरस या इसी तरह के तत्व को सिस्टम में प्रवेश करा देना ही काफी होगा। भविष्य में 26/11 से भी भयानक घटना सम्भव है, केवल कम्प्यूटर अथवा सूचना पद्धति पर हमला करके। सभी तरह की नैनो प्रौद्योगिकी नियन्त्रण से एक दम बाहर कहीं भी घुस जाने में सक्षम है।" देरिदां का कथन आज कितने ट्रैजिक रूप में दिख रहा है।

गोरखपुर, 20 मई, 2020

शान्त, सन्तुष्ट चेहरा, सहज मुस्कान और मुक्त हँसी–यही है वास्तविक विकास की पहचान। यह यूरोपीय विकास के माडेल को अपनाकर नहीं, बल्कि उसे त्याग कर सम्भव होगा। तनावग्रस्त चेहरे, हड़बड़ी और कृत्रिम मुस्कान, पहचान है उन

लोगों के जो यूरोपीय विकास के माडेल में घोड़े की तरह हॉफ़ रहे हैं। प्रकृति पर अधिकाधिक प्रभुत्व-कामना और उसका स्वेच्छाचारी उपभोग, विकास की नहीं, विनाश की दिशा है।

गोरखपुर, 25 मई, 2020

परम्परा और इतिहास दोनों मृत नहीं होते। उनमें स्पन्दन होता रहता है। मगर यह उसे महसूस होता है जिसमें वर्तमान की चेतना और भविष्य का विज़न होता है। परम्परा और इतिहास दोनों ही काल के रूप हैं। दोनों ही हमारी स्मृति में, हमारे चेतना-प्रवाह में, नैरन्तर्य बनाये रहते हैं और इस प्रकार काल हमारे भीतर अखण्ड रूप में जीवित रहता है। यह सही है कि हम एक ही नदी को दुबारा पार नहीं कर सकते, मगर हम जो पार करने वाले हैं, उनमें विगत और वर्तमान दोनों विद्यमान होते हैं।

गोरखपुर, 27 मई, 2020

मनुष्य की काया से बड़ा कोई चमत्कार नहीं। मानवीय भाषा से बड़ा कोई आविष्कार नहीं। अकेलेपन से बड़ा कोई अरण्य नहीं। अपने कर्म से बड़ा कोई शरण्य नहीं।

गोरखपुर, 21 जून, 2020

कल जीवन के अस्सी वर्ष पूरे हो गये। 1940 के जिस 20 जून को मेरा जन्म हुआ था, आकाश निरभ्र था, बादल का एक टुकड़ा भी नहीं था, तेज़ गर्मी और उमस थी। कल आकाश में घने बादल छाये थे, रुक-रुक का झमाझम बारिश हो रही थी।

एक व्यक्ति के जीवन में अस्सीवां जन्म दिन विशेष माना जाता है, इस दिन कुछ लोगों के अमृत महोत्सव मनाये जाते हैं। मगर मेरा यह दिन रोज़ की तरह सामान्य रहा। फ़ेसबुक पर प्रो. अमरनाथ (कलकत्ता) ने मेरी आलोचना पर एक पोस्ट डाल दिया था तथा कुछ और लोगों ने अपनी-अपनी इच्छानुसार कुछ लिख दिया था। मैं तो फ़ेसबुक पर नहीं हूँ। वाटसअप पर कुछ लोगों ने कुछ फारवर्ड कर दिया था जिसे पढ़ लिया। रात ग्यारह बजे तक लगभग 50-55 आत्मीयों ने फ़ोन पर बधाइयाँ दीं, मैंने सबके प्रति आभार प्रकट किया। सब कुछ सहज रहा।

मेरा जन्म मेरी इच्छा से नहीं हुआ, न मेरी इच्छा से उसका अन्त होगा। मैंने जो कर्म किये वे मेरे मन और परिस्थितियों से प्रेरित रहे। इन पर भी मेरा पूर्ण वश कहाँ था? फिर भी मैं असन्तुष्ट नहीं हूँ। जो मिला, मेरा कर्मफल था और ठीक ही था। अपने कुछ छोटे-मोटे कर्मों के लिए अफ़सोस ज़रूर है पर उनके लिए क्षमा याचना के अलावा क्या उपाय है? समय में पीछे तो नहीं लौटा जा सकता!

इस पड़ाव पर महसूस कर रहा हूँ कि जिन प्रवृत्तियों से चालित होकर विभिन्न रास्तों से गुज़र रहा था, वे अब विदा ले रही हैं। न अर्थोपार्जन की प्रेरणा रह गयी है, न काम (Sex) की। जिस यशेषणा या लोकेषणा का मेरे जीवन पर सर्वाधिक प्रभुत्व रहा, आश्चर्य कि उसका प्रवाह भी थम गया है। अब कोई इच्छा या प्रभु से प्रार्थना है तो यही कि मेरे कर्मों ने जिन समस्याओं को जन्म दिया है या दे सकते हैं उन्हें सहज ढंग से सुलझा देने की कृपा करें। वे घर-गृहस्थी, खेती-बारी की छोटी-मोटी समस्याएँ हैं। उनसे मुक्ति के बाद ही मैं निष्काम कर्म के क्षेत्र में प्रवेश कर सकता हूँ जो मोक्ष (जन्म-मरण से मुक्ति) का द्वार है और हिन्दू-मानस का सबसे बड़ा पुरुषार्थ।

गोरखपुर, 3 जुलाई, 2020

आज के ठीक एक वर्ष पूर्व गाँव गया था। घर पहुँचने के घण्टे भर बाद अपने छोटे भाई के साथ पास में ही तीन-चार किलोमीटर दूर अपनी छावनी देखने निकला। शाम का समय था और उमस बहुत। मैं अपनी मारुति–800 पुरानी गाड़ी में था जिसमें एयरकंडीशन नहीं था। मैं आगे वाली ड्राइवर के बग़ल की सीट पर था। गाँव की सड़क थी जिस पर कई कुत्ते गाड़ी के साथ तेजी से दौड़ने लगे। ऐसा लगता था जैसे गाड़ी के खुले शीसे से अन्दर मुँह कर देंगे। मैंने अपने कुरते की एक बाँह का कपड़ा ऊपर सरका लिया था और उस नंगी बाँह को गाड़ी की खिड़की से टिका कर बैठा था। मुझे लगा जैसे एक कुत्ते का मुँह मेरी बाँह से छू गया है। मैंने नंगी बाँह को ढक लिया और खिड़की का शीसा बन्द कर दिया। छावनी पहुँच कर मेरा भाई कुछ दिखाने लगा जहाँ गन्ने की फ़सल लगी थी और उनके बीच मेड़ों से गुज़रना था। मेरी बाँह में कुछ दर्द महसूस हुआ जैसे किसी कीड़े ने काटा है। मैंने कुरते के ऊपर से ही चमड़ी को मसल दिया ताकि अन्दर कोई मच्छर या कीड़ा हो तो मर जाय। ऐसा दो-तीन बार हुआ और हर बार मैंने ऐसा ही किया। घर लौटने के बाद सोने में रात को भी एक बार बाँह में दर्द महसूस हुआ और इस बार भी मैंने किसी मच्छर या कीड़े के काटने का ही अनुमान लगाया। दूसरे दिन मैं गोरखपुर लौट आया। तीसरे

दिन जब स्नान करने कि लिए मैंने कपड़े उतारे तो बाँह पर ऊपर की ओर एक छोटा-सा घाव दिखा जिससे कुछ रक्त निकल कर उसके आस-पास सूख चुका था। घर के जिन लोगों ने भी देखा, उसे किसी कीड़े के काटने का ही शक हुआ और मुझे भी। फिर मैंने फ़ोन से ही एक डॉक्टर से पूछ कर उस पर एक मलहम लगाना शुरू किया और जब दस दिन तक नहीं ठीक हुआ तो डॉक्टर से दिखा कर एक दूसरा मलहम मँगाया। ऐसा करते हुए एक महीने बीत गये। ठीक महीने भर बाद 4 अगस्त को रात में अचानक मुझे कुत्तों वाली वह घटना याद आई जो आश्चर्यजनक रूप से मेरे मस्तिष्क से विस्मृत हो चुकी थी और मैं सोचने लगा कि कहीं जिसे मैं कीड़े का काटना समझ रहा हूँ वह कुत्ते का काटना न हो। फिर मैं मन ही मन उस दिन की घटना की कड़ियों का सिलसिलेवार विश्लेषण करने लगा और बेहद भयभीत हो गया। भय और घबराहट का कारण यह भी था कि मेरा गला ऐसा ख़राब हो गया था जैसा पहले कभी नहीं हुआ और उससे कफ तथा लार निकल रहा था। मैंने उसी रात यूट्यूब पर कुत्ते के काटने के बारे में जानकारी पढ़ी और ऐसी स्थिति में जैसा कि होता है, उसके लक्षण स्वयं में देखने लगा। अब मेरा सारा सन्देह कीड़े के काटने से हट कर कुत्ते के काटने पर केन्द्रित हो गया। मैं घोर आश्चर्य में था कि इतने दिनों बाद मुझे यह ध्यान क्यों आया जब कि कुत्ता काटने का टीका 14 दिनों के भीतर ही लग जाना चाहिए। अगले दिन (5 अगस्त) मैं शहर के मशहूर चर्म रोग डॉक्टर के पास गया। उनसे बाँह का घाव दिखाया तथा कुत्ते के काटने का अपना सन्देह भी व्यक्त किया। उन्होंने कुत्ता काटने के मेरे सन्देह को तो खारिज कर दिया पर तीन हफ़्ते के बाद फिर देखने को कहा और तब तक के लिए नर्व्स की ताकत के लिए एक दवा दे दी। वे शायद ख़ुद सन्देह में पड़ गये थे इसलिए तीन हफ़्ते प्रतीक्षा करना चाहते थे। मगर मेरी बेचैनी तो क्षण-क्षण बढ़ रही थी। मैंने शहर के तीन गला विशेषज्ञ डॉक्टरों को दिखाया और एक उदर रोग विशेषज्ञ को भी। गले के कफ तथा पेट की गड़बड़ी की दवा चलने लगी। लेकिन मेरा असली सन्देह तो कुत्ते के काटने को लेकर था। मेरा भय बढ़ता जा रहा था और उसी के साथ शरीर की कमज़ोरी भी। मैं घर के लोगों को चिन्ता में नहीं डालना चाहता था इसलिए किसी को भी इस घटना और अपनी मन:स्थिति के बारे में नहीं बताया। केवल अपने छोटे बेटे अनन्तकीर्ति को इसकी सूचना इस हिदायत के साथ दी कि वह इसे अपने तक ही गोपनीय रखे। इसके अतिरिक्त दो अन्य व्यक्तियों–श्री चित्तरंजन मिश्र और अपने पड़ोसी एक शिष्य श्रीनिकेत शाही से पूरी जानकारी देकर परामर्श किया। हालाँकी

घटना के बाद धीरे-धीरे डेढ़ महीने का समय बीत गया था पर निर्णय लिया गया कि कुत्ते के काटने का इंजेक्शन भी लगवा लूँ जिसकी अवधि बीत चुकी थी। चार इंजेक्शन लगते-लगाते ढाई महीने का समय बीत गया। मैंने कई सूत्रों से जानकारी प्राप्त की कि कुत्ते के काटने का जहर छह महीनों तक ही प्रभावी होता है, अत: एक-एक दिन बेचैनी में काट रहा था, बिना किसी को इस बारे में बताये हुए।

समय अपने गति से चलता रहा और इसी बीच पूर्व निर्धारित काम भी होते रहे। मेरी जन्म-कुण्डली के अनुसार बहुत पहले एक ज्योतिषी ने इस अवधि में महामृत्युंजय पाठ कराने को कहा था, अत: वह अनुष्ठान भी सम्पन्न हुआ। साहित्य अकादेमी, दिल्ली, ने मुझ पर एक वृत्त चित्र बनाने का निर्णय लिया था, जिसे बनाने के लिए श्री अमरनाथ 'अमर' अपने दो साथियों के साथ गोरखपुर पहुँचे थे। उनके साथ शूटिंग के लिए गाँव गया और गोरखपुर में भी उनका सहयोग किया। अपनी मनोव्यथा और शारीरिक अस्वस्थता के कारण मैं इतना कमज़ोरी महसूस कर रहा था कि उठने-बैठने में भी कठिनाई हो रही थी, पर इसी हालत में सारे काम करता रहा।

एक-एक दिन, बल्कि कहूँ कि एक-एक घण्टे गिनते हुए धीरे-धीरे छह महीने पूरे हो गये। समय के बोझ का अहसास धीरे-धीरे कम होने लगा और अनिष्ट की आशंका भी घटने लगी। जैसे-जैसे दिन गुज़रते रहे सन्देह कम होता रहा। फिर दिल्ली की यात्रा की, वहाँ दो-तीन व्याख्यान दिये और गोरखपुर तथा आस-पास के कुछ कार्यक्रमों में जाना पड़ा। इस प्रकार आठ महीने बीत गये और मन लगभग सन्देह मुक्त हुआ। लेकिन तब तक आक्रमण के लिए घात लगाये कोरोना बैठा था। कहते हैं ज़िन्दगी से बड़ी सजा दूसरी नहीं। पिछले चार महीनों से कोरोना काल में कैद हूँ।

ग़ज़ब का एक वर्ष बीता यह भी। मनुष्य के जीवन में ऐसा भी समय आता है जब उसकी सारी उपाधियाँ, उपलब्धियाँ, नाम-यश, धन-सम्पदा, साथ-सम्बन्ध सब व्यर्थ लगने लगता है। कर्तृत्व, अभिमान–सब मिथ्या। मुट्ठी भर राख।

लेकिन वक़्त की सबसे बड़ी ख़ूबी यही है कि वह क्षण-क्षण बीतता रहता है और आपको आनन्द महसूस हो या पीड़ा–वह निरासक्त गुज़र जाता है। गुज़र ही जाता है।

गोरखपुर, 10 जुलाई, 2020

अपने अनुभव के आधार पर कहना चाहता हूँ कि मनुष्य की इच्छा सर्वोपरि नहीं होती, अन्यथा वह जैसा चाहता वैसा करता और जो चाहता वह बन जाता।

मगर ऐसा न उसके साथ हुआ है, न होता है। सबसे पहले तो यह कि उसका जन्म ही उसकी इच्छा से नहीं हुआ। वह किस समय में पैदा हुआ, किस माता-पिता के घर, किस प्राकृतिक और सांस्कृतिक परिवेश में, किन आनुवंशिक क्षमताओं के साथ, किस अवचेतन का भार लिये, किस आकृति और प्रकृति में, किस मन और बुद्धि सहित–इसमें उसकी इच्छा का कोई योगदान नहीं। और यह निर्मम सच्चाई है कि इन्हीं से मृत्युपर्यन्त उसका सम्पूर्ण जीवन संचालित होता है। फिर उसके अहंकार और कर्तृत्वाभिमान का कोई अर्थ नहीं। लेकिन उसके पुरुषार्थ का अर्थ है। अपनी प्राप्त की हुई दुनिया, जिसमें वह स्वयं भी शामिल है, को बदलने का सामर्थ्य प्रकृति ने उसे दिया है। इसीलिए प्रकृति ने उसे बनाया ही ऐसा है कि वह अकर्म की स्थिति में नहीं रह सकता। कर्म तो वह करेगा ही। उसका पुरुषार्थ यही है कि वह अपनी प्राप्त क्षमताओं और सहज प्रवृत्तियों की कारा का अतिक्रमण करके संस्कृति की दिशा में विनम्र और कृतज्ञ भाव से कर्म करता हुआ अपने को चरितार्थ करे।

गोरखपुर, 15 सितम्बर, 2020

मेरे अध्यापक प्रो. रामचन्द्र तिवारी ने किसी प्रसंग में दो बार मुझ से कहा था कि काश वे अपनी मृत्यु के बाद का दृश्य देख पाते, क्योंकि तभी अपने वास्तविक शुभचिन्तकों का पता लगता और यह भी कि कौन उनके बारे में क्या कहता है या क्या सोचता है। यह जानते हुए भी कि ऐसा असम्भव है मनुष्य अपनी मरणोत्तर स्थितियों की कल्पना तो करता ही है और मृत्यु के बाद भी अपने महत्त्व की चिन्ता उसकी कर्म-प्रेरणा बनती है। कभी-कभी वह उस श्मशान घाट की भी कल्पना कर लेता है जहाँ उसका शव रखा है और उसके शत्रु-मित्र उसे अन्तिम विदा दे रहे हैं। यह प्रसंग मुझे इस कोरोना-काल में क्यों स्मरण आया? इसलिए कि इस काल में रागात्मक सम्बन्धों में जो परिवर्तन दिखाई पड़ रहा है वह अकल्पनीय है। परिवार का कोई व्यक्ति यदि कोरोना से मर रहा है तो उसके शव को पति, पत्नी, बेटे, बेटी, भाई, बहन, पिता तक भी नहीं स्पर्श कर रहे हैं, इष्ट-मित्र सम्बन्धियों की तो बात ही क्या। एक-दो को छोड़ कर साथ में कोई श्मशान घाट तक भी नहीं जा रहा है। मेरे आस-पास परिचितों में कई विशिष्ट व्यक्ति मरे हैं जो सामान्य दिनों में मरते तो सैकड़ों लोग उनकी शव यात्रा में शामिल होते और इसकी पूर्व कल्पना भी उस मृतात्मा ने की होगी। मगर वह अनादृत (unsung) चला गया जैसे हवा में कोई

पत्ता तक न हिला हो। भारतीय सन्तो-भक्तों ने अपनी कविताओं में तथा प्रवचन करने वाले कथावाचकों ने जीवन की निस्सरता और सम्बन्धों के मिथ्यात्व के बारे में बहुत कुछ लिखा और कहा है मगर ऐसी निर्मम स्थिति का बयान उन्होंने भी नहीं किया। क्या यही है सम्बन्धों का डरावना सत्य?

यह एक नये प्रकार की भयानक छुआछूत है और यदि लम्बे समय तक यह चलती रही या भय और सन्देह वश इसका प्रचलन हो गया तो अस्पृश्यता विरोधी इसका विरोध भी नहीं कर सकेगा क्योंकि इसका आधार या कारण वैज्ञानिक है।

गोरखपुर, 25 सितम्बर, 2020

पिछले चार दिनों से रुक-रुक कर बारिश हो रही है। आकाश में बरसने वाले भूरे और दूधिया बादल छाये हुए हैं। इतने सघन कि दिन में भी नीम अँधेरा घिरा हुआ। कभी हल्की बूँदाबादी, कभी इतनी तेज़ बारिश कि आगे का रास्ता धुँधला दिखे। रात भर बूँदों की टिप-टिप और पट-पट और कभी निर्झर जैसी ध्वनि कानों को सुखद शान्ति देती है। ऐसे में बहुतों को नींद आती है और सो जाते हैं मगर मेरी नींद टूट जाती है और उस ध्वनि का आनन्द लेने लगता हूँ। बीच-बीच में मेघ का मन्द्र स्वर और कभी-कभी कड़क घोष प्रीतिकर लगता है। ऐसा परिदृश्य मेरी आँखों को और मन को इतना आकर्षित करता है कि चाहे दिन हो या रात मैं सो नहीं पाता, बल्कि अर्द्धनिद्रा में ही रहता हूँ, या कभी-कभी तो कमरे के बाहर निकल कर प्रकृति के इस रूप को निहारने लगता हूँ। इस मौसम में हवा भी ठण्डी और कुछ तेज़ चलती है जिससे सिहरन महसूस होती है। मौसम विज्ञानी बता रहे हैं कि हफ़्ते भर बाद मानसूनी बादल वापस लौट जायेंगे मगर जाते-जाते ये मुझे मनचाहा उपहार दे रहे हैं इसके लिए उन्हें धन्यवाद। बहुत वर्षों बाद गोरखपुर में इस वर्ष सन्तुलित बारिश हुई, न बाढ़ आई, न सूखा पड़ा, न किसान दुखी हुए, न बादलों और बूँदों से मेरा मन अतृप्त रहा। हे मेघ, पुनः धन्यवाद। अब तो वर्ष भर बाद लौटोगे तुम और तुम्हारे जाने के बाद जो ठण्ड का मौसम शुरू होगा वह मेरे लिए पीड़ादायक होगा–ख़ासकर दिसम्बर, जनवरी और फ़रवरी का महीना। मगर इसके लिए तुम कर भी क्या सकते हो? सुख के बाद तो आना ही है दुःख को। वह न आये तो तुम्हारी अनुभूति कैसे होगी?

गोरखपुर, 4 अक्तूबर, 2020

कोरोना-काल की गृहबन्दी में बाहर जाना-आना और आषाढ़-भाषण बन्द है जो मेरे लिए बहुत सुख कर है। साहित्य अकादेमी-काल (2008-2017) में इतना घूमना और जगह-जगह बकबक करना पड़ा कि ऐसे ही मौन की इच्छा करने लगा था। यह इच्छा पूरी तो होनी चाहिए थी मगर ऐसी भयानक परिस्थिति में नहीं। इतने लोग मर रहे हैं, अब प्रभु को अपनी प्रजा पर कृपा करनी चाहिए।

आजकल दिनभर तो कुछ पढ़ता-लिखता रहता हूँ पर शाम को आधा-पौन घण्टा टेलीविज़न पर समाचार और एक घंटा 'कृष्ण' धारावाहिक देखता हूँ। इसे रामानन्द सागर ने बनाया है जिनका रामायण सीरियल बहुत लोकप्रिय हुआ था। तुलसीदास ने रामकथा को भाषा में निबद्ध करके जैसे लोक तक पहुँचा दिया था उसी प्रकार रामानन्द सागर ने उसे दृश्य बनाकर निरक्षर जन तक। 'कृष्ण' सीरियल 'श्रीमद्‌भागवत' का दृश्य रूप है। कहा जाता है कि 'महाभारत' की रचना के बाद व्यास देव को जब मन:शान्ति नहीं मिल रही थी तो देवर्षि नारद ने उन्हें 'श्रीमद्‌भागवत' लिखने के लिए प्रेरित किया था। 'श्रीमद्‌भागवत' मन को भक्ति और वैराग्य की ओर ले जाने वाला विलक्षण ग्रन्थ है जो श्री कृष्ण कथा के द्वारा उद्विग्न सांसारिक मन को परम शान्ति देने वाला है। इसलिए हिन्दुओं में अपनी उम्र के अन्तिम पड़ाव पर इस कथा के सुनने का प्रचलन है ताकि अन्तिम समय में वह सांसारिक प्रपंचों से मुक्त होकर ईश्वरोन्मुख हो सके। श्रीमद्‌भागवत की इसी कथा के बीच ज्ञान की वह गंगा भी प्रवाहित होती है जिसे 'श्रीमद्‌भगवद्‌गीता' के नाम से जाना जाता है और जो वेद, उपनिषद, पुराण तथा समस्त भारतीय दर्शन का निचोड़ मानी जाती है। आजकल टी.वी. पर पाँच दिनों से वही गीता-प्रसंग चल रहा है। यह तत्व ज्ञान इतना गम्भीर और गरिष्ठ है कि सामान्य दर्शक के मन में उतरने वाला नहीं। देह की नश्वरता और आत्मा की अमरता, मन की चंचलता और इन्द्रियों की आसक्ति, त्रिगुणात्मिका सृष्टि, स्थिति प्रज्ञता, ज्ञान योग और निष्काम कर्म योग, कर्म संन्यास, भक्ति और शरणागति आदि ऐसे गूढ़ तत्व हैं जो निरन्तर साधना और तप द्वारा ही गम्य और प्राप्य हैं। रामानन्द सागर को धन्यवाद कि वह अनेक दृष्टान्तों, कथाओं, चित्रों और लोक उदाहरणों द्वारा इस गूढ़ तत्वज्ञान को तार्किक, सहज और बोधगम्य बना रहे हैं।

गोरखपुर, 15 दिसम्बर, 2020

कोरोना-काल में नौ महीनों बाद परसों (13 दिसम्बर) पहली बार गोरखपुर के बाहर निकलना पड़ा। कल (14 दिसम्बर) लखनऊ के डॉ. शकुन्तला मिश्रा राष्ट्रीय पुनर्वास विश्वविद्यालय में दीक्षान्त भाषण करना था। इस अवसर पर उत्तर प्रदेश की राज्यपाल श्रीमती आनन्दीबेन पटेल और मुख्यमन्त्री योगी आदित्यनाथ उपस्थित थे। इस विश्वविद्यालय की स्थापना बहुजन समाज के नेता श्री सतीशचन्द्र मिश्र ने अपनी माँ के नाम पर किया है और वे भी समारोह में थे। इस विश्वविद्यालय का स्वरूप अन्य विश्वविद्यालयों से भिन्न है। इसमें 50 प्रतिशत छात्र-छात्रा दिव्यांग होते हैं जो सामान्य छात्र-छात्राओं के साथ रहते और शिक्षा प्राप्त करते हैं। इससे समानता, परस्पर सहभागिता और संवेदनशीलता का भाव विकसित होता है। अपने भाषण में मैंने इस कल्पना की प्रशंसा की। मैंने यह भी कहा कि प्रकृति ने मनुष्य को जो वाक् शक्ति प्रदान की है वह सृष्टि में किसी प्राणी को उस रूप में प्राप्त नहीं है जैसी मनुष्य को। यह मनुष्य को उसकी सारी अपूर्णताओं और विकलांगताओं से मुक्त करने वाली एक दिव्य शक्ति है जो उसे सृष्टि के शेष प्राणियों से अधिक समर्थ और सम्भावनाशील बना देती है। प्रकृति के इस वरदान के प्रति हमें कृतज्ञ तो होना ही चाहिए, उसका विकास भी करना चाहिए।

गोरखपुर, 17 जनवरी, 2021

आज सिन्धी भाषा के एक लेखक श्री मोहन हिमथाणी का फ़ोन आया। उन्होंने मेरी आत्मकथा 'अस्ति और भवति' पढ़ कर समाप्त करने के बाद फ़ोन किया है। वे उससे इतने प्रभावित हैं कि उसे धीरे-धीरे पढ़ते हुए उससे नोट्स भी लेते रहे और उसके कई पृष्ठों की फ़ोटोकॉपी उन्होंने अपने कुछ मित्रों को भेजी। वे देर तक पुस्तक की प्रशंसा करते रहे और मुझे भी पुस्तक के कुछ पृष्ठ मेरे वाट्सअप पर भेजे जिन पर उनकी टिप्पणियाँ थीं। पुस्तक के आख़िरी पृष्ठ पर सबसे अन्त में उनकी टिप्पणी है–"धन्यवाद आदरणीय, इस आत्मकथा का अध्ययन जीवन को प्रकाशित-प्रकाशमान कर गया। एक राह रोशन हो गयी। रास्ता मिल गया चलने के लिए।" दिसम्बर, 2020 की किसी तारीख (अस्पष्ट) की इस टिप्पणी को पढ़ कर मन तृप्त हो गया। यही तो मैं चाहता था, इस कृति से। पैसा नहीं, पुरस्कार नहीं, नाम नहीं, बस यही कामना रही इसे लिखते वक़्त, कि इसे पढ़ने वाले को कुछ मिल जाय। हिमथाणी लिखते हैं–" 'अस्ति और भवति' वर्तमान समय में हिन्दी

के आत्मकथात्मक साहित्य में एक सशक्त अभिव्यक्ति के साथ, अपने समय के युगबोध का महत्त्वपूर्ण वैचारिक दस्तावेज़ है।" मेरी आत्मकथा पर हिन्दी पाठकों के उन्नीस-बीस लम्बे-लम्बे लेख प्रकाशित हो चुके है। पर एक अन्य भाषा के लेखक की यह टिप्पणी उपेक्षित क्यों रहे?

गोरखपुर, 22 जनवरी, 2021

परसों (20 जनवरी) अमेरिका में शान्तिपूर्वक सत्ता परिवर्तन हो गया। हालाँकि पूर्व राष्ट्रपति डोनाल्ड ट्रम्प नये राष्ट्रपति बाइडेन के शपथ ग्रहण समारोह में शामिल नहीं हुए पर उन्होंने नये राष्ट्रपति को बधाई दे दी। ट्रम्प के जिद्दी स्वभाव के कारण मीडिया तरह-तरह की आशंकाएँ व्यक्त कर रही थी कि वे कुर्सी नहीं छोड़ेंगे पर ऐसी आशंका निराधार थी। लोकतन्त्र में जनमत का आदर करना ही पड़ता है। बाइडेन ने अपने प्रथम सम्बोधन में कई बार 'डिमोक्रैसी' शब्द का प्रयोग करते हुए उसे रेखांकित किया। उनके कार्यकाल में लोकतन्त्र ही उनके विचारों के केन्द्र में रहेगा, ऐसा उनके सम्बोधन से स्पष्ट था। बाइडेन शालीन व्यवहार वाले एक प्रौढ़ राजनेता है जो ट्रम्प की नीतियों में कुछ बदलाव भी कर रहे हैं पर अमेरिका की बुनियादी नीतियों में कोई ख़ास परिवर्तन नहीं होगा। दुनिया में लोकतन्त्र ज़िन्दा रहे इस दिशा में सभी सरकारों को सचेत रहना चाहिए। स्वाधीनता और समानता मानवता का महास्वप्न है जिसका रास्ता लोकतन्त्र से होकर ही गुज़रता है या कहें कि लोकतन्त्र ही जिसका आधार है।

गोरखपुर, 26 मार्च, 2021

इस महीने दो साहित्यिक कार्यक्रमों में शामिल हुआ। 12 मार्च को साहित्य अकादेमी में 'संवत्सर' व्याख्यान दिया जो अकादमी का सबसे प्रतिष्ठित व्याख्यान माना जाता है और दूसरा पटना की 'नयी धारा' पत्रिका द्वारा आयोजित एक इंटरव्यू दिया जो एक घण्टे लाइव प्रसारित हुआ। संवत्सर व्याख्यान का विषय था–'कविता और सर्जनात्मक साहित्य का स्वभाव' तथा इंटरव्यू स्वयं मेरे व्यक्तित्व-कृतित्व पर था जिसमें प्रश्न पूछने वाली थीं मनमीत नारंग, जो उत्तर प्रदेश की हैं और अब कनाडा में बस गयी हैं। दोनों कार्यक्रमों की प्रशंसा में आज तक फ़ोन आ रहे हैं। संवत्सर व्याख्यान उसी दिन व्याख्यान के बाद छप कर बिक्री के लिए उपलब्ध हो जाता है। पन्द्रह-बीस श्रोताओं ने उस दिन उस पुस्तिका पर हस्ताक्षर लिए। प्रशंसाएँ

ऐसी-ऐसी मिलीं जिन्हें लिखना अनुचित हो जायेगा। लेकिन सोचता हूँ, मैंने जो कहा वह तो संस्कृत, हिन्दी, उर्दू और अंग्रेज़ी के आचार्य और कवि पहले ही कह चुके हैं। मैंने तो एक विषय के प्रसंग में उन्हीं बातों को सिर्फ़ व्यवस्थित कर दिया है। इस दुनिया में इतना गम्भीर विचार हो चुका है कि उन्हें प्रसंगानुकूल समेट लेना भी बहुत है। नया कुछ कहने का श्रेय लेना अहंकार होगा। नया कुछ होता भी नहीं, सब कुछ अपनी सुदीर्घ भाषा-परम्परा के दोहन का परिणाम ही होता है।

गोरखपुर, 27 मार्च, 2021

सेनाएँ देश की रक्षक होती हैं। उनका काम शासन करना नहीं, शासन व्यवस्था को सुरक्षा देना है। लेकिन वही जब शासक की भूमिका में आती हैं तो देश के लिए तक्षक साबित होती है और जनता को डसने लगती है। हर देश में, हर समय में ऐसा होता है। सैनिक वर्दी और बन्दूक़ का बुनियादी चरित्र शायद यही है–भय, आतंक और हिंसा। पिछले 55 दिनों से म्यांमार में यही हो रहा है। वहाँ सैन्य शासन के विरोध में अब तक 320 लोग अपने प्राणों की आहुति दे चुके हैं और लगभग तीन हज़ार गिरफ़्तार किये जा चुके हैं। इन स्वाधीनता प्रेमियों को नमन।

चीन पर आरोप लग रहा है कि वह म्यांमार के सैनिक शासन का समर्थन कर रहा है लेकिन लोकतन्त्र के समर्थक अमेरिका का भी कोई प्रभावी कार्रवाई न करना दुखद है। कुछ तो भारत को भी करना ही चाहिए क्योंकि म्यांमार उसका निकटतम पड़ोसी है। राजनीतिक गणित करने वालों को हमेशा लाभ की ही चिन्ता नहीं करनी चाहिए, कभी-कभी नुकसान उठाना भी समय की और मनुष्यता की माँग होती है।

पुनश्च–

अभी-अभी सूचना मिल रही है कि सेना के भीषण नरसंहार में आज म्यांमार के 28 छोटे-बड़े शहरों में प्रदर्शनकारी मारे गये हैं।

गोरखपुर, 25 मई, 2021

11 अप्रैल को मैं पत्नी और अपने बड़े पुत्र के साथ कोरोना का पहला टीका लगवाने सदर अस्पताल पहुँचा। वहाँ स्थानीय सांसद भी आये थे, अत: सात-आठ पत्रकार भी थे। मुझे देखकर पत्रकारों ने मुझे घेर लिया और मुझे एक केबिन में बैठा कर टीका लगवा दिया और अख़बारों के लिए चित्र तथा टी.वी. के लिए बाइट भी लिया। घर लौटने के बाद दूसरे दिन मेरे मस्तिष्क में दबाव महसूस हुआ और रात

को नीद नहीं आयी। ऐसा मेरे साथ पहले भी होता रहा है अत: इसे मैंने सहज माना। तीन-चार दिन बाद बुखार शुरु हुआ और उसे भी मैंने टीका लगने का ही सहज परिणाम माना। बुख़ार जब चार-पाँच दिन नहीं उतरा तो भी मुझे कोरोना का सन्देह नहीं हुआ। अत: मैंने ख़ून की जाँच कराई। जाँच में 'पॉजिटिव' अर्थात् 'टायफायड' का परिणाम आया तो मैंने अपने एक परिचित डॉक्टर को फ़ोन किया। उन्होंने कहा कि आप तुरन्त करोना की दवा शुरु कर दें। लक्षण बताते हैं कि यह कोरोना ही है। फिर मैंने कोरोना की दवा शुरु कर दी और अपने को एक कमरे में अलग कर लिया। बहरहाल, आठ दिनों तक कोरोना की दवा और बुखार तथा खाँसी जुकाम ठीक होने के बाद भी दस दिनों तक विटामिन तथा जिंक आदि की गोलियाँ चलती रहीं। कमज़ोरी कम होने और भूख लगने तक लगभग एक महीने इस स्थिति में रहना पड़ा। गले की ख़राबी की दवा तो अभी तक चल रही है। ऐसी स्थिति अर्थात् इस प्रकार के बुखार, खाँसी, जुकाम, गले की ख़राबी, भूख न लगना आदि लक्षणों से मैं जीवन में कई बार गुज़र चुका हूँ लकिन डॉक्टर उसे वाइरल बुखार ही बताते थे। तब डॉक्टर न तो ऑक्सीजन लेवेल की जाँच करते थे, न छूत का भय पैदा करते थे, न उसे जानलेवा (फेटल) बताते थे। लेकिन अबकी बार तो कोरोना के आतंक ने, मीडिया की ख़बरों ने, तथा बड़े-बड़े लोगों की मृत्यु की घटनाओं ने, डरा दिया था। इस कोरोना ने लाखों ज़िन्दगियाँ निगल लीं, हज़ारों को निराश्रित और अनाथ कर दिया। इसी बीच मेरी छोटी बहन भी कोरोना से ही लखनऊ अस्पताल में चल बसी। मेरे अत्यन्त प्रिय और आत्मीय प्रो. रेवतीरमण पटना के एक अस्पताल में सदा के लिए मौन हो गये। प्राकृतिक आपदाओं के सामने मनुष्य लाचार है। अमेरीका जैसा शक्तिशाली देश भी न तो अक्सर आने वाले तूफानों से अपने नागरिकों की रक्षा कर पा रहा है, न इस अदृश्य और नगण्य वाइरस से। मनुष्य अपने को स्वाधीन और समर्थ समझता है पर वास्तव में है वह अवश। मैं इसकी व्याख्या नहीं करूँगा, हर व्यक्ति को समय-समय पर इसकी व्याख्या अपने आप होती मिल जायेगी और उसे वह महसूस भी करेगा।

गोरखपुर, 2 जून, 2021

कम्यूनिस्ट पार्टी की सरकारों की बात नहीं करूँगा क्योंकि उनकी नीति और शासन व्यवस्था भिन्न होती है, मगर लोकतन्त्री व्यवस्था में चुनी गयी सरकारों से यह आशा ज़रूर की जानी चाहिए कि वे हर क्षेत्र में एक उदार, समावेशी और कुछ क्षेत्रों में तो अवरध ही दलीय प्रतिबद्धता से मुक्त दृष्टि का परिचय देंगी। लेकिन

ऐसा दिखाई नहीं पड़ रहा है। मैं सारे विश्व की सभी सरकारों के बारे में ठीक से नहीं जानता मगर जितनी सूचनाएँ मिलती हैं उनके आधार पर कह सकता हूँ कि लोकतान्त्रिक ढंग से चुनी गयी सरकारें भी जीवन के हर क्षेत्र का राजनीतिकीकरण कर रही हैं। यहाँ तक कि साहित्य, कला, संस्कृति और सरकारी कर्मचारियों तक का, जो न केवल शासन व्यवस्था के लिए बल्कि उस बौद्धिक उत्कर्ष के लिए घातक है, जिसके लिए भारत दुनिया में उल्लेखनीय रहा है। अनेक साहित्यिक-सांस्कृतिक संस्थानों में अपनी पार्टियों से जुड़े व्यक्तियों की ही नियुक्तियाँ हो रही हैं और प्रतिभावान, कल्पनाशील (विज़नरी) व्यक्तियों की उपेक्षा हो रही है। यह राजनीतिकीकरण किसी पार्टी की सरकार को तात्कालिक लाभ ही पहुँचा सकता है, क्योंकि उसे दीर्घ आयुष्य तो उच्चतर मूल्य ही दे सकते हैं।

गोरखपुर, 10 जून, 2021

मेरा साक्षात्कार लेने वाले अनेक युवा यह प्रश्न भी करते हैं कि आप को लिखने की प्रेरणा कहाँ से, कैसे और कब मिलती है। इन प्रश्नों का उत्तर आसान नहीं है। मैं यह तो शायद ही कभी बता सकूँ कि मुझे प्रेरणा कहाँ से और क्यों मिलती है। अवश्य ही वह मेरे भीतर से ही मिलती है, देश और काल में ही मिलती है मगर उसका ठीक-ठीक विश्लेषण करना कठिन है। हाँ, जिन मोटी बातों का मैंने अनुभव किया है वह यह कि अक्सर वह मेरे पास तीन समयों में आती है–जब मैं स्नान कर रहा होता हूँ, जब मैं अकेले टहल रहा होता हूँ और जब मैं अर्द्धनिद्रा में होता हूँ। यदि उसे उसी समय लिख लूँ, तो ठीक, अन्यथा वह हवा की लहर की तरह निकल जाती है। उस क्षण यदि लिख लूँ तो एक बैठक में वह लिख जाती है। बाद में उसे लिखने में श्रम और समय तो लगता ही है, कह नहीं सकता कि उसकी भाषा और बुनावट की रेखाएँ वैसी ही हो पाती हैं या कुछ भिन्न।

गोरखपुर, 17 जुलाई, 2021

आज सुबह से वर्ष की सबसे तेज़ बारिश हो रही थी। आकाश में घने काले बादल घिरे थे, झकोरे ऐसे चल रहे थे कि आकाश से झरती हुई बूंदें हवा में लहराती हुई श्वेत चादर जैसी दिख रही थीं, वनस्पतियाँ इतने वेग से और कमरा अन्धकार से भर गया था। अख़बार तो आ गया था और मैंने उसे पढ़ने के लिए उठाया भी, पर

अक्षर नहीं दिखने के कारण उसे मोड़ कर रख दिया। अब कमरे से ही इस दृश्य का और बूँदों की बौछार का सुख ले रहा था। तभी दिल्ली से श्री अनन्तविजय ने फ़ोन से बधाई दी कि मुझे बिहार राजभाषा का डॉ. राजेन्द्रप्रसाद शिखर सम्मान देने की घोषणा की गयी है। उन्होंने बताया कि समाचार 'हिन्दुस्तान' अख़बार के प्रथम पृष्ठ पर छपा है। इसकी सूचना तो मुझे श्री माधव कौशिक ने पहले ही दे दी थी और चार-पाँच दिन पहले राजभाषा कार्यालय का पत्र भी मिल गया था। लेकिन प्रेस नोट कल जारी हुआ था जो आज अख़बार में छपा है।

जहाँ तक मुझे याद है, यह पुरस्कार दो-तीन बार विवादों में रहा है। एक बार शायद तब जब राजेन्द्र यादव ने यह पुरस्कार लिया था और तब लालू यादव मुख्यमन्त्री थे। फिर 2010 में जब पुरस्कार के निर्णायक समिति के अध्यक्ष प्रो. नामवर सिंह थे और उनके सगे छोटे भाई डॉ. काशीनाथ सिंह को भीमराव अम्बेडकर पुरस्कार दे दिया गया था। फिर 2015 में भी नामवर सिंह ही निर्णायक समिति के अध्यक्ष थे जिसकी बैठक दिल्ली में हुई थी और कतिपय आरोप लगा कर कई पुरस्कृत लेखकों ने पुरस्कार लेने से मना कर दिया था। इस बार क्या होगा, नहीं जानता। लेकिन बिहार के प्रसिद्ध लेखकों ने तो निर्णय पर ख़ुशी ही जाहिर की है। आज पटना से अरुण कमल ओर 'नयीधारा' पत्रिका के सम्पादक शिवनाराण का फ़ोन आया। दोनों ने पुरस्कार पर प्रसन्नता व्यक्त की। दिल्ली के एक फ़ोन से पता चला कि बिहार की लेखिका सुश्री उषाकिरण ख़ान ने इस समाचार को फ़ेसबुक पर डाला है। यह भी ज्ञात हुआ कि निर्णायक मण्डल में अनामिका भी थी जो बिहार की ही है। बहरहाल, मुझे तो इस पुरस्कार से ख़ुशी इसलिए हुई कि मैं भी आधा बिहार का हूँ। मेरी माँ बिहार के पश्चिम चम्पारण के एक गाँव पटखौली की थी, जहाँ मेरे भी बचपन के कुछ दिन बीते हैं। दूसरी बात यह भी कि यह एक प्रतिष्ठित सम्मान है जो पूर्व में अमृतलाल नागर, धर्मवीर भारती और नागार्जुन जैसे लेखकों को मिल चुका है।

गोरखपुर, 20 जुलाई, 2021

जब कोई व्यक्ति जीवन के अस्सी वर्ष पूरे कर लेता है तो उसका मन लगभग अस्सी प्रतिशत बदल जाता है। यदि वह अस्वस्थ है या स्वस्थ है तो भी, अपने स्वास्थ्य के प्रति और अधिक जागरूक हो जाता है। यदि वह कृपण है तो उदार होने

के प्रयत्न करने लगता है। यदि असामाजिक है तो सामाजिक होने लगता है। यदि जीवन के उसके लक्ष्य पूरे नहीं हुए हैं तो उन्हें जल्दी-जल्दी पूरे कर लेना चाहता है या कुछ लक्ष्यों के प्रति उदासीन होकर उन्हें मन से निकाल देता है। अगर वह अपने सिद्धान्तों का कट्टर रहा है तो समझौतावादी बन जाता है। अगर नास्तिक रहा है तो आस्थावान हो जाता है। यदि वह जीवन में अति व्यस्त और अकेला रहा है तो अब अपनी व्यस्तता को विराम देकर दूसरों से जुड़ना चाहता है। वह अपने मनोवेग को लगाम लगाना शुरू कर देता है, अपनी आकांक्षाओं की लहरों को समेटने और अपनी सीमाओं को स्वीकार करने लगता है। उसका दाम्पत्य जीवन यदि द्वन्द्व भरा रहा है तो उसे सामंजस्यपूर्ण बनाने लगता है और इसी प्रकार अपना पारिवारिक जीवन भी। यह बातें मैं एक भारतीय मध्यवर्गीय व्यक्ति के बारे में लिख रहा हूँ, मध्यवर्गीय मानसिकता के बारे में और एक वाक्य में कहूँ तो अस्सी पार के मन में यह परिवर्तन इसलिए होता है कि उसमें अहंकार का विसर्जन होने लगता है।

गोरखपुर, 31 जुलाई, 2021

सवेरे लीलाधर जगूड़ी का फ़ोन आया। बिहार राजभाषा पुरस्कार के लिए वे मुझे बधाई दे रहे थे और अपनी ख़ुशी जाहिर कर रहे थे। वे अख़बार नहीं देख सके थे क्योंकि उस दिन बारिश के कारण उन्हें अख़बार मिला ही नहीं। आज उन्हें भी यह सूचना श्री अनन्तविजय के फ़ोन से मिली, जैसे कि मुझे मिली थी। मैंने उनसे कहा "आप कुंण्ठा मुक्त हैं, इसीलिए मुझे बधाई दे रहे हैं और अपनी प्रसन्नता भी व्यक्त कर रहे हैं।" इस पर जगूड़ी ने एक अच्छा वाक्य कहा, जिसके लिए यह डायरी पृष्ठ लिख रहा हूँ। उन्होंने कहा, "जो अकुण्ठ होता है, वह वयकुण्ठ में होता है और जो कुण्ठित होता है, वह भूलुंठित होता है।" आगे व्याख्या करते हुए उन्होंने बताया "वयकुण्ठ शब्द (जो अब 'वैकुण्ठ' के रूप में लिखा जाता है) बहुत सार्थक शब्द है जिसका अर्थ है 'जहाँ वय की कुण्ठा नहीं होती'। सचमुच वैकुण्ठ तो वही है जहाँ कुण्ठाएँ शेष नहीं रहतीं। जिसमें कुण्ठाएँ हैं वही तो नरक में है। आज का फ़ेसबुक कुण्ठाओं को व्यक्त करने का प्रमुख साधन बन गया है। जगूड़ी की प्रारम्भिक शिक्षा संस्कृत पद्धति से हुई है, अत: हम लोगों की बातचीत में अक्सर शब्द-चर्चा होती रहती है।

गोरखपुर, 5 अगस्त, 2021

सृष्टि अर्थात् पृथ्वी, ग्रह, नक्षत्र आदि कुछ प्राकृतिक नियमों से संचालित हैं। वनस्पतियाँ और पशु-पक्षी तथा अन्य जीव भी। क्या मानव जीवन भी कुछ नैसर्गिक नियमों में संचरण करता है? मुझे तो ऐसा लगता है। उदारहण के लिए अनादि काल से मनुष्यों का संसार विचारों और सिद्धान्तों से नहीं बल्कि परस्पर सम्बन्धों से चल रहा है। मनुष्य के भीतर प्रेम, करुणा, मोह, ममता, अहिंसा आदि जो सत् भाव निसर्ग से प्राप्त हैं वही उसकी प्रजाति का संरक्षण और विकास करते रहे हैं। बुद्धि, विचार, सिद्धान्त, सरकार, संविधान आदि बहुत बाद की चीज़ें हैं। आज भी ये मनुष्य के भीतर ये रक्षक भाव पैदा नहीं कर सकते जो उसमें नैसर्गिक हैं। हाँ ये उसके नकारात्मक भावों और प्रवृत्तियों का परिष्कार कर सकते हैं। प्रेम (अपने सभी संचारी भावों और रूपों जैसे काम, मोह, ममता, करुणा, अहिंसा आदि के साथ) ही मानव सृष्टि के मूल में है। माँ यदि जन्म देने के बाद अपने बच्चे को छोड़ दे तो वह अपने मल-मूत्र में लिथड़ा हुआ भूख प्यास से दम तोड़ देगा। इसी प्रकार गांधी जी अहिंसा के प्रसंग में कहते थे कि यदि 'आँख के बदले आँख' के सिद्धान्त का पालन हो तो दुनिया के सभी लोग अन्धे हो जायेंगे। 'सरवाइवल ऑफ़ द फिटेस्ट' की धारणा भी एक सीमा तक ही स्वीकार्य है अन्यथा आज लाखों वर्ष बाद भी इस धरती पर हाथी के साथ चींटी भी जीवित न होती।

गोरखपुर, 6 अगस्त, 2021

यह टिप्पणी उस मध्यवर्गीय नयी पीढ़ी के बारे में है जो सामान्य तौर पर शिक्षित है और जिसे भोजन-वस्त्र सम्बन्धी न्यूनतम ज़रूरतें उपलब्ध हैं। और यह ख़ासतौर से उस समय के बारे में है जो रूस में ग्लासनोस्त (खुलापन) और पेरेस्त्रोइका (पुनर्निमाण) के बाद का, तथा यूरोप और अमेरिका के उत्तर आधुनिकता के बाद का है, जिसे भूमण्डलीकरण, उदारीकरण, टेक्नालॉजी और सूचना क्रान्ति का समय कहा जाता है। इस समय में बढ़ते यांत्रिकीकरण, नगरीकरण और आधुनिक शिक्षा ने नयी पीढ़ी के जीवन-व्यवहार और सोच में क्रान्तिकारी परिवर्तन किया है। पुरानी पीढ़ी में शारीरिक कष्ट झेलने की जो क्षमता अर्थात् सहन शक्ति थी वह नयी पीढ़ी में उत्तरोत्तर कम होती जा रही है। सुविधा सम्पन्नता के बावजूद पुरानी पीढ़ी उसके उपभोग से बचती थी, उसे भविष्य के लिए सुरक्षित रखना चाहती थी। नयी पीढ़ी

उपभोग में और वर्तमान में विश्वास करती है। पुरानी पीढ़ी चीज़ों में स्थायित्व के गुण को महत्त्व देती थी, नयी पीढ़ी 'इस्तेमाल करो और फेंको' में विश्वास करती है। पुरानी पीढ़ी में भाव और लगाव थे, वह सम्बन्धों को महत्त्व देती थी, नयी पीढ़ी में तर्क है और वह रागात्मक सम्बन्धों से विच्छिन्न हो रही है। घर में वृद्ध माता-पिता को छोड़ अमेरिका-कनाडा में उसका बस जाना, इसका संकेत है। पुरानी पीढ़ी का चरम पुरुषार्थ पैसा और शरीर-सुख नहीं था, नयी पीढ़ी के पुरुषार्थ की दिशा इसी ओर है।

परिवर्तन बहुत है मगर मेरा मतलब किसी को बेहतर या बदतर कहना नहीं है। यह सिर्फ़ एक जीवन व्यापी परिवर्तन को लक्ष्य करना है जिसके अनेक भौतिक और मनोवैज्ञानिक कारण हैं।

नयी पीढ़ी प्रतिभावान और कर्मठ तथा अपने कैरियर के प्रति संचेत है। वह जातिवाद, सम्प्रायवाद और बहुत-सी धार्मिक, सामाजिक तथा नैतिक रूढ़ियों से मुक्त है। यदि राजनीति में उसे हिस्सेदार बनाया जाय तो वह देश के पुनर्निमाण में बेहतर भूमिका निभा सकती है।

गोरखपुर, 7 अगस्त, 2021

अफ़ग़ानिस्तान इन दिनों लहूलुहान है। जब से अमेरिका ने अफ़ग़ानिस्तान से अपने सैनिक वापस बुलाने शुरू किये हैं तब से तालिबान बेलगाम हो गया है। नौ दौर की बातचीत के बाद अमेरिका और तालिबान ने जिस शान्ति समझौते पर दस्तखत किये थे उनमें प्रमुख था—हिंसा रोकना और अफ़ग़ानिस्तान को आतंकवाद से मुक्त करना। लेकिन तालिबान, जिसका आधार ही हिंसा और आतंकवाद है, अपने मूल चरित्र से विलग नहीं हो सकता।

तालिबान ने अफ़ग़ानिस्तान में बर्बरता की सारी हदें पार कर दी हैं। पिछले महीने उसने आत्मसमर्पण कर चुके 22 निहत्थे अफ़ग़ानी सैनिकों को गोलियों से भून दिया। पुलित्जर पुरस्कार प्राप्त भारतीय मीडिया फ़ोटोग्राफ़र दानिश सिद्दीकी की हत्या कर दी। अमेरिकी मीडिया के अनुसार वह घायल होने के बाद एक मस्जिद में छिपा था, जहाँ हमला करके उसे निर्ममतापूर्वक मार डाला गया। ऐसे ही अफ़ग़ानिस्तान के एक प्रसिद्ध हास्य कलाकार को उसके घर से अगवा करके मार डाला गया। तालिबान ने अफ़ग़ानिस्तान के राष्ट्रपति भवन पर, वहाँ के रक्षामन्त्री के घर पर तथा अफ़ग़ानिस्तान स्थित संयुक्त राष्ट्र के भवन पर राकेटों से हमला

किया। उसने कितने ग्रामीणों को सरेआम फाँसी पर लटका दिया। अफ़ग़ानिस्तान के स्त्री-बच्चे विलख रहे हैं। मगर तालिबान के मन में किसी के प्रति करुणा नहीं।

तालिबानों ने 15 वर्ष से अधिक की लड़कियों और 45 वर्ष से कम उम्र की विधवाओं की एक सूची तैयार करने को कहा है, जिनसे तालिबान लड़ाके निकाह करेंगे। स्त्रियों के प्रति तालिबान कितना नृशंस और पाशविक है इसका उदाहरण है जारी किया गया उसका हुक्मनामा जो इस प्रकार है–"कोई भी औरत घर के बाहर कदम नहीं रखेगी। वह सिर्फ़ अपने बाप, भाई या शौहर के साथ ही बेहद ज़रूरी काम से बाहर निकल सकती है। बाहर निकलने पर बुरका पहनना ज़रूरी होगा और बुरके में पाँव भी दिख गया तो चाबुक मारे जायेंगे। उसे ऊँची एड़ी या आवाज़ करने वाले जूते चप्पल पहनने और नेल पालिश लगाने की इजाज़त नहीं होगी। यदि औरत की हँसी किसी अजनबी को सुनाई दे गयी तो उस औरत को सजा मिलेगी। औरत न किसी मर्द डॉक्टर से इलाज करवा सकेगी, न मर्द टेलर को नाप दे सकेगी, न मर्द दुकानदार से सामान ख़रीद सकेगी। वह आम स्कूल कालेज में नहीं पढ़ सकेगी। यदि वह विधवा या तलाकशुदा और अकेली है तो भी दवा-दारु या नौकरी-धन्धा करने नहीं जा सकती। यदि कोई औरत ग़ैर मर्द के साथ या हुक्म के विरुद्ध लिबास में सड़क पर दिख गयी तो उसे गोली से, कोड़े से या पत्थरों से मारा जा सकता है। ग़ैर मर्द से रिश्ता रखने और लड़कियों के इश्क करने पर भी ऐसी ही सख़्त सजा दी जायेगी। औरत का रेडियो, टी.वी., स्पोर्ट्स सेंटर, क्लब या सार्वजनिक मनोरंजन समारोहों में शामिल होना गुनाह है। वह साइकिल या मोटरसाइकिल की सवारी नहीं कर सकेगी। वह ऐसे चमकदार कपड़े भी नहीं पहनेगी जिन पर कोई मर्द रीझ जाय। गरीब औरतों के नदी घाट पर कपड़े धोने पर भी पाबन्दी है। औरतों के लिए घर की खिड़कियों से बाहर झाँकना और बालकनी में निकलना गुनाह है।" इस हुक्मनामे का विरोध मैंने 'दस्तावेज़' अंक 122, जनवरी-मार्च 2009 के अपने सम्पादकीय में किया था।

यह वही तालिबान है जिसने सारी दुनिया के विरोध के बावजूद मार्च 2001 में मध्य अफ़ग़ानिस्तान की बामियान घाटी में छठी शताब्दी में निर्मित बुद्ध की ऐतिहासिक और अमूल्य मूर्तियों को डायनामाइट से उड़ा दिया था। इस बर्बरतापूर्ण कुकृत्य को उसने इस्लामी क़ानून के अनुकूल बताते हुए उन मूर्तियों को इस्लाम के विरुद्ध कहा था। 6 मार्च, 2001 के 'द टाइम्स' ने तालिबानी नेता मुल्ला मोहम्मद उमर का यह कथन उद्धत किया था, "इन मूर्तियों को गिरा कर मुसलमानो को गर्व

का अनुभव करना चाहिए।" क्या दुनिया भर के मुसलमान और इस्लाम के अनुयायी तालिबान की इस विकृत मानसिकता के विरुद्ध आवाज़ बुलन्द करेंगे? क्या स्त्रियों के विरुद्ध जारी तालिबानी हुक्मनामे को वे सरिया क़ानून का अपमान मानेंगे? मेरे विचार से उन्हें ऐसा करना और मानना चाहिए।

आज (7 अगस्त 2021) संयुक्त राष्ट्र संघ की बैठक में अफ़ग़ानिस्तान के प्रतिनिधि ने तालिबान के पीछे पाकिस्तानी हाथ होने के अनेक सबूत पेश किये। जाहिर है पाकिस्तान तालिबानी मानसिकता का समर्थन करता है। चीन भी भीतर-भीतर तालिबान का समर्थन कर रहा है। इतिहास तालिबान के समर्थकों से एक दिन जवाब ज़रूर माँगेगा।

गोरखपुर, 16 अगस्त, 2021

काबुल शहर में कल घुस गये बर्बर तालिबान अपने हथियार लहराते, अपनी कुटिल मुस्कान और डरावने चेहरों से काबुलवासियों का दिल दहलाते। उन्होंने अफ़ग़ानिस्तान फतह की घोषणा कर दी। अफ़ग़ानिस्तान के राष्ट्रपति अब्दुल गनी दो दिन पहले ही देश छोड़ कर भाग गये, देश को अनाथ छोड़ कर। तालिबानी लड़ाके राष्ट्रपति भवन, रेडियो दूरदर्शन केन्द्र जहाँ भी गये अफ़ग़ानी सैनिकों ने समर्पण कर दिया। आश्चर्य कि तीन लाख अफ़ग़ानी सैनिकों ने बिना लड़े अफ़ग़ानिस्तान को तोहफे की तरह पेश कर दिया। अमेरिकी विश्लेषकों का अनुमान था कि 90 दिनों में तालिबान अफ़ग़ानिस्तान पर क़ाबिज हो जायेगा। मगर उन्होंने तो मात्र 9 दिनों में यह करिश्मा कर दिया। कैसे? यह रहस्य है।

कल से लेकर आज तक काबुल की सड़कों पर मजबूरी, मायूसी, बेचैनी, भय, आतंक और भागमभाग का जो दृश्य दिखाई पड़ा वह देखने वालों को दहला देने वाला था। लोग सड़कों पर बदहवास भाग रहे थे। सभी जल्दी से जल्दी अफ़ग़ानिसतान से बाहर निकल जाना चाहते थे। जो भय से सड़कों पर नहीं निकले, अपने-अपने घरों में दुबके-सहमे छिपे थे। भागने वाले हज़ारों की संख्या में सीधे हवाई अड्डे की ओर जा रहे थे। कोई हवाई अड्डे के गेट पर चढ़ कर, कोई उसकी 20 फीट ऊँची चहारदीवारी और उस पर लगे कटीले तारों को लाँघ कर अन्दर पहुँच जाना चाहता था। भीड़ को नियन्त्रित करने के लिए सुरक्षाकर्मियों ने हवाई फायर शुरू किये जिसमें पाँच-छह लोगों की मृत्यु हो गयी। हवाई अड्डे के अन्दर का दृश्य तो ऐसा था जैसा आज तक किसी ने नहीं देखा होगा। जहाज़ की सीढ़ियों पर,

छत पर, डैनो पर लोग ऐसे बैठे थे जैसे भारत में कभी-कभी ट्रेनो और बसों पर बैठे दिखते हैं। एक दृश्य तो ऐसा भी दिखा जिसमें उड़ते हुए जहाज़ से दो आदमी नीचे गिर गये। आतंकित करने वाला करुण दृश्य था। तालिबान से बचने के लिए घर से भागे मगर बाहर भी मौत के रूप में तालिबान खड़ा था। अफ़ग़ानिस्तान के लोगों पर तालिबान का ऐसा आतंक। क्या अफ़ग़ानिस्तान के लोगों के मन में उसके पूर्व शासन (1996-2001) की स्मृति इतनी भयावह है? क्या यही है तालिबान का इस्लामी शासन और सरिया क़ानून? क्या इसी का समर्थन करता है पाकिस्तान और चीन?

अफ़ग़ानिस्तान बहुत-बहुत पहले भारत का ही अंग था। वहाँ भारतीय सनातन धर्म और बाद में बुद्ध धर्म का प्रचार था। कितना सुन्दर था वह देश और कितने शान्ति प्रिय तथा बौद्धिक थे वहाँ के लोग। चीनी यात्री ह्वेनसांग सातवीं शताब्दी में अफ़ग़ानिस्तान की वामियान घाटी से गुज़रा था। अपने यात्रा-संस्मरण में उसने उस क्षेत्र को बौद्ध संस्कृति का समृद्ध केन्द्र बताया है जहाँ दस से अधिक बौद्ध मठ थे और एक हज़ार से अधिक बौद्ध संन्यासी रहते थे। अब वह सब इतिहास का अश्रु बन चुका है। चिन्तकों को विचार करना चाहिए कि धर्मों और विचारधाराओं की कट्टरता मानवीय संस्कृति को किस प्रकार पशुता के गर्त में ढकेल देती है।

गोरखपुर, 17 अगस्त, 2021

आज तालिबान के सुर कुछ बदले हुए लगे। उसके प्रवक्ता ने कहा कि हमने आम माफी की घोषणा कर दी है अर्थात् जिन्होंने हमारा विरोध किया है, हम उसे दण्डित नहीं करेंगे। हम किसी विदेशी दूतावास को नुकसान नहीं पहुँचायेंगे। महिलाओं के हक व हुकूक की रक्षा की जायेगी। उन्हें सम्मान दिया जायेगा। लेकिन यह सरिया क़ानून के अंतर्गत होगा। अफ़ग़ानिस्तान का नाम इस्लामिक अमीरात होगा। इसकी व्यवस्था भी इस्लामिक क़ानून के अनुसार चलेगी। दुनिया के देशों को हमें मान्यता देनी चाहिए। किसी को हमसे डरने और देश छोड़ने की ज़रूरत नहीं।

तालिबान की यह घोषणा स्वागत योग्य है। यह बदले हुए तालिबान की आवाज़ है। मगर देखना यह है कि तालिबान इसका पालन कितना और कैसे करता है। उसके क्रूर चरित्र और पूर्व इतिहास को देखकर लोगों का विश्वास उस पर नहीं है।

हवाई अड्डे पर आज भी कल जैसी ही भीड़ और भागम भाग रही। आज भी डरे और घबराये हुए लोगों की बदहवास भीड़ हवाइ अड्डे के भीतर घुसना और हवाई जहाज़ों पर चढ़ना चाहती थी। हवाई अड्डे की दीवार पर चढ़े एक व्यक्ति

को तालिबान लड़ाके ने गोली मार दी। वह व्यक्ति गोली लगने के बावजूद हवाई अड्डे के अन्दर कूद गया। तालिबान का यह आचरण उसके वायदे के विरुद्ध है।

आज कुछ साहसी महिलाएँ हाथों में तख़्ती लिये तालिबान का विरोध करते और तालिबानी लड़ाकों को चुनौती देते दिखीं। एक महिला अपने घर से पत्रकारों को बयान देते कैमरे के सामने आई जो तालिबान को खुली चुनौती दे रही थी कि वे आयें और उसकी तथा उसके परिवार की हत्या कर दें, क्योंकि उन्होंने उसके पिता की हत्या कर दी है। इसी प्रकार आज अफ़ग़ानिस्तान के उपराष्ट्रपति रहे अमरुल्लाह सालेह ने अपने को अफ़ग़ानिस्तान का कार्यकारी राष्ट्रपति घोषित कर दिया। उन्होंने कहा, "राष्ट्रपति अब्दुल गनी के भाग जाने के बाद वही संवैधानिक राष्ट्रपति हैं। वे देश छोड़ कर भागे नहीं हैं, अपने घर में ही हैं।" अब देखना यह है कि तालिबान अपने इन विरोधियों के साथ क्या सलूक करता है। यह उसकी घोषणा की कसौटी होगी।

अफ़ग़ानिस्तान के लोग और सारी दुनिया इस सम्पूर्ण घटनाक्रम में अमेरिका को दोषी मान रही है। स्वयं अमेरिका के लोग भी ऐसा ही मान रहे हैं। अमेरिकी राष्ट्रपति ने अपने देशवासियों को सम्बोधित करके अपनी सफ़ाई दी है और अपने कदम को उचित बताया है। उनका कहना है कि जब स्वयं अफ़ग़ानी नेता देश छोड़कर भाग गये और तीन लाख अफ़ग़ानी सेना ने 75 हज़ार तालिबानी लड़ाकों के सामने आत्म समर्पण कर दिया तो अमेरिका क्या करे?

गोरखपुर, 18 अगस्त, 2021

कल तालिबान प्रवक्ता ने जो घोषणाएँ की थीं, आज उसका आचरण उसके ठीक विपरीत रहा। आज कन्धार के एक स्टेडियम में सैकड़ों लोगों के सामने चार अफ़ग़ानी सैन्य अफसरों को, जो निहत्थे थे और आत्म समर्पण कर चुके थे, गोली से उड़ा दिया गया। काबुल हावई अड्डे पर आज, कल से भी ज़्यादा ख़ौफ़ का मंजर था। अफ़ग़ानी नागरिक देश छोड़ने के लिए भेड़-बकरियों की तरह झुण्ड में दौड़ रहे थे। हवाई अड्डे के बाहर तालिबानी हवा में गोलियाँ तड़तड़ा रहे थे और महिलाओं-बच्चों पर चाबुक से प्रहार कर रहे थे। कुछ अफ़ग़ानी महिलाएँ बिलख-बिलख कर अमेरिकी सैनिकों से हवाई अड्डे के भीतर घुसने के लिए गुहार लगा रही थीं। जलालाबाद में तमाम नागरिक तालिबान के विरुद्ध सड़कों पर प्रदर्शन कर

रहे थे और अफ़ग़ानिस्तान के झण्डे लहरा रहे थे। तालिबानी लड़ाके उन्हें खदेड़ते हुए हवा में गोलियाँ दाग रहे थे। बहुत लोग ज़ख़्मी हो गये और कुछ की मृत्यु हो गयी। पंजशीर घाटी में भी लोगों ने तालिबान विरोधी रैली की। इन्हें पूर्व उपराष्ट्रपति अमरुल्ला सालेह का समर्थक माना जा रहा है। कई महिलाओं को तालिबान ने बन्धक बना लिया, कई को नौकरियों से बर्खास्त कर दिया, जिनमें अफ़ग़ानिस्तान की पहली महिला गवर्नर सलीमा मजारी भी है। कल तालिबानी लड़ाके जिस एम्यूजमेंट पार्क में मौज-मस्ती कर रह थे, आज उसे आग के हवाले कर दिया। उन्होंने शिया मिलीशिया के एक नेता की प्रतिमा को भी ध्वस्त कर दिया।

एक और भयानक दृश्य था जिसमें पत्रकारों के हाथ पीछे बाँध कर उनकी पिटाई की जा रही थी। कुछ की छातियों पर चढ़ कर तालिबानी उन्हें बेदम कर रहे थे। उनके बाल मूड़े जा रहे थे तथा कुछ को अगवा करके अपने साथ ले जा रहे थे। पता नहीं उनके साथ और क्या करेंगे।

गोरखपुर, 19 अगस्त, 2021

अफ़ग़ान नागरिक किसी भी तरह अफ़ग़ानिस्तान से बाहर निकल जाना चाहते हैं और तालिबान उन्हें जाने नहीं देना चाहते। इसलिए वे मासूम नागरिकों पर गोलियाँ चला कर, आतंक पैदा कर उन्हें हवाई अड्डे की ओर नहीं जाने दे रहे। हवाई अड्डे पर आज भी भय और विवशता का करुण दृश्य था। कुछ अफ़ग़ानी महिलाएँ अपने बच्चों को हवाई अड्डे की दीवार के उस पार उछाल कर अमेरिकी सैनिकों को समर्पित कर रही थीं। एक महिला का बच्चा तो दीवार के कंटीले तारों पर गिर कर लहूलुहान हो गया। बेहद दर्दनाक दृश्य था। 15 अगस्त से अब तक काबुल हवाई अड्डे पर चालीस लोगों की मृत्यु हो चुकी है।

सड़कों की हालत भी वही है। तालिबान लोगों को कोड़े मार रहे हैं। सबसे ख़राब हालत महिलाओं और बच्चों की है और उन लोगों की जिन्होंने अमेरीका का साथ दिया था या तालिबान का विरोध किया था। तालिबान ने घोषित कर दिया है कि अफ़ग़ानिस्तान में लोकतन्त्र नहीं, बल्कि सरिया क़ानून लागू रहेगा।

आज (19 अगस्त) अफ़ग़ानिस्तान का स्वतन्त्रता दिवस था। काबुल, जलालाबाद और असदाबाद में कुछ साहसी लोगों ने अफ़ग़ानिस्तान का झण्डा फहराया जिनमें महिलाएँ भी शामिल थीं। हर जगह तालिबानी लड़ाकों ने गोलियाँ

तड़तड़ा कर उन्हें भगाया जिनमें कुछ की जाने गयीं और बहुत से ज़ख़्मी हुए। पंचशीर घाटी में भी तालिबान विरोधी रैली हुई और अमरुल्ला सालेह ने उन्हें ट्वीट कर बधाई दी। पंचशीर घाटी अफ़ग़ानिस्तान के 34 प्रान्तों में एक है जिस पर तालिबान का क़ब्ज़ा नहीं है। इसे तालिबान विरोधी ताकतें अपना ठिकाना बना रही हैं। इसमें सालेह के अलावा नदर्न एलाएंस के नेता अहमद मसूद भी हैं जो पूर्व रक्षा मन्त्री और पंचशीर के शेर के नाम से विख्यात अहमद शाह मसूद के बेटे हैं। इनके साथ अफ़ग़ान सरकार के वफादार जनरल अब्दुल रसीद दोस्तम और अतामोहम्मद नूर भी है। आश्चर्यजनक है कि खौफ के साये में भी अफ़ग़ानिस्तान में आज़ाद की आवाज़ गूँज रही है और वे लोग विदेशी सरकारों से मदद की आस लगाये है।

गोरखपुर, 20 अगस्त, 2021

अफ़ग़ानिस्तान में तालिबान का विरोध मुखर होता जा रहा है। बंगलान प्रान्त में तीन जिले तालिबान के क़ब्ज़े से मुक्त करा लिये गये हैं। इन जिलों को स्थानीय लोगों ने अब्दुल हामिद ददगार के नेतृत्व में संघर्ष कर मुक्त कराया है जिसमें साठ तालिबानी लड़ाके मारे गये हैं। अफ़ग़ानी मीडिया की यह रिपोर्ट यदि सच है तो स्पष्ट है कि अपने राष्ट्रपति और नेताओं के भाग जाने और अपनी कायर सेना के आत्मसमर्पण के बाद अब अफ़ग़ानी नागरिक स्वयं अपनी आज़ाद के लिए रणभूमि में उतरने को तैयार हो रहे हैं। अफ़ग़ानिस्तान के दृश्य यह बयान कर रहे हैं कि तालिबान का क्रूर नेतृत्व उन्हें स्वीकार नहीं है। तालिबानी आतंक से अधिकांश अफ़ग़ानी घरों में कैद हैं, लाखों देश छोड़कर कहीं भी भाग जाना चाहते हैं और जो देश नहीं छोड़ना चाहते वे उसी ज़मीन पर लड़ते हुए मिट जाना चाहते हैं।

आज काबुल हवाई अड्डे पर कल जैसी ही हालत रही। हवाई अड्डे के बाहर तालिबानी लड़ाके गोलियाँ दाग रहे थे। हज़ारों की भीड़ में हाहाकार मचा था। स्त्रियाँ अपने दुधमुहे बच्चों को अमेरिकी सैनिकों को हाथों में सौंप रही थीं, यह सोच कर कि कम-से-कम वे जीवित तो बच जायें। वह दृश्य तो इतना करुण था जिसमें एक अफ़ग़ानी महिला ने अपनी एक वर्ष की बच्ची को जब एक अमेरिकी सैनिक के गोद में रख दी तो उस सैनिक की आँखों में भी आँसू आ गये। अब वह महिला अपनी उस बच्ची से शायद ही कभी मिल सके। बच्ची रो रही थी और सैनिक उसे थामे हुए था। इस दृश्य ने मुझे रात भर सोने नहीं दिया।

तालिबानी काबुल में घर-घर तलाशी ले रहे हैं, सड़कों पर लोगों की खुलेआम पिटाई कर रहे हैं। उन्होंने कन्धार और हेरात में भारतीय वाणिज्य दूतावास में भी

घुसकर तलाशी ली और बहुत-से कागजात उठा ले गये। साथ में दूतावास की बुलेटप्रूफ कारें भी लेते गये।

'हिन्दुस्तान टाइम्स' की एक ख़बर के अनुसार 4 से 6 जुलाई के बीच तालिबानियों ने हज़ारा समुदाय के छह लोगों को गोलियों से भून दिया और तीन को तब तक मारते रहे जब तक कि वे मर नहीं गये। ऐसी क्रूरता जिससे क्रूरता भी शर्मिन्दा हो जाय।

गोरखपुर, 21 अगस्त, 2021

काबुल हवाई अड्डे के हालात में कोई सुधार नहीं हुआ है। बाहर वही भीड़, वही तालिबान की गोलीबारी और वही आतंक। अन्दर वही अफरातफरी, अफ़ग़ानी महिलाओं का अपने बच्चों को बचाने की वही गुहार। अमेरिकी सैनिकों का मानवीय चेहरा पूरी दुनिया देख रही है। वे अफ़ग़ानी महिलाओं के अबोध शिशुओं को गोद में लिये उन्हें प्यार और करुणा से थपथपा रहे हैं, अपने हिस्से का भोजन उन्हें खिला रहे हैं और उनके साथ बैठ कर उनका मनोरंजन करते हुए उनके भीतर का खौफ भी कम कर रहे हैं।

तालिबानी लड़ाकों ने अफ़ग़ानिस्तान में सरकार बनाने की प्रक्रिया शुरू कर दी है। उनका नेता अब्दुल्ला बारादर काबुल पहुँच गया है। ख़बर है कि पंचशीर घाटी के लड़ाकों से तालिबान का समझौता हो गया है। हालाँकि पंचशीर ने इसका खण्डन किया है। हक्कानी नेटवर्क जो दुनिया का सबसे खूँखार आतंकवादी संगठन है और जिसके नेता पर अमेरिका ने 50 करोड़ डालर का इनाम घोषित किया है, को भी तालिबान अपनी सरकार में शामिल करना चाहते हैं। इस नेटवर्क के नेता भी काबुल पहुँच गये हैं।

काबुल से विदेशी नागरिकों को बाहर निकालने का अभियान जोरों पर है। अमेरिका और यूरोपीय देशों के साथ भारत भी ऐसा कर रहा है। विदेशी नागरिकों के साथ ये देश अफ़ग़ानी नागरिकों को भी बाहर निकाल रहे हैं। अमेरिका ने कहा है कि दुनिया के बारह देश अफ़ग़ानी नागरिकों को शरण देंगे। तालिबान ने अमेरिका को चेतावनी दी है कि वह 31 अगस्त तक अपने नागरिकों को निकाल कर देश छोड़ दे। अमेरिकी राष्ट्रपति ने भी उत्तर दिया है कि अमेरिका जब तक अपने नागरिकों को बाहर नहीं निकाल लेता तब तक उसके सैनिक अफ़ग़ानिस्तान में रहेंगे और काबुल हवाई अड्डा उसके क़ब्ज़े में होगा।

तालिबान के अमानवीय अत्याचारों के विरुद्ध दुनिया भर में प्रदर्शन हो रहे हैं। लेकिन कुछ धर्मान्ध मुसलमान तालिबान का समर्थन भी कर रहे हैं। भारत में भी

ऐसे कुछ कट्टरतावादी हैं लेकिन इनके बीच आज एक ऐसी ख़बर पढ़ने को मिली जिससे मन प्रसन्न हो गया। वह ख़बर थी अजमेर दरगाह की, जिसके दीवान सैयद जैनुल आब्दीन ने तालिबान की निन्दा करते हुए कहा है कि वे अपने आचरण से इस्लाम और सरिया क़ानून की छवि पूरी दुनिया में धूमिल कर रहे हैं और लोगों के मन में इनके प्रति नफरत पैदा कर रहे हैं। जैनुल आब्दीन की तरह दुनिया के हर सच्चे मुसलमान को ऐसा करना चाहिए। कुछ कर भी रहे हैं मगर प्रभावशाली ढंग से नहीं।

गोरखपुर, 22 अगस्त, 2021

काबुल हवाई अड्डे की हालत पिछले दिनों जैसी ही है। लोग भूख-प्यास से तड़प रहे हैं। आज तालिबानी लड़ाकों की गोलियों के बीच भगदड़ में सात लोगों ने अपनी जान गँवा दी। हवाई अड्डे की भीड़ को सभी देश अपने-अपने जहाज़ों से बाहर ले जा रहे हैं। भारत अब तक लगभग 600 लोगों को अपने देश ला चुका है।

उधर पंचशीर घाटी खूनी संघर्ष की रणभूमि बनने वाला है। अहमद मसूद ने आत्मसमर्पण करने से इनकार कर दिया है। तालिबानी लड़ाके पंचशीर की ओर कूच कर गये हैं। दोनों क बीच समझौते की भी कोशिशें चल रही हैं।

इतिहास ने ऐसा देखा नहीं होगा कि जिस देश की आज़ाद की घोषणा हो चुकी हो, उसी देश के नागरिक अपना देश छोड़कर और गोलियों की परवाह किये बिना, अपने अबोध बच्चों और स्त्रियों के साथ, किसी भी अनजान देश में भाग जाना चाहते हों। अपनी मातृभूमि, अपने पुरखों का देश, अपना ही बनाया हुआ घर छोड़ कर कोई किस विवशता में छोड़ने को तैयार हो जाता है, इसकी कल्पना की जा सकती है।

गोरखपुर, 27 अगस्त, 2021

कल शाम 7 बजे से लेकर देर रात तक काबुल हवाई अड्डे के बाहर और थोड़ी ही दूर स्थित बैरन होटल के पास छह-सात भीषण विस्फोट हुए। एक फियादीन ने हवाई अड्डे के एक गेट पर अपने को विस्फोट से उड़ा कर भयानक धमाका किया। आज के अख़बारों (27 अगस्त) के अनुसार 13 अमेरिकी सैनिक-कमाण्डों तथा 60 अफ़ग़ानी नागरिकों की मौत हो गयी है। लगभग 100 लोग घायल हो गये हैं जो अस्पताल में भर्ती कराये जा रहे हैं। हताहतों की संख्या और भी बढ़ सकती है। रात टेलीविज़न पर विस्फोट के बाद का दृश्य दिल दहलाने वाला था।

चारो ओर लाशें और घायल लोगों का छटपटाता या निस्पन्द पड़ा शरीर। स्त्रियाँ, बच्चे ओर अपनों को ढूँढ़ते बदहवास लोग।

तालिबान सरकार ने इस आतंकी घटना में अपने होने से इनकार किया है। अमेरिका ने इस घटना में आई.एस.आई.एस. पर सन्देह किया है। बहरहाल, इस घटना को जिसने भी अन्जाम दिया हो, ज़िम्मेदारी तो तालिबान की ही बनती है। अफ़ग़ानिस्तान में पिछले ग्यारह दिनों से सत्ता और व्यवस्था तो उसी की है।

गोरखपुर, 28 अगस्त, 2021

जैसी कि सम्भावना थी, काबुल हवाई अड्डे पर विस्फोट में हताहतों की संख्या बहुत बढ़ गयी। सूचना के अनुसार 170 से अधिक लोगों की मृत्यु हुई है और 200 से अधिक लोग घायल हुए हैं। इस कुकृत्य की ज़िम्मेदारी 'आई.एस.आई.एस खुरासान' नामक आतंकी संगठन ने लिया है। लेकिन मुझे अब भी इसमें तालिबान के कुछ लड़ाकों के मिले होने का सन्देह है। जब काबुल की सड़कों पर तालिबान के चेक प्वाइंट हैं तो इस संगठन के लोग हथियारों और फियादीन तैयारी के साथ हवाई अड्डे कैसे पहुँच गये?

इस घटना को अमेरिका के राष्ट्रपति जो बाइडेन ने इतनी गम्भीरता से लिया है कि वे स्वयं भावुक हो गये। उन्होंने कहा कि वे दूसरों की ज़िन्दगी बचाने के लिए किये गये अपने सैनिकों का उत्सर्ग भूलेंगें नहीं। उन्होंने 'आई.एस.आई.एस. खुरासान' को ख़त्म करने की घोषणा की, जिसके लिए समय और जगह का चुनाव वे स्वयं करेंगे।

काबुल के हालात इस कदर अस्थिर हैं कि कहा नहीं जा सकता, भविष्य में आतंकवादी संगठन क्या करेंगे या उनके साथ विदेशी शक्तियों का कैसा सम्बन्ध बनेगा।

गोरखपुर, 29 अगस्त, 2021

काबुल हवाई अड्डे पर हुए विस्फोटों में मारे गये अपने सैनिकों का बदला अमेरिका इतनी जल्दी ले लेगा, इसकी उम्मीद किसी को नहीं थी। लेकिन हुआ ऐसा ही अमेरिका ने नांगरहार में ड्रोन हमला करके इस्लामिक स्टेट खुरासान के कुछ लड़ाकों को 40 घण्टे के भीतर ही ढेर कर दिया। यह निशाना इतना अचूक था कि साज़िशकर्ता अपराधियों के अलावा कोई भी नागरिक घायल नहीं हुआ। कल

मीडिया में यह ख़बर आई तो सबने अमेरिकी वायुसेना की इस सटीक कार्रवाई पर अचरज प्रकट किया।

लेकिन सबसे बड़ा अचरज तो यह है कि अफ़ग़ानिस्तान के लोगों ने अपनी आँखों से प्रत्यक्ष विस्फोट का वह मंजर देखा जिसमें 400 लोग हताहत हुए, धरती और हवाई अड्डे के बाहर नाले का पानी ख़ून से लाल हो गया, अमेरिका द्वारा बार-बार ऐसे और भी सम्भावित आतंकी हमलों की चेतावनी दी जा रही है तथा अपने नागरिकों को हवाई अड्डे से दूर रहने को कहा जा रहा है, तालिबानी लड़ाके शहर से आने वालों को चेक पोस्ट पर रोक रहे हैं और भीड़ को भगाने के लिए बार-बार गोलियाँ दाग रहे हैं, फिर भी अपना ही घर बार छोड़ कर स्वदेश के बाहर निकल जाने के लिए आतुर अफ़ग़ान नागरिकों की भीड़ हज़ारों की संख्या में हवाई अड्डे पर उसी जगह जमा क्यों हो रही है? क्या वे हवाई अड्डे पर तुरन्त मर जाना बेहतर समझते हैं, अपने घरों में रह कर बाद में मरने से? क्या तालिबानी शासन उन्हें इतना क्रूर, त्रासद और भयानक लग रहा है? क्या कोई भी अनजानी धरती उन्हें तालिबानों से घिरे अपनी मातृभूमि से ज़्यादा सुरक्षित लग रही है?

आज शाम यह भी सूचना मिली कि अमेरिका ने काबुल में भी दो एयर स्ट्राइक किये हैं। इस्लामिक स्टेट खुरासान के आतंकी दो कारों में भारी विस्फोटक सामग्री के साथ हवाई अड्डे की ओर आ रहे थे जिनमें एक या कुछ फियादीन भी थे। अमेरिका ने राकेट से उन पर हमला करके उन्हें हवाई अड्डे से दो-तीन किलोमीटर पहले ही उड़ा दिया। अमेरिकी राष्ट्रपति ने अभी कुछ और एयर स्ट्राइक करने को कहा है।

लगभग सभी देशों ने अफ़ग़ानिस्तान से बाहर निकलने और अफ़ग़ानी नागरिकों को निकालने के अपने अभियान की समाप्ति की घोषणा कर दी। केवल कुछ अमेरिकी रह गये हैं जिन्हें भी 31 अगस्त तक निकल जाना है।

अभी तक तालिबान सरकार के गठन की प्रक्रिया पूरी नहीं हो सकी है। असल में वहाँ लड़ाकों के इतने ग्रुप हैं कि परस्पर सहमति में समय लग रहा है।

गोरखपुर, 30 अगस्त, 2021

आज श्री कृष्ण जन्माष्टमी है। श्री कृष्ण विष्णु के सभी अवतारों में प्रमुख और पूर्णावतार माने जाते हैं। उनका व्यक्तित्व बहुआयामी है। सम्पूर्ण भारत में विविध

नामों से वे ईश्वर रूप में पूजित हैं। जैसे उड़ीसा में जनगन्नाथ जी के रूप में, गुजरात में द्वारिकाधीश और रणछोड़ जी के रूप में, महाराष्ट्र में विठोबा जी के रूप में, राजस्थान में श्रीनाथ जी के रूप में, केरल में गुरुवायुर अप्पन के रूप में आदि। इसी प्रकार उनके कर्ममय जीवन के अनुसार उनके नाम भी अनेक हैं। शेशवावस्था से लेकर महाप्रयाण तक उनका जीवन एक कर्मयुद्ध रहा है और वे कर्तव्य को ही धर्म या धर्म को ही कर्तव्य मानते रहे। विचारक और दार्शनिक लोग कुरुक्षेत्र की रणभूमि में उनके मुख से निकली अमरवाणी को 'श्रीमद्भगवद्गीता' के रूप में स्मरण करते हैं।

महाभारत में वर्णित ग्रह दशाओं और नक्षत्रों के आधार पर आधुनिक कम्प्यूटर गणना करके उनसे सम्बन्धित जो तिथियाँ निकाली गयी हैं उनमें कुछ प्रमुख इस प्रकार हैं–श्री कृष्ण का जन्म 18 जुलाई 3228 ई.पू. में हुआ था। वे 125 वर्ष, 8 माह और सात दिन तक इस पृथ्वी पर रहे। उनके वैकुण्ठगमन की तिथि है–18 फ़रवरी 3102 ई.पू.। कुरुक्षेत्र का महाभारत युद्ध 8 दिसम्बर 3139 ई.पू. को शुरू हुआ और 25 दिसम्बर 3139 ई.पू. तक अर्थात् 18 दिन चला। इस समय श्रीकृष्ण की उम्र 89 वर्ष थी और भीष्म पितामह की 120 वर्ष। भीष्म पितामह का निधन 2 फ़रवरी 3138 ई.पू. को हुआ। वह उत्तरायण सूर्य की प्रथम एकादशी थी। 21 दिसम्बर 3139 ई.पू. को तीसरे पहर 3 बजे से 5 बजे के बीच सूर्यग्रहण था। इसी अवधि में अर्जुन द्वारा जयद्रथ का वध किया गया था। इसी प्रकार राम के जीवन से सम्बन्धित सभी घटनाओं की तिथियाँ निकाल ली गयी हैं। इन निश्चित तिथियों का रामायण और महाभारत में वर्णित घटनाओं के साथ वैज्ञानिक परीक्षण करके विद्वान विशेषज्ञों द्वारा राम और कृष्ण को 'मिथक' के अन्धकार से बाहर निकाला जा सकता है। तिथियों और घटनाओं की सत्यता मेरे जैसे सामान्य व्यक्ति नहीं प्रमाणित कर सकते। इन्हें पूर्वग्रह मुक्त इतिहासकार, पुरातत्त्ववेत्ता और रामायण-महाभारत के गहन अध्येता ही कर सकते हैं।

गोरखपुर, 31 अगस्त, 2021

कल काबुल हवाई अड्डे को लक्ष्य करके पाँच रॉकेट दागे गये जिसे हवाई अड्डे के ऐन्टी रॉकेट सिस्टम ने नाकाम कर दिया। इसकी ज़िम्मेदारी भी इस्लामिक स्टेट खुरासान ने ली।

अमेरिकी फ़ौजें 31 अगस्त की समय सीमा के चौबीस घण्टे पहले ही कल (30 अगस्त) रात 12 बजे काबुल हवाई अड्डे और अफ़ग़ानिस्तान को छोड़ कर चली गयीं। लेकिन जाते-जाते उन्होंने काबुल हवाई अड्डे पर मौजूद अपने सारे सैनिक उपकरणों को ऐसा निष्क्रिय कर दिया कि वे तालिबान के लिए खिलौना मात्र रह गये। उन्हें फिर से चलाना असम्भव है। उन्होंने हवाई अड्डे पर लगाये गये ऐन्टी राकेट सिस्टम को भी निष्क्रिय कर दिया।

अमेरिकी फ़ौजों के जाते ही तालिबान ने काबुल की सड़कों पर गोलियाँ तड़तड़ा कर जश्न मनाया। काबुल और अफ़ग़ानिस्तान के लोग दहशत और चिन्ता में हैं कि आगे क्या होगा। कन्धार में उड़ते हेलीकाप्टर से एक व्यक्ति को नीचे लटका कर शहर में घुमाया गया। उसके हाथ बँधे हुए थे। बताया जाता है कि ऐसा करके तालिबान लोगों को यह सन्देश दे रहा था कि अमेरिका का साथ देने वालों के साथ ऐसा ही सलूक होगा। यह दृश्य बेहद क्रूर और डरावना था। एक अन्य दृश्य में तालिबानी पुरुष-महिलाएँ-बच्चे रोटी के लिए हाथ फैलाये गिड़गिड़ा रहे थे। कोई व्यक्ति उन्हें एक-एक रोटी बाँट रहा था। समाचार में यह भी आ रहा था कि अफ़ग़ानिस्तान में एक प्लेट भोजन की कीमत 7500/–और एक बोतल पानी की कीमत 3000/–तक पहुँच गयी है। विश्वास नहीं होता।

आज दोहा (कतर) के भारतीय दूतावास में तालिबानी प्रतिनिधि ने भारतीय राजदूत से मुलाक़ात की और भारत के साथ अच्छे सम्बन्ध रखने की बात की। यह अमेरिकी फ़ौजों के जाने के बाद किसी तालिबानी प्रतिनिधि की भारत के साथ प्रथम आधिकारिक भेंट थी।

पंचशीर घाटी में सशस्त संघर्ष चल रहा है। बताया जा रहा है कि तालिबान को कड़ी टक्कर मिल रही है और उसके लड़ाके मारे भी जा रहे हैं। इधर तालिबान अपनी सरकार बनाने के लिए प्रयत्नशील है लेकिन इसमें भी विभिन्न आतंकी गुटों के साथ तालमेल बिठाना एक समस्या है। तालिबान के सामने आर्थिक संकट है और विदेशों द्वारा उसे मान्यता भी प्राप्त करनी है। सब कुछ अभी अनिश्चित है। भविष्य पूर्णत: इस बात पर निर्भर है कि तालिबान का चरित्र और व्यवहार कैसा होता है।

गोरखपुर, 8 सितम्बर, 2021

आज अफ़ग़ानिस्तान में तालिबान के अन्तरिम सरकार की घोषणा हो गयी। इसमें 33 मन्त्रियों के नाम हैं जिनमें 17 संयुक्त राष्ट्र संघ द्वारा वैश्विक (ग्लोबल)

आतंकवादी घोषित किये जा चुके हैं। जिसे प्रधानमन्त्री बनाया गया है उसने ही 2001 में सारी दुनिया के विरोध के बावजूद बामियान में बुद्ध की मूर्तियों को बारूद से उड़वा दिया था। जो गृहमन्त्री बना है उस पर अमेरिका ने 75 करोड़ रुपये का इनाम घोषित किया है। चार आतंकवादी जो अमेरिका की जेल में बन्द थे, भी मन्त्री बनाये गये हैं। जिसने लड़कियों को स्कूल जाने पर प्रतिबन्ध लगाया था, वह शिक्षा मन्त्री बनाया गया है। आज मीडिया के सामने वह बयान दे रहा था, "उच्चशिक्षा प्राप्त करना व्यर्थ है। हम लोग तो मदरसों में पढ़ने वाले है जिन्हें इतना सम्मान प्राप्त है और जो सरकार चला रहे हैं" आदि। इसी ने अफ़ग़ानिस्तान में सहशिक्षा पर रोक लगाने का फरमान जारी किया है। अब तालिबान की ऐसी बेमिसाल सरकार से कोई क्या उम्मीद लगा सकता है?

आज काबुल और पूरे अफ़ग़ानिस्तान में लोगों ने सड़कों पर तालिबान और पाकिस्तान के विरुद्ध प्रदर्शन किये। प्रदर्शन में बड़ी संख्या में महिलाएँ थीं। उन्हें डराने के लिए तालिबान लड़ाकों ने हवाई फायर किये तथा दौड़ा-दौड़ा कर उन पर कोड़े बरसाये। इस घटना की रिपोर्टिंग करने वाले चार पत्रकारों को कमरे में बन्द करके उन्हें कोड़ों से इतना पीटा गया कि वे अधमरे हो गये। यह है तालिबानी राज का सुशासन। प्रदर्शनकारी पूछ रहे थे कि अफ़ग़ानिस्तान में पाकिस्तान क्यों दखल दे रहा है? पाकिस्तानी सेना पंचशीर में तालिबान की ओर से क्यों लड़ रही है? वास्तव में अफ़ग़ानिस्तान में तालिबानी सरकार बनवाने में पाकिस्तान की भूमिका अहम है। उसके आतंकवादियों ने न केवल तालिबान की मदद की बल्कि अब वे तालिबानी कुशासन का विरोध करने वाले नार्दन रेसिस्टेंस फोर्स (NRF) से लड़ रहे हैं। NRF के नेता अहमद मसूद ने खुद बयान दे कर इस तथ्य को उजागर किया है। मसूद ने पंजशीर में बहुत-से पाकिस्तानी सैनिकों के मारे जाने का दावा किया है।

तालिबान की जो सरकार गठित हुई है वह अवश्य ही विश्वशान्ति के लिए ख़तरा है। दुनिया के किसी देश को इसे मान्यता नहीं देनी चाहिए। जो खूँखार आतंकवादी आज मन्त्रियों की कुर्सी पर विराजमान है, क्या दुनिया के किसी देश को उनका स्वगत करना चाहिए?

गोरखपुर, 12 सितम्बर, 2021

तालिबान ने वादा किया था कि वह अपने विरोधियों से बदला नहीं लेगा और महिलाओं के हक व हुकूक की रक्षा करेगा। मगर उसका व्यवहार इसके ठीक उल्टा

हो रहा है। उसका पुराना आचरण बिल्कुल ही नहीं बदला। महिलाओं को कोड़े मारे जा रहे हैं, उनके प्रदर्शन पर प्रतिबन्ध लगा दिया गया है। उन्हें नौकरियों पर जाने से रोक दिया गया है और आज समाचार मिला है कि हेरात की प्रदर्शनकारी एक प्रसिद्ध महिला को तथा काबुल में सड़क पर निकली एक गर्भवती महिला को गोली मार दी गयी है। इसी प्रकार अफ़ग़ान सरकार के एक सैनिक के घर में घुसकर उसका गला काट दिया गया। तालिबानी लड़ाके घरों में घुस कर अपने विरोधियों का पता लगा रहे हैं। हद तो यह है कि तालिबानी प्रवक्ता ने दो-तीन दिन पहले मीडिया के सामने बयान दिया है कि तालिबान सरकार में कोई महिला मन्त्री नहीं होगी। प्रवक्ता ने यह भी कहा कि महिलाओं का काम सिर्फ़ बच्चा पैदा करना है। ऐसे तालिबान के बारे में क्या और कितना लिखा जाय? इति तालिबान कथा।

गोरखपुर, 29 सितम्बर, 2021

मेरे दाहिने पैर का घुटना काफी दिनों से—लगभग छह-सात वर्षों से—तकलीफ दे रहा है। मेरे जैसे मूर्ख और शरीर की उपेक्षा करने वाले व्यक्ति ने इसे कभी गम्भीरता से नहीं लिया। इसी हालत में साहित्य अकादेमी की सैकड़ों यात्राएँ कर डालीं। इधर मकान की रँगाई के दौरान अपने कमरे का सामान दूसरे कमरे में रखते हुए एक दिन घुटने ने जवाब दे दिया। उठना-बैठना और घर के भीतर भी चलना कठिन हो गया। फिर भी मेरी मूर्खता देखिए, 18 सितम्बर को साहित्य अकादेमी के पुरस्कार अर्पण समारोह में जाने के लिए वचन दे दिया था, उसकी चिन्ता सताने लगी। मैंने प्रो. चित्तरंजन मिश्र के साथ एक ही उड़ान से दिल्ली जाने और लौटने का कार्यक्रम बना लिया। उनकी सहयात्रा के भरोसे दिल्ली जा कर सकुशल लौट तो आया पर कल जब हड्डी के डॉक्टर को दिखाने गया तो उन्होंने कहा, "आपने अपना घुटना ख़राब कर लिया है।" डॉक्टर मेरे पुराने परिचित हैं और उन्होंने ही चालीस साल पहले इसी पैर की हड्डी टूटने पर इसका सफल इलाज किया था। अब उनकी हिदायत के बाद कल से घुटने के प्रति गम्भीर हुआ हूँ और दवाइयाँ ले रहा हूँ। क्षमा करना दोस्त, जिसके बल पर खड़ा हूँ उसी की इतनी उपेक्षा करता रहा। क्या यही नहीं करता रहा जीवन भर अपनी काया के साथ?

गोरखपुर, 30 सितम्बर, 2021

यदि कोई मुझसे एक शब्द में 'धर्म' शब्द का पर्यायवाची पूछे तो मैं कहूँगा—'कर्तव्य'। जो किसी को करना चाहिए वही उसका धर्म है। बाकी 'ईश्वर', 'पूजा-

पाठ', 'तीर्थ-व्रत', 'दान-उपदान', 'देवी-देवता' का इसमें कोई दखल नहीं है। इन सब का अलग प्रयोजन और उपयोगिता है। अब कोई यह पूछे कि 'कर्तव्य' क्या है, तो इसका निर्धारण व्यक्ति, समय और परिस्थिति के अनुसार अलग-अलग होता है। हर व्यक्ति में इतना विवेक होता है कि उसे उसके कर्तव्य का बोध जो जाता है। भले ही वह उसका पालन करे या न करे।

गोरखपुर, 5 अक्तूबर, 2021

रचना के मूल्यांकन का एक मात्र आधार रचना ही है। कभी-कभी मूल्यांकनकर्ता रचनाकार के व्यक्तित्व और उसकी व्यक्तिगत तथा बाह्य परिस्थितियों जैसे आर्थिक, सामाजिक, राजनीतिक आदि को भी मूल्यांकन में समेटने लगते हैं, जो उचित नहीं है। इनका प्रभाव अवश्य ही रचना पर पड़ता है लेकिन रचना एक स्वतन्त्र सत्ता है। कोई रचनाकार अमीर या गरीब, उच्च कुल या पिछड़े समाज का हो सकता है। वह कठिन संघर्ष झेलने वाला या न झेलने वाला हो सकता है। वह उदार और दानवीर या क्रोधी, कामी, मदान्ध और लोभी हो सकता है। लेकिन ये उसके व्यक्तिगत गुण-दोष हैं। रचना या किसी भी कला का मूल्यांकन कलात्मक गुणों के आधार पर होगा, कलाकार के व्यक्तिगत गुण-दोष पर नहीं। हिन्दी में प्रेमचन्द, निराला, मुक्तिबोध आदि के मूल्यांकन में कुछ लोगों ने इन लेखकों की निजी परिस्थितियों को शामिल करने की भूलें कीं।

गोरखपुर, 10 अक्तूबर, 2021

श्री कमलाकान्त त्रिपाठी का उपन्यास 'सरयू से गंगा' आज पढ़ कर समाप्त किया। इस बार की मेरी दिल्ली यात्रा (17 से 20 सितम्बर) में उन्होंने यह उपन्यास मेरे पास भिजवाया था। उपन्यास मैं तभी पढ़ पाता हूँ जब मेरे कुछ प्रबुद्ध मित्र उसकी प्रशंसा करते हुए पढ़ने का आग्रह करते हैं। 600 पृष्ठों के इस मोटे उपन्यास को भी धीरे-धीरे पढ़ गया।

यह उपन्यास मेरे ही क्षेत्र के जन-जीवन पर आधारित है। इसमें जिन शहरों, कस्बों और गाँवों का उल्लेख है वे आज भी अपने उन्हीं नामों के साथ मौजूद हैं। यह उपन्यास इतिहास तो नहीं है मगर इतिहास की तिथियों घटनाओं और चरित्रों के सा थ इस अभिन्नता से जुड़ा हुआ है कि इतिहास का भ्रम पैदा करता है। इसमें इतिहास

भी एक पात्र है जो बीच-बीच में प्रकट होकर अपनी टिप्पणियाँ प्रस्तुत करता है। बहुत से लोग, जिनमें एक मैं भी शामिल हूँ, कहते हैं कि इतिहास, राजाओं, रानियों, सामन्तों, शूरमाओं, सेनापतियों, आक्रमणकारियों और लुटेरों का होता है। सामान्य जन की वेदना उसके पन्नों में दर्ज नहीं हो पाती। लेकिन यही तो इतिहास और साहित्य में अन्तर है। यह उपन्यास इतिहास के चौखटे में साधारण जन के धड़कते जीवन, उसके सुख-दुख, उसकी आशा और आकांक्षा का एक आख्यान है। इसमें साधारण चरित्र ही विशिष्ट हैं और इतिहास के चरित्र हाशिये पर। उपन्यास स्वयं मेरी अपनी इस धारणा का भी साक्ष्य प्रस्तुत करता है कि इस पृथ्वी पर मनुष्य का जीवन कुछ सिद्धान्तकारों के सिद्धान्तों से नहीं, बल्कि परस्पर सम्बन्धों से चलता है और चलता रहा है। जिनमें कुछ परिस्थितियाँ हैं, कुछ परम्पराएँ और रूढ़ियाँ हैं, कुछ कर्म, कुछ अवरोध, कुछ सपने और कुछ सफलता-असफलताएँ हैं। और संकल्प, साहस और कर्म ही मनुष्य की रक्षा भी करते हैं और उसे जेता भी बनाते हैं।

इस उपन्यास में उपन्यासकार का लोकानुभव लक्षित करने योग्य है। उसने जिस परिवेश और कृषक जीवन का साक्षात्कार कराया है वह कल्पना प्रसूत होते हुए भी काल्पनिक नहीं है। चरित्रों के भीतर प्रवेश करके उनके अनुरुप भावों को शब्द बद्ध करने की उपन्यासकार की क्षमता ने भोले-भाले निरक्षर ग्रामीण चरित्रों को सजीव किया है।

गोरखपुर, 18 अक्तूबर, 2021

जब चारो ओर घिरा हो घना अन्धकार। कहीं से आती न दिखती हो कोई प्रकाश-किरण। थक गये हों बुद्धि और तर्क के पंख। कहीं से, किसी से न हो सहयोग की आशा। झर गया हो पुरुषार्थ का दम्भ और निराश हो गया हो मन। तब जिसके चरणां में झुकता और अभय पाता है मनुष्य, वह ईश्वर होता है। वही मनुष्य का अन्तिम शरण्य है। वह चाहे हो या नहीं, उसका होना आवश्यक है। यह बात अनेक चिन्तकों ने कही है, जिसे दुहरा नहीं रहा, मैं अपना अनुभव लिख रहा हूँ।

गोरखपुर, 1 नवम्बर, 2021

मुझे अनेक ऐसे लोग मिलते हैं जो बातचीत में इस निष्कर्ष पर पहुँच जाते हैं कि सभी लोग स्वार्थी हैं, सब को पैसे से वशीभूत किया जा सकता है, सब पद

और शक्ति के आगे दुम हिलाते हैं, कोई साधुता को महत्त्व नहीं देता आदि। यद्यपि इसमें सत्यांश है पर इस प्रकार के चिन्तन की दिशा अस्वस्थ और ख़तरनाक है। ऐसे लोग परिवेश का और स्वयं का चिन्तन-विश्लेषण नहीं करते। जो स्वयं निस्स्वार्थ, निर्लोभ और निडर भाव से दूसरों तक पहुँचता है उसे उसका उत्तर भी उसी भाव से मिलता है। हर मनुष्य में सत्य के प्रति, मूल्यों के और साधुता के प्रति आदर भाव तथा उपकार के प्रति कृतज्ञता भाव होता है। ज़रूरत मनुष्य के भीतर छिपी मनुष्यता को उभारने की है। ज़रूरत यह विचार करने की भी है कि कोई व्यक्ति स्वार्थी, लोभी और पैसा, पद या शक्ति से भयभीत क्यों हो जाता है? मगर किसी भी हालत में मनुष्य पर अविश्वास करने की ज़रूरत नहीं है।

गोरखपुर, 5 नवम्बर, 2021

आज 'हिन्दुस्तान' अख़बार के स्थानीय संस्करण में एक आश्चर्य में डालने वाला समाचार पढ़ने को मिला। समाचार अमेरिका के वाशिंगटन से है। जिसे 'एजेंसी' ने प्रसारित किया है। एक 24 की लड़की जो एक सड़क दुर्घटना में घायल होकर कोमा में चली गयी थी, दो हफ़्ते बाद होश में आई और बिल्कुल ही बोल नहीं रही थी। काफी स्पीच थेरेपी के बाद जब उसने बोलना शुरू किया तो वह न्यूजीलैंड की भाषा में बात करने लगी। लड़की अमेरिका के कैलीफोर्निया की निवासी है जिसका नाम समर डियाज है। डियाज ने कहा कि उसका न्यूजीलैंड से दूर-दूर तक कोई सम्बन्ध नहीं है। न वह कभी न्यूजीलैंड गयी है और नहीं उसने वहाँ की भाषा सुनी है। मेडिकल शब्दावली यें इस बिमारी को 'फारेन एक्सेंड सिंड्रोम' बताया गया है। मगर यह अजीबोग़रीब समाचार कई रहस्यमय प्रश्न खड़े करता है। क्या मनुष्य के मस्तिष्क के भाषा केन्द्र में अनेक भाषाएँ सुरक्षित होती हैं? यदि हाँ तो कैसे? क्या यह पूर्वजन्म की कोई स्मृति है? क्या पुनर्जन्म होता है? क्या मृत्यु के बाद भी स्मृति सुरक्षित रहती है? क्या पूर्वजों की आकृति-प्रकृति की तरह उनकी भाषा भी गुण-सूत्रों के साथ मिल जाती है? आदि। ऐसे अति गम्भीर प्रश्नों पर जेनेटिक इंजीनियरिंग तथा वैज्ञानिकों द्वारा शोध किया जाना चाहिए।

गोरखपुर, 10 नवम्बर, 2021

दूसरों द्वारा की गयी उपेक्षा, उपहास, अपमान, दुष्प्रचार या विरोध किसी व्यक्ति के लिए उतना पीड़ादायक नहीं होता क्योंकि दूसरे तो अपने ईर्ष्या-द्वेष,

वैमनस्य या प्रतिद्वन्द्विता आदि अनेक कारणों से ऐसा करते हैं। पर स्वयं कोई व्यक्ति अपनी सहज प्रवृत्तियों या परिस्थितियों या विवशताओं या कुसंगों के वशीभूत कभी कुछ ऐसे कार्य भी कर देता है जिससे उसे पश्चात्ताप होता है, उसकी आत्मा उसे दोषी ठहराती है या कभी-कभी वह अपनी ही निगाह में गिरा महसूस करता है। आत्मग्लानि की यह स्थिति किसी भी मनुष्य की सबसे करुण स्थिति होती है। लेकिन यही उसके सदात्मा होने का प्रमाण भी है और यही उस व्यक्ति को बदलने में सक्षम भी होती है। पश्चात्ताप की अग्नि और क्षमा का जल ही मनुष्य को निर्मल करता है।

गोरखपुर, 20 नवम्बर, 2021

वीणा के तारों को न तो बिल्कुल ढीला रखना चाहिए, न उन्हें बहुत अधिक कसना चाहिए–सुजाता की इस गीतात्मक अभिव्यक्ति ने गौतम बुद्ध को मध्यम भार्ग का सन्देश दिया था। मगर कितना ढीला रखना चाहिए और कितना कसना चाहिए, यह सन्तुलन कैसे तय होगा? वाद्ययन्त्र में तो उसका स्वर इसे निर्धारित कर देगा, पर जीवन-वीणा में इसे कौन करेगा? अपने अष्टांग मार्ग के प्रतिपादन में 'सम्यक' शब्द के प्रयोग द्वारा महात्मा बुद्ध ने इसका उपदेश किया जिसका भिक्षुओं के संन्यस्त जीवन में तो शायद पालन हो गया मगर गार्हस्थ जीवन के धागे इतने कोमल और उलझते हुए होते है कि उन्हें सुलझाना एक अग्नि परीक्षा है। इसीलिए कहा गया है कि गार्हस्थ जीवन में सहस्त्र अश्वमेघों का पुण्य समाया होता है। 'महाभारत' के 'शान्ति पर्व' में कहा गया है कि 'राग के समान कोई दु:ख नहीं–"नास्ति राग समं दु:खम"। और 'धम्मपद' में बुद्ध ने भी कहा है कि राग से शोक और भय होता है। मज्झिम निकाय के सुत्तपिटक में वे कहते हैं कि "शोक, क्रन्दन, दु:ख, दौर्मनस्य आदि प्रिय जातिक हैं, प्रियों से उत्पन्न हैं।" तो क्या राग के बिना गार्हस्थ जीवन सम्भव है? ऐसे चुनौतीपूर्ण गार्हस्थ जीवन में मनुष्य का गुण-सूत्र और विवेक, उसका परिवेश और परिस्थिति और अचानक घटने वाले संयोग–ये सब समवेत रूप से 'सम्यक' की सीमा रेखा निर्धारित करते हैं।

गोरखपुर, 2 दिसम्बर, 2021

दुनिया में ऐसा कोई नहीं जो सम्मान न चाहता हो और जिसे कम या अधिक, स्थायी या क्षणिक, सम्मान न मिलता हो। चाहे वह एक अपराधी हो या कोई कोढ़ी भिखारी। मगर असली सम्मान है किसी आँख में किसी के प्रति करुणा और क्षमा के उत्तर में। करुणा, क्षमा और कृतज्ञता ऐसे भाव हैं जो किसी सत्ता, पद, पाण्डित्य, धन, बल, कौशल के प्रति नहीं बल्कि निर्मल और तरल चित्त में प्रयोजनातीत और निष्काम रूप में प्रकट होते हैं।

दुनिया में ऐसा भी कोई नहीं जो किन्ही दूसरों की अपेक्षा अपने को कुछ महत्त्वपूर्ण या विशिष्ट न समझता हो। इस सन्दर्भ में उन अहंकारियों और सिरफिरों को मनोरोगी मान कर छोड़ देना चाहिए जो अपने को ही सबसे महान मानते हैं। मगर जो सहज स्वाभाविक मन से अपने को महत्त्वपूर्ण मानते हैं उन्हें भी जानना चाहिए कि कोई भी उतना ही महत्त्वपूर्ण होता है जितना दूसरों की स्मृति में स्वीकृत और जीवित होता है। ऐसा तभी होता है जब वह दूसरों को प्रभावति करने वाले कर्म करता है। जितने अधिक लोगों और जितने दीर्घ काल तक प्रभावित करने वाला कर्म उतना ही कर्ता भी महत्त्वपूर्ण।

गोरखपुर, 5 दिसम्बर, 2021

आजकल मीडिया समाचारों में, विज्ञापनों में, राजनीतिक भाषणों में, प्रबुद्ध लोगों के व्याख्यानों तथा सामान्य बातचीत में भी अनुप्रास और तुकों का प्रयोग बढ़ रहा है। प्रधानमन्त्री नरेन्द्र मोदी के व्याख्यानों में तो अनुप्रास और तुकों का प्रयोग निश्चित रूप से सुना जा सकता है। इनसे भाषा को आकर्षक शक्ति प्राप्त होती है। यही अलंकारों का रहस्य है जिनकी उपेक्षा लेखकों को नहीं करनी चाहिए।

गोरखपुर, 7 दिसम्बर, 2021

भारतीय लोकतन्त्र में इधर एक बड़ी ख़राबी प्रचलित हो गयी है और वह हे चुनावों के पूर्व मतदाताओं का तुष्टीकरण। यह न तो देशहित में है, न मतदाताओं के दीर्घकालिक हित में। सत्ताधारी दल मतदाताओं के लिए सौगातों की पिटारी खोल देते हैं। जैसे मुफ़्त राशन, तेल, नमक, मुफ़्त बिजली, पानी, कम्बल, साड़ी, लैपटाप, सायकिल, बैंकों की कर्ज माफी और यहाँ तक कि नकद धनराशि भी। चुनावों के पूर्व विपक्षी दल भी ऐसी ही घोषणाएँ करने लगते हैं, बल्कि कुछ ज़्यादा ही बढ़ चढ़ कर। यह न केवल एक प्रकार का घूस है बल्कि मतदाताओं को भ्रष्ट बनाने की कोशिश भी। इससे उनके आत्मविश्वास ओर आत्मसम्मान को डिगा कर उन्हें पर निर्भर, परमुखापेक्षी और दया का पात्र बनाया जाता है। सबसे बड़ी बात कि इससे देश की अर्थ-व्यवस्था कंगाल होती है।

इस सन्दर्भ में मुझे एक समाचार याद आता है जिसे किसी ने मेरे वाट्सअप पर भेजा था। पता नहीं वह कितना सच है। लेकिन यदि सच है तो हम भारतीयों को शर्मिन्दा होना चाहिए। संक्षेप में समाचार यह कि स्विस बैंकों में जिस खाते में एक निश्चित अवधि तक लेनदेन नहीं होता, उसे बैंक ज़ब्त कर लेते हैं। एक बार ऐसा

हुआ कि ऐसे ज़ब्त खातों में काफी धन इकट्ठा हो गया। बैंक ने समाचार प्रसारित कर अपने देशवासियों से सुझाव माँगा कि इस धन को उनके बीच बाँट दिया जाय या इसका उपयोग देश के विकास कार्यों में किया जाय। इस पर 98% मत यह आया कि इसे देशहित के विकास कार्यों में लगा दिया जाय और दो फ़ीसदी मत आया कि इसे नागरिकों में बाँट दिया जाय। इसके बाद देश में धरना-प्रदर्शन शुरू हो गया कि बैंक अधिकारी उन दो फ़ीसदी लोगों के नाम उजागर करें जो यह पैसा मुफ़्त में प्राप्त करना चाहते हैं। एक भारतीय के लिए है न यह आश्चर्य की ख़बर।

गोरखपुर, 20 दिसम्बर, 2021

संसार में हर व्यक्ति किसी देश में, किसी भाषा में, किसी धर्म और संस्कृति में तथा किसी परम्परा और परिवार में पैदा होता है। यह उसके व्यक्तित्व का बाह्य वृत्त है जो उसके व्यक्तित्व को निर्मित, नियन्त्रित और संचालित करता है। इसके भीतर एक अन्तर्वृत्त भी होता है जो उसके गुणसूत्र, जीन्स, शरीर संरचना और मन का होता है, जिसके द्वारा वह कभी-कभी अपने बाह्य वृत्त का अतिक्रमण भी कर जाता है। यही उसे समाज में कर्ता की भूमिका प्रदान करता है तथा उसे अकेला, अद्वितीय और विशिष्ट बनाता है। हिन्दू धर्म और चिन्तन में इस 'व्यक्ति' को सर्वाधिक महत्त्व दिया गया है। इसी को अपने कर्म का कर्ता और कर्मफल का भोक्ता माना गया है। हिन्दुओं के कर्म सिद्धान्त के अनुसार प्रत्येक कर्म का फल उसके कर्ता को ही प्राप्त होता है। स्वामी विवेकानन्द ने कहीं कहा है कि हज़ारों गायों के बीच बछड़ा जैसे अपनी माँ के पास चला जाता है, वैसे ही कर्मफल अपने कर्ता के पास पहुँच जाता है। एक बार प्रसिद्ध सन्त देवराहा बाबा के पास मैं सपत्नीक दीक्षा मन्त्र के लिए गया था। बाबा मन्त्र बोल कर उच्चारण कराने लगे। मेरा एक पुत्र भी मेरे साथ था। उन्होंने उससे भी मन्त्र दुहराने को कहा। मैंने कहा, "बाबा, यह बच्चा तो अभी नाबालिग है।" बाबा बोले, "बच्चा, हर आत्मा अकेली और स्वतन्त्र होती है। उसे भी बोलने दो।" यह व्यक्ति की ही स्वीकृति है। हिन्दू धर्म में पूजा, अर्चना, सत्कर्म या दुष्कर्म सब का ज़िम्मेदार व्यक्ति ही माना गया है, समाज तो एक अमूर्त सत्ता है। व्यक्ति को ही पुनर्जन्मों की शृंखला से गुज़रना होता है और जन्म-जन्मान्तर के संस्कार भी व्यक्ति के साथ ही जुड़े होते हैं।

गोरखपुर, 31 दिसम्बर, 2021

कोरोना महामारी की विश्वव्यापी विभीषिका में बहुत-से लोगों ने अपना बहुत कुछ खो दिया। यह भारत के लिए भी एक दुर्भाग्य था और स्वयं मेरे लिए भी।

20-25 दिन तक मैं भी इसके आतंक के साये में साँस लेता रहा। मेरी छोटी बहन लखनऊ के अस्पताल में गुज़र गयी और छोटे भाई जैसे मित्र तथा मेरे सहृदय अध्येता और प्रशंसक श्री रेवतीरमण का पटना के अस्पताल में निधन हो गया। इस दुर्भाग्य काल में मार्च 2020 के बाद 'दस्तावेज़' का कोई अंक प्रकाशित नहीं हो सका। 'दस्तावेज़' मेरे साहित्यिक जीवन का स्वप्न था जिसे मैंने अपने को निचोड़ कर सींचा था और उसका कृतज्ञ हूँ कि मैंने उसे नहीं, उसने मुझे प्रकाशित किया था। इतना कि वह मेरे नाम और मेरे घर के डाक पते का पर्याय बन गया था। सितम्बर 2021 में मैंने उसका 165वाँ अंक निकाला जो उसके 42वें वर्ष का प्रथम अंक है। अब मै उम्र के ऐसे पड़ाव पर हूँ कि उसे आगे चलाने का साहस नहीं कर पा रहा हूँ। लेकिन अब एक नया संकल्प ले रहा हूँ कि उसके नाम के ध्वज के नीचे गोरखपुर में प्रतिवर्ष एक दिन का कोई विशिष्ट साहित्यिक-सांस्कृतिक आयोजन होता रहे और कामना यही है कि वह मेरे न रहने के बाद भी चलता रहे।

गोरखपुर, 11 जनवरी, 2022

किसी उपेक्षित गाँव की धूल, कीचड़ और गरीबी से उठ कर अनेक बीहड़ रास्तों से गुज़रते हुए जो व्यक्ति राजधानी के शीर्ष सम्मानों तक पहुँच जाता है, वास्तविक महत्त्व उसी का होता है क्योंकि वह अपनी अदम्य आकांक्षा, दुर्दमनीय साहस और अनथक प्रयासों द्वारा इसे हासिल करता है। भारत के निम्न या मध्यवर्गीय परिवारों की कई-कई पीढ़ियों में कोई एक व्यक्ति ऐसा कर पाता है। फिर उस परिवार में उसी का यश तब तक गूँजता रहता है जब तक कोई और बालक उसे पीछे छोड़ देने वाला नहीं पैदा हो जाता। लेकिन राज परिवारों में कोई बालक ठीक इसके उल्टा जब तक महलों का ऐशो आराम छोड़ कर लोकजीवन के गली कूचे तक उतर कर उसका दु:ख मिटाने वाला नहीं बन जाता तब तक वह यश नहीं प्राप्त कर पाता। ऐसे बालक को भी अपने भौतिक सुख अहंकार और शानो शौकत का त्याग करने में उसी आकांक्षा, साहस और प्रयास का सहारा लेना पड़ता है। सीढ़ियाँ वही हैं, एक को चढ़ना पड़ता है और दूसरे को उतरना। बद्रीनारायण की एक कविता स्मरण आ रही है जिसमें एक राजा अपने दरबारियों से कहता है कि वह लोकगीतों में शामिल होना चाहता है। कविता के अन्त में कवि कहता है कि लोक गीतों में शामिल होने के लिए राजा को मरना पड़ता है। अर्थात् उसे अपने राजत्व के स्तूप को गलाना पड़ता

है। इसी प्रकार गाँव का जो उपेक्षित बालक सीढ़ियाँ चढ़ कर सिंहासन तक पहुँचता है उसे भी वहाँ पहुँच कर अपने उस लोकमन की धड़कन को जीवित रखना होता है।

गोरखपुर, 26 जनवरी, 2022

ग्यारह जनवरी, दोपहर लगभग बारह बजे। एक युवा पी.सी.एस. अधिकारी मुझसे मिलने आये। उन्होंने सूचना दी कि दिल्ली से इंटेलिजेंस व्यूरो के एक अधिकारी का फ़ोन उनके पास आया है जो मेरे बारे में कुछ सूचना चाहते हैं। इस वर्ष 26 जनवरी को दिये जाने वाले पद्म पुरस्कारों के लिए मेरे नाम पर विचार चल रहा है। पी.सी.एस. अधिकारी मेरे परिचित थे और उनसे एकाध बार मेरी भेंट हो चुकी थी। उन्होंने अपना मोबाइल मिला कर उस इंटेलिजेंस अधिकारी से मेरी बात कराई। उस अधिकारी ने कहा, "यह गोपनीय है, फिर भी आप से पूछ रहा हूँ, क्या आपने पद्म पुरस्कारों के लिए आवेदन किया था?" मैंने कहा, "नहीं"। वे बोले, "तब किसी दूसरे ने आपका नाम भेजा होगा।" फिर पी.सी.एस. अधिकारी ने अपने मोबाइल से मेरे बायोडाटा का चित्र लेकर उन्हें भेज दिया और मुझे 'शुभकामना' दे कर चले गये। अगले दिन लोकल इंटेलिजेंस यूनिट के दो लोग आये जिन्होंने मेरा पासपोर्ट साइज चित्र, मेरे आधार कार्ड का चित्र तथा परिवार के सदस्यों का विवरण लिया।

अब मेरे दिमाग़ में तरह-तरह का आलोड़न-विलोड़न शुरू हुआ। मैं साढ़े इक्यासी वर्ष का हो चुका हूँ और लेखन सम्बन्धी अपने अधिकांश काम पूरे कर चुका हूँ। मुझे अनेक पुरस्कार-सम्मान भी मिल चुके हैं मगर राजकीय सम्मान एक भी प्राप्त नहीं हुआ है। बातचीत में स्वाभिमान से कहा करता हूँ कि मुझे जो कुछ भी मिला है, मेरे कर्मों के आधार पर, किसी सरकार की कृपा पर नहीं। साहित्य अकादेमी का अध्यक्ष भी मैं चुनाव लड़ कर हुआ, किसी सरकारी मनोनयन से नहीं। अब यदि मुझे कोई पद्म पुरस्कार मिलता है तो क्या कहूँगा? मिर्जा ग़ालिब को जब वज़ीफा स्वीकृत हुआ तो उन्होंने स्वयं पर व्यंग्य करते हुए यह शे'र कहा था—

ग़ालिब वज़ीफाख्वार हो दो शाह को दुआ
वो दिन गये कि कहते थे, नौकर नहीं हूँ मैं।

दूसरी बात यह कि पता नहीं कैसे और क्यों कम-से-कम हिन्दी प्रदेश के लेखकों में यह धारणा बन चुकी है कि जिस लेखक को पद्म पुरस्कार मिलता है उसे उस सरकार और दल का समर्थक मान कर देखा जाने लगता है। इस पर सरकारों को

भी विचार करना चाहिए कि उन पर ऐसा सन्देह क्यों उठने लगता है। मैं जीवन भर साहित्य में पार्टी कमिटमेंट का विरोधी रहा हूँ और आज भी मानता हूँ कि साहित्यकार को न तो किसी पार्टी का सदस्य होना चाहिए और न पार्टी विचारधारा के आधार पर पुरस्कारों का निर्णय किया जाना चाहिए। अब यदि मुझे पद्म पुरस्कार मिलता है तो लेखकों-पाठकों की प्रतिक्रिया मेरे प्रति क्या होगी?

तीसरी बात यह भी कि मैं अपने जीवन और लेखन के अन्तिम वर्षों में पहुँच गया हूँ। यदि मुझे पद्म श्री सम्मान मिलता है जो मुझसे कम उम्र में, बहुत कम काम करने वाले लेखकों को मिल चुका है, तब मुझे क्या करना चाहिए? मेरे समकक्ष कई लेखकों ने पूर्व में यह पुरस्कार लेने से मना कर दिया है, यह कह कर कि उन्हें यह पुरस्कार बिलम्ब से दिया जा रहा है। मैं क्या करूँगा? राजकीय सम्मान का आदर किया जाना चाहिए लेकिन उसे प्राप्त करने के बाद मन में हीनताबोध भी तो नहीं होना चाहिए।

जब कभी ऐसी द्विविधा की स्थिति आती है, मुझे देवर्षि नारद का एक वचन स्मरण होता है जिसे तुलसीदास ने अंकित किया है। जब नारायण ने नारद जी से कुछ माँगने को कहा तो भक्त नारद ने नारायण से माँगा–

जेहि विधि होहि नाथ हित मोरा।
बेगि करहुँ सोइ बालक तोरा।।

मैं जब भी किसी मन्दिर में जाता हूँ तो विग्रह के समक्ष पहले अपनी मनोकामना व्यक्त करता हूँ और फिर उपर्युक्त चौपाई का मन-ही-मन पाठ कर लेता हूँ। जब मैं स्वयं ही नहीं जानता कि क्या मेरे हित में है और क्या अहित में, और फल पर मेरा कोई अधिकार ही नहीं, तो प्रभु के ही निर्णय पर उसे छोड़ कर द्विविधामुक्त हो जाना क्या उचित नहीं है। अपने वर्तमान मानसिक द्वन्द्व में भी मैंने यही किया, अपने शयन कक्ष में, महादेव और नारायण के चित्र के समक्ष करवद्ध विनत होकर।

दो सप्ताह के एक दिन पूर्व ही 25 जनवरी भी आ गयी, जिस दिन पद्म पुरस्कारों की घोषणा हुई। उसमें मेरा नाम कहीं नहीं था। मुझे फिर ग़ालिब का ही यह शे'र याद आया–

मारा दयारेगैर में मुझको वतन से दूर।
रख ली मेरे ख़ुदा ने मेरी बेकसी की शर्म।।

गोरखपुर, 27 जनवरी, 2022

देश के पाँच राज्यों–उत्तर प्रदेश, उत्तराखण्ड, पंजाब, गोवा और मणिपुर में फ़रवरी-मार्च में आम चुनाव होने जा रहे हैं। सभी दलों के नेता और कार्यकर्ता दल बदलकर रहे हैं। सर्वाधिक नेता दल बदलकर भाजपा और सपा में शामिल हो रहे हैं क्योंकि इन दो दलों की स्थिति इस बार मज़बूत है। कुछ नेता पाँच साल तक जिस दल में मन्त्री रहे, उसे त्याग कर दूसरे दल में जा रहे हैं और कुछ तो चालीस साल तक जिस दल का झण्डा लहराते रहे उसे दूर फेंक कर दूसरा झण्डा उठा रहे हैं। तात्कालिक लाभ-लोभ वश नेताओं का यह आचरण सामान्य जन को भी अचरज में डाल रहा है। यही काम अगर वह करे तो उसे लोभी, विश्वासघाती और अनैतिक माना जायेगा। क्या नीति-अनीति के मानदण्ड राजनीति में लागू नहीं होते? क्या तात्कालिक और व्यक्तिगत लाभ ही वहाँ नैतिक होता है? क्या विचार, विश्वास, सम्बन्ध, दायित्व आदि वहाँ फालतू आवरण की तरह होते हैं जिन्हें रातोंरात झटक कर मुक्त हो जायें और उसकी जगह दूसरा ओढ़ लें? क्या राजनीति में कुर्सी ही चरम मूल्य है, सिद्धान्त और प्रतिबद्धता कुछ भी नहीं? देखने में तो यही आ रहा है।

गोरखपुर, 9 फ़रवरी, 2022

दो दिन पूर्व भारत की विलक्षण स्वर साधिका लतामंगेशकर का निधन हो गया। यद्यपि वह पुर्णायु में इस लोक से विदा हुई पर उनका जाना सबको कुछ ख़ाली कर गया। ऐसी विभूतियाँ शताब्दियों बाद पृथ्वी पर अवतरित होती हैं। लता जी न कोई महारानी थीं न राज प्रमुख, न स्वाधीनता आन्दोलन की ही अग्रणी, न शरीर बल, धन बल, विद्या बल में ही सर्वोच्च, फिर भी उनके शोक सम्मान में राष्ट्रीय गौरव का प्रतीक राष्ट्रध्वज झुका दिया गया। ऐसा नागरिक सम्मान किसी-किसी को नसीब होता है। लता जी को महाप्रकृति ने अद्‌भुत कण्ठ दिया था और उसे सुरक्षित, परिष्कृत तथा विकसित करने के लिए लता जी ने उतनी ही महान साधना की थी। प्रकृति प्रदत्त प्रतिभा और मानव कृत साधना दोनों के संयोग और सन्तुलन से ऐसी उपलब्धि साकार होती है। काव्याशास्त्रीय आचार्यों ने प्रतिभा के साथ अभ्यास का योगदान स्वीकार किया है। प्रतिभा तो दैवी होती है जिसके लिए महत् के प्रति विनत हुआ जाता है पर अभ्यास का श्रेय तो साधक को ही दिया जा सकता है। इसीलिए वैज्ञानिकों, विचारकों, रचनाकारों, कलाकारों, संगीतज्ञों, कर्मवादी महानात्माओं को लोक में आदरणीय माना जाता है।

प्रसिद्ध काव्यशास्त्री आनन्दवर्धन (10वीं शती) ने 'कवि' को 'प्रजापति' अर्थात् सृष्टिकर्ता कहा है। लेकिन अन्तर यह है कि प्रजापति ने यह सृष्टि शून्य में की–out of nothing। जबकि मनुष्य अपना सर्जन एक 'दी हुई दुनिया' के भीतर उपलब्ध साधनों से करता है। महान वैज्ञानिक भी जो वनस्पतियों की नयी प्रजातियों, पशुओं, मनुष्यों और अन्य जीवों की जीनेटिक इंजीनियरिंग करता है वह भी पहले से उपलब्ध सामग्री के ही आधार पर। अत: कोई भी रचनाकार चाहे जितना महान आविष्कार करे, उसे प्रकृति या महाप्रकृति या ईश्वर, चाहे वह जो नाम दे ले, उसके प्रति कृतज्ञ अवश्य होना चाहिए। आख़िर जो नूतन या चामत्कारिक सृष्टि उसने जिस काया, चेतना, मस्तिष्क और प्रतिभा से की है वह भी तो उसी महा प्रकृति द्वारा दी हुई है। तो 'प्रतिभा' ही सर्वोपरि है जिसने सृष्टि की और प्राणियों को सृजन करने की क्षमता भी दी।

शैव दार्शनिकों के अनुसार परमशिव कूटस्थ तत्त्व हैं। उन्हें आयतन बना कर विश्रान्त रहने वाली पराशक्ति ही अपनी उन्मीलन शक्ति से विश्व का उन्मीलन क्षण भर में कर देती है। आचार्य आनन्दवर्धन कृत 'ध्वन्यालोक' के 'लोचन' नामक अपनी प्रसिद्ध टीका के प्रथम उद्योत के अन्त में प्रख्यात शैव दार्शनिक अभिनव गुप्त ने परा शक्ति की बंदना इस प्रकार की है–

यदुन्मीलन शवत्यैव विश्वमुन्मीलति क्षणात्।
स्वात्मायतन विश्रान्तां तां वन्दे प्रतिभां शिवाम्।।

[जिसकी उन्मीलन-शक्ति से क्षण में ही विश्व उन्मीलित हो जाता है, उस अपने आयतन में स्थित शिवा प्रतिभा की वन्दना करता हूँ।]

महाभाष्यकार पतंजलि ने महाप्रलय की जो कल्पना की है उसके अनुसार अन्त में यह सृष्टि प्रतिभा में ही विलीन हो जाती है–"पृथ्वी जल में, जल ज्योति में, ज्योति वायु में, वायु आकाश में और आकाश प्रतिभा में विलीन हो जाता है।"

गोरखपुर, 10 फ़रवरी, 2022

मैंने अपने कई लेखों, टिप्पणियों और वक्तव्यों में 'भाव' को महत्त्व दिया है। मगर भाव का तर्क बुद्धि के साथ सन्तुलन अवश्य होना चाहिए। बिना तर्क बुद्धि के भाव अन्धविश्वास, मोह, सन्देह और भ्रम को जन्म देने लगता है। विश्वास जब अन्ध विश्वास बनता है तो जो नहीं है उसकी भी सत्ता स्वीकारने लगता है और अनेक मनोरोगों का कारण बन जाता है। भारत में आज भी लगभग 75 फ़ीसदी स्त्रियाँ और 30 फ़ीसदी पुरुष अन्धविश्वासी हैं। यही स्थिति मोह, सन्देह और भ्रम

की है। भारतीय गाँवों में भूत, प्रेत, डायन, चुड़ैल आदि में विश्वास करने वाले पुरुषों और स्त्रियों की संख्या का प्रतिशत लगभग वही है। बुद्धिवादी लोग इसका इलाज तर्क में ढूँढ़ते हैं और सन्त-भक्त आस्था में। रामचरितमानस के प्रारम्भ में तुलसीदास एक चौपाई में कहते हैं–

निज सन्देह, मोह, भ्रम हरनी।
कहहुं कथा भव-सागर तरनी।।

इसमें तुलसीदास शायद अपने स्वयं के सन्देह, मोह और भ्रम की बात करते हों लेकिन व्यवहार में यह किसी भी पाठक पर लागू हो सकता है।

गोरखपुर, 14 फ़रवरी, 2022

एक व्यक्ति को, उसके जिस कर्म के लिए उत्तरदायी मानकर, उसकी प्रशंसा या निन्दा अथवा उसे पुरस्कृत या दण्डित किया जाता है, उसे करने की प्रेरणा उसे अपनी परिस्थितियों और अपनी मानसिक या जैविक संरचना से प्राप्त होती है। हर व्यक्ति की परिस्थिति और उसकी मानसिक-जैविक संरचना भिन्न-भिन्न होती है। इन दोनों पर उस व्यक्ति का पूर्ण नियन्त्रण भी नहीं होता। अत: उसके कर्मों पर उदारता के साथ सहानुभूतिपूर्वक विचार किया जाना चाहिए। यह सही है कि व्यक्ति अपनी परिस्थिति और प्राप्त क्षमता को अपने संकल्प और साधना से बदलने में समर्थ है मगर सभी ऐसा नहीं कर पाते। सभी को ऐसी शक्ति भी नहीं मिली होती। कुछ विचारधाराएँ जो परिस्थिति को बदल देने का दावा करती हैं और जीनेटिक इंजीनियरिंग जो जैविक संरचना में परिवर्तन का, वे इसके लिए कोई समय-सीमा नहीं बता सकते और इसकी तो कल्पना भी नहीं कर सकते कि इस महापरिवर्तन के बाद कौन-सी 'नयी परिस्थितियाँ' और 'मनोविकार' पैदा हो जायेंगे। लेकिन प्रयत्न फिर भी जारी रहना चाहिए।

गोरखपुर, 19 फ़रवरी, 2022

मैं ऐसी ऊँची उड़ान नहीं ले पाता जहाँ पहुँच कर न मुझे पृथ्वी दिखे, न पृथ्वीवासियों को मैं। अतीत की ऐसी गहराई में भी उतरना मेरे लिए सम्भव नहीं हो पाता जहाँ पहुँच कर वहाँ के शैवाल जंजाल में ही फँसा रह जाऊँ। ऊँचाई और गहराई दोनों मुझे आकर्षित करती है मगर इतनी नहीं कि पृथ्वी का गुरुत्वाकर्षण खींच न सके। जब कभी ऐसी रचनाएँ पढ़ता हूँ तो आनन्दित भी होता हूँ और

चमत्कृत भी पर अपने स्वभाव को वैसा ढाल नहीं पाता। यह मुझ में प्रतिभा और कल्पनाशीलता की कमी है या मुझ पर यथार्थ और वर्तमान का दबाव? या दोनों? स्व और पर की चिन्ताएँ मुझे इतनी ढील नहीं देतीं कि पतंग अनन्त आकाश में अबाधित उड़ चले। मुझे कभी-कभी तो यह ठीक नहीं लगता पर कभी-कभी ठीक ही लगता है, यह सोच कर कि अनन्त में फँस कर विखर जाने से तो यह सीमाबद्धता अमूर्तन से बचा ही लेती है। मनुष्य की जीवन-गति भी तो कुछ ऐसी ही है। हवाई यात्री को कितनी आश्वस्ति होती है जब उसका विमान धरती का स्पर्श करता है।

गोरखपुर, 21 फ़रवरी, 2022

जिस कर्म-शृंखला ने मुझे इस मोकाम तक पहुँचाया है उसकी कड़ियों का स्मरण सुखी भी करता है, दुखी भी, सन्तोष भी देता है, पश्चात्ताप भी और एक ऐसे आश्चर्य में भी डालता है जो सोचने के लिए विवश करता है। ऐसा बहुत कुछ किया जो करणीय था मगर कुछ ऐसा भी तो किया जो समयोचित नहीं था। जो करणीय था वह भी और जो नहीं था वह भी, दोनों के बारे में जिज्ञासा तो कर सकता हूँ कि 'क्यों' किया? अगर परिस्थितियों और प्रवृत्तियों के वशीभूत हो कर किया तो एक से सुख और दूसरे से पछतावा क्यों हो रहा है? यदि एक में विवेक था और दूसरे में नहीं, तो 'क्यों'? अज्ञान के कारण या अहंकार के कारण या स्वार्थ के कारण या मूल प्रवृत्तियों से आविष्ट होकर अवश हो जाने के कारण? आज जो मन इस प्रकार का विचार कर रहा है वही तो उस समय का 'कर्ता' था। तब 'महाभारत' के दुर्योधन की यह बात सही लगती है "मैं धर्म को जानता हूँ मगर उसमें मेरी प्रवृत्ति नहीं, मैं अधर्म को भी जानता हूँ मगर उससे मेरी निवृत्ति नहीं। मेरे हृदय में स्थित कोई देवता जैसा निर्देशित करता है, वैसा ही मैं करता हूँ।"

[जानामि धर्मम् न च में प्रवृत्तिः, जानाम्यधर्मम् न च में निवृत्तिः
केनेपि देवेन हृदस्थितेन यथा नियुक्तोस्मि तथा करोमि।।]

तो हृदय स्थित वह देवता कौन है?

मैं जिन अनजान, सुनसान और सर्पीले रास्तों से गुज़रते हुए यहाँ तक पहुँचा वे इतने जोखिम भरे थे कि कहीं भी, किसी भी बिन्दु पर किसी भी क्षण, मेरी यात्रा समाप्त कर सकते थे, तो मैं यहाँ तक सकुशल कैसे पहुँचा? उन घुमावदार और पेचदार रास्तों को काटते हुए और भी तो रास्ते मुड़ते थे अन्य-अन्य दिशाओं में, तो उन पर मैं क्यों नहीं मुड़ा? सर्वत्र नहीं पर अधिकांशतः वरण की स्वतन्त्रता तो

थी, फिर अनेक को छोड़ कर जिस एक का वरण किया, वह किसकी प्रेरणा से? अनिच्छा और चेतावनी के बावजूद बहुत कुछ किया तथा इच्छा और मनुहार के बावजूद बहुत कुछ नहीं किया। तो क्या मेरी कर्म-शृंखला मुझे इसी मोकाम पर पहुँचाने को आमादा थी जहाँ कि आज हूँ? क्या यहीं पहुँचना मेरा लक्ष्य रहा या कुछ अन्य आकांक्षाएँ भी रहीं? इस मोकाम पर महसूस कर रहा हूँ कि किसी भाषा में तर्क सरणि के अन्तिम बिन्दु पर पूछे गये–'कौन', 'क्यों', 'किस', 'कैसे', 'क्या' आदि प्रश्नों के उत्तर कोहरे में और कोलाहल में अदृश्य और नि:शब्द हो जाते हैं।

गोरखपुर, 17 मार्च, 2022

15 मार्च को संयुक्त राष्ट्र संघ में एक प्रस्ताव पास हुआ जिसके अनुसार उक्त तिथि (15 मार्च) को 'इस्लामोफोबिया के विरुद्ध संघर्ष दिवस' के रूप में मनाने का निर्णय (OIC) ने पेश किया था जिसमें पाकिस्तान, अफ़ग़ानिस्तान, बंगलादेश, मिश्र, इंडोनेशिया, ईरान, ईराक, जार्डन, कुवैत, कजाकिस्तान आदि इस्लामिक देश शामिल हैं। भारत और फ्रांस ने इस प्रस्ताव का विरोध किया। भारत का तर्क था कि जब 16 नवम्बर को 'अन्तरराष्ट्रीय सहिष्णुता दिवस' मनाया जाता है और 22 अगस्त को 'धार्मिक हिंसा के शिकार लोगों के साथ सहानुभूति दिवस' मनाने का निश्चय हो चुका है तो इस नये दिवस को मनाने का औचित्य क्या है?

मेरे विचार से इस्लामोफोबिया विरोधी दिवस मनाने से समस्या का समाधान नहीं होगा। मूल प्रश्न है कि दुनिया भर में इस्लामोफोबिया अर्थात् इस्लाम से भय या घृणा क्यों है? क्या इस्लाम में ऐसा कोई तत्त्व है, और अगर है तो उसे दूर करने की कोशिश की गयी या की जा रही है? या दूसरों के मन में यह भय और घृणा बेबुनियाद हैं? इसका उत्तर दूसरों की अपेक्षा स्वयं इस्लाम के अनुयायियों को आत्मावलोचन के द्वारा ढूँढ़ना है।

यदि इतिहास को गवाह मान कर ईमानदारी से स्वीकार किया जाय तो अन्य धर्मों के बीच इस्लाम को एक कट्टर धर्म कहा जा सकता है। दुनिया भर में इस्लाम के अनुयायियों की संख्या हिंसा द्वारा धर्मपरिवर्तन करके बढ़ी है। कश्मीर में 99% हिन्दू थे जो अब एक फ़ीसदी रह गये हैं। आज़ाद के बाद वहाँ साढ़े तीन लाख कश्मीरी पण्डित थे, जो अब तीन हज़ार रह गये हैं। बांग्लादेश में 13 फ़ीसदी हिन्दू थे जो अब छह फ़ीसदी रह गये हैं। अफ़ग़ानिस्तान में बामियान की मूर्तियों को किसने तोड़ा? दुनिया भर में मन्दिरों-गुरुद्वारों पर हमले किसने किये? दूसरे धर्मों को 'काफिर' किसने माना? आज भी इस्लामिक स्टेट के आतंकवादियों का सबसे बड़ा

लक्ष्य दुनिया भर में इस्लामिक क़ानून लागू करना है। इसे अपने बयानों में वे स्पष्ट स्वीकार करते हैं। पिछले तीस-पैंतीस वर्षों में दुनिया के तमाम देशों (अमेरिका, भारत, रूस, थाईलैंड, फ्रांस, स्पेन, कनाडा, चीन, अफ़ग़ानिस्तान, फिलीपीन्स, इन्डोनेशिया आदि) में सैकड़ों आतंकवादी हिंसात्मक घटनाएँ घट चुकी हैं। इन घटनाओं में 95 प्रतिशत आतंकी इस्लाम के अनुयायी हैं। हमला करने के पहले वे 'अल्ला हो अकबर' के नारे लगाते हैं, सिर कलम करने के पहले वे कुरान की आयतें पढ़वाते हैं। यह सब क्या दुनिया के लोगों को इस्लाम से भयभीत नहीं करेगा? क्या सलमान रश्दी और तस्लीमा नसरीन को इस्लाम से डर नहीं लगेगा जिन्हें मारने के फतवे जारी हुए थे? तो इस्लामिक देशों को अपने भीतर झाँक कर इस्लाम की कमियों को दूर करने के लिए प्रयत्न करना चाहिए। अन्यथा इस्लामोफोबिया तो रहेगा।

गोरखपुर, 19 मार्च, 2022

वृद्धावस्था स्मृतियों का पुंज है। अगर मन स्वस्थ है तो जितनी लम्बी उम्र और जितना विस्तृत कार्य क्षेत्र, उतना ही स्मृतियों का ठेलमठेल। स्मृतियों का न कोई कालक्रम होता है, न कोई व्यवस्था। वे एक में से निकल कर अनेक और अनेकानेक रूप लेती चलती हैं, बरसात के उमड़ते बादलों या चूल्हे से उठते धुएँ की तरह। न कोई दिशा, न कोई विराम।

आज गोरखपुर में होली है। देश के ज़्यादातर हिस्सों में कल ही होली थी। उभर रही हैं होली की अनेक स्मृतियाँ जिनसे स्वयं गुज़र चुका हूँ। बचपन में गाँव की होली। दोपहर तक कीचड़ से खेली जाती थी, दोपहर बाद रंगों से, केवल लाल रंग और अबीर से। शाम को चौताल गाने वाली टोली गाँव के दो-तीन प्रमुख दरवाजों पर ढोलक और अन्य वाद्ययन्त्रों के साथ चैता और अन्य होली गीत गाती थी। उनके खाने के लिए मिठाइयों, सूखे मेवों और पीने के लिए ठंढई का इन्तजाम रहता था। अपने दरवाज़े पर मेरे पिता स्वयं गाने वालों की टोली में शरीक रहते थे। जब मैं पढ़ाई के लिए घर के बाहर गया तो शुरू में होली के दिन घर चला आता था पर बाद के दिनों में अक्सर बाहर ही रह जाया करता था। मुझ में खाने-पीने का आकर्षण कभी नहीं रहा। मेरी स्वादेन्द्रिय बचपन से लेकर आज तक प्राय: स्वाभाविक रूप से तृप्त या सुप्त रही है। जो भी सहज रूप से मिल जाय उसे ग्रहण कर वह सन्तुष्ट हो जाती है। इसीलिए केवल सुस्वादु भोजन का आकर्षण मुझे घर जाने को विवश नहीं करता था। लेकिन गोरखपुर के विद्यार्थीजीवन की होली का एक दिन मेरी स्मृति में

ऐसा चिपका है जो प्रत्येक होली को उभर ही जाता है। हुआ यह कि मेरे साथ रहने वाले सभी साथी घर चले गये थे और होली की पूर्व सन्ध्या को मैं इसलिए भूखा सो गया कि अगले दिन किसी होटल में खा लूँगा। मगर होली के दिन दोपहर बाद जब सायकिल से किसी होटल के लिए निकला तो 5 किलोमीटर तक पैदल चलाते रहने के बावजूद कोई पान तक की दुकान खुली नहीं मिली। लौटकर शेष दिन और रात पानी पी कर गुजारा। भूख की पीड़ा का मैंने जीवन में अनेक बार अनेक स्थानों पर अनुभव किया है, मगर यहाँ उसे लिखूँगा नहीं। यहाँ सिर्फ़ कहना यह है कि आज की होली पर उसकी याद आती है तो भूख के साथ ही अपनी कर्म-संलग्नता, संकोच, आलस्य और मूर्खता की भी स्मृति उभर ही आती है जो कि अब भी कमोबेश मेरे भीतर है और जिनके कारण कई-कई बार आधा भूखा रह जाना पड़ता है।

गोरखपुर, 21 मार्च, 2022

उक्रेन पर रूस के आक्रमण का आज 26वाँ दिन है। टेलीविज़न पर उक्रेन की तबाही का दृश्य देखकर उदासी घेर लेती है। महिलाओं, बच्चों और वहाँ के लोगों की करुण और विवश स्थिति देखी नहीं जाती। हम तो टेलीविज़न बन्द कर सकते हैं लेकिन वे भुक्तभोगी क्या करेंगे? कवियों और कमज़ोर दिलवालों के लिए जगह नहीं है गणतन्त्र में। उसे तो जंगल बना कर उसमें राजनेता दहाड़ते रहते हैं। जिसके हाथ में जितना हथियार, उसके नक्शे का उतना ही विस्तार। रूस के पास उक्रेन से दस गुना ज़्यादा हथियार हैं फिर भी उक्रेन 26 दिनों से अपनी आज़ादी के लिए लड़ रहा है। नाटो की महाशक्तियों ने उसे आश्वासन तो भरपूर दिया था मगर जब समय आया तो निपट अकेला रह गया जेलिंस्की। चक्रव्यूह में अभिमन्यु की तरह। दुनिया की महापंचायत में महाबलियों को वीटो का अभोध अस्त्र प्राप्त है। उनकी निन्दा होती रहे लेकिन उन पर कोई कार्रवाई नहीं हो सकती। मैं नहीं जानता कि इस युद्ध में कौन सही है और कौन ग़लत, लेकिन इतना तो कह ही सकता हूँ कि किसी दूसरे पर आक्रमण करना उचित नहीं है। रूस को बातचीत के रास्ते अपने पक्ष को सुलझाना चाहिए था। वह शक्तिशाली है अत: उसका दायित्व और भी बढ़ जाता है। रूस उक्रेन के विभिन्न नगरों पर, बड़े भवनों, अस्पतालों, स्कूलों आदि पर भी मिसाइलें दाग रहा है। सड़कों और भवनों के साथ वृक्ष-वस्पतियाँ भी जल रही हैं। इस बर्बादी के चित्र देखकर लगता है, कि उक्रेन को पुराने रूप में पुन: आने में कम-से-कम 25 वर्ष तो लग ही जायेंगे और वह भी तब जब उसके सहयोगी देश उसे उदारतापूर्वक सहयोग करें। युद्ध मनुष्य की ही नहीं मनुष्यता की हत्या है।

गोरखपुर, 30 मार्च, 2022

'एक' के साथ यदि 'दूसरा' नहीं है तो इस संसार का अस्तित्व भी नहीं है। 'एक' ही सच है, यह सोच ही कट्टरता, आतंकवाद और हिंसा की जननी है। इसी सोच के चलते अतीत और वर्तमान में बहुत सारा ख़ून बहा है और बह रहा है। यह आत्महन्ता सोच एक दिन प्रेम, करुणा, कृतज्ञता और क्षमा जैसे महा भावों को निगल जायेगा। तब पृथ्वी पुन: आग के गोले में परिवर्तित हो जायेगी।

गोरखपुर, 2 अप्रैल, 2022

सपनों में दिखते कभी-कभी ऐसे-ऐसे चित्र, ऐसी-ऐसी शक्लें और जगहें, ऐसे-ऐसे परिवेश, जैसे इस जीवन में तो कभी देखा नहीं, पढ़ा नहीं, सोचा नहीं। नीद उचटने पर बार-बार स्मृति पर ज़ोर डालता हूँ, कोशिशें करता हूँ पर सम्बन्ध नहीं जोड़ पाता उनका इस जीवन के अतीत चित्रों से। मैं निर्णय नहीं कर पाता कि ये अज्ञात अवचेतन की स्मृतियाँ हैं या पूर्वजन्मों की। अवचेतन तो अपने आप में रहस्यमय है। उसमें दमित चेतन ही इकट्ठा होता है या कुछ और भी संचित रहता है पूर्व का। मैं मनोविज्ञान का पण्डित नहीं हूँ न धर्म में ही गहरी आस्था रखने वाला। ऐसे में यह भी सोचता हूँ क्या ये पूर्वजन्मों की स्मृतियाँ हैं? और अगर ऐसा है तो क्या जीवन जन्म-जन्मांतरों की शृँखला है? कौन बतायेगा?

गोरखपुर, 11 अप्रैल, 2022

'काम' से मुक्त होकर तुलसीदास 'राम' की अनन्य भक्ति तक पहुँचे, इसके अन्त:साक्ष्य उनकी रचनाओं में उपलब्ध हैं। परन्तु 'मरा' 'मरा' रटते हुए जिस वाल्मीकि के महर्षि बन जाने की किंवदन्ती प्रचलित है, वह रामायण के रचयिता आदि कवि वाल्मीकि नहीं थे। सीता की अन्तिम परीक्षा के समय राम के दरबार में उपस्थित होकर सीता की निष्कलंकता और शुद्धता की पुष्टि करते हुए वाल्मीकि ने स्वयं जो आत्म परिचय दिया था, वह इस प्रकार है–

प्रचेतसोऽहं दशम: पुत्रो राघवनन्दन।
न स्मराम्यनृतं वाक्य मिमौ तुतव पुत्रकौ।। वा.रा.

[रघुनन्दन मैं प्रचेता का दसवाँ पुत्र हूँ। मेरे मुँह से कभी झूठ बात निकली हो, इसकी याद मुझे नहीं है। मैं सत्य कहता हूँ ये दोनों आपके ही पुत्र हैं।]

मनसा कर्मणा वाचा भूतपूर्वे न किल्विषम्।
तत्याहं फलमश्नामि अपाया मैथिली यदि।। वा.रा.

[मैंने मन, वाणी और क्रिया द्वारा पहले कभी कोई पाप नहीं किया है। यदि सीता निष्पाप हों, तभी मुझे अपने उस पापशून्य पुण्यकर्म का फल प्राप्त हो।]

स्पष्ट है कि वाल्मीकि प्रचेता के पुत्र थे जिन्हें पुराणों में ब्रह्मा का मानस-पुत्र बताया गया है। यह भी स्पष्ट है कि अपने आरम्भिक जीवन में वे हत्यारे दस्यु नहीं हो सकते। किंबन्दतियों के वाल्मीकि कोई और वाल्मीकि हो सकते हैं।

गोरखपुर, 15 मई, 2022

मेरा स्वभाव रहा है कि जो भी करूँ वह अधिक से अधिक पूर्ण हो, अधिक से अधिक स्थायी और मज़बूत। चाहे वह लेखन हो या परस्पर सम्बन्ध या कोई भौतिक निर्माण। इसके लिए काया को चाहे कितना कष्ट देना पड़े। मगर परिस्थितियों ने मुझे समय-समय पर समझा दिया कि यह मेरा भ्रम है। पूर्ण धीरे-धीरे अपूर्ण हो गया, स्थायी-अस्थायी और मज़बूत कमज़ोर। अब मैं अपने बच्चों को समझता हूँ कि मेरे ही जैसा न सोचें। मेरे अनुभवों से लाभ उठावें। पूर्णता, स्थायीत्व और मज़बूती का न कोई पैमाना है, न मनोवांछित परिणाम। ये सभी परिस्थितियों के अधीन हैं। जिस टाइटन जहाज़ को निर्माताओं ने अटूट बनाया था वह अपनी अति मज़बूती के ही कारण समुद्र में डूब गया।

मैं अपने लेखन पर ही विचार करता हूँ तो सन्देह होता है। कितने दिन चलेगा? कभी-कभी कुछ लोग फ़ेसबुक, इंस्टाग्राम, यूट्यूब आदि पर मेरी पुरानी कविताएँ डाल देते हैं जिन्हें भूल चुका था लेकिन जिन्हें पुन:पढ़कर लगता है कि उनमें दीर्घजीविता है। कुछ वैचारिक निष्कर्ष और निबन्ध भी जीवित रह सकते हैं। कुछ रचनात्मक गद्य भी। मेरी आत्मकथा भी दीर्घ आयुष्य प्राप्त कर सकती है। मगर अपने शेष 90 प्रतिशत लेखन पर मुझे स्वयं भरोसा नहीं है। जिसके भीतर प्रासंगिक ऊर्जा होगी वही काल से लड़ सकती है, अन्यथा उन्हें अल्पायु तो होना ही होगा।

गोरखपुर, 21 मई, 2022

यह संसार कर्मलोक है। इसमें, जैसा कि गीता में कहा गया है, कोई चाह कर भी अकर्म की स्थिति में नहीं रह सकता। कर्म का एक स्तर वह होता है जिससे केवल कर्ता का पोषण होता है। दूसरा वह, जिससे उसके परिवार, सगे सम्बन्धियों और इष्ट मित्रों का हित होता है। तीसरा वह, जिससे समाज का कोई भी, वर्तमान

या भविष्य में, प्रभावित होता या हो सकता है। जिसके कर्मों का यह स्तर जितना ही निर्मल और व्यापक होता है, उतना ही वह व्यक्ति भी। यही उसे लोक स्वीकृति देते हैं और इन्हीं से उसकी यश:काया निर्मित होती है जो उसके पार्थिव महाप्रयाण के बाद भी जीवित रहती है।

गोरखपुर, 25 मई, 2022

शास्त्रों ने समझाया है, सूक्तियों में कहा गया है, लोक और बड़े बूढ़े भी सचेत करते हैं तथा स्वयं भी महसूस करता हूँ, मगर फिर भी शरीर और स्वास्थ्य को सर्वोच्च प्राथमिकता नहीं दे पाता। कोशिश करता गया हूँ कि ऐसा करूँ, ज्यों ज्यों उम्र बढ़ती गयी है, पर कहीं न कहीं असावधानी और चूक होती ही रहती है। परिणाम होता है, अक्सर कुछ अन्तरालों पर अस्वस्थ हो जाना। पिछले डेढ़ महीने तक फिर झेलना पड़ा है–प्रोस्टेट, पेशाब में इंफेक्शन, बुख़ार, भूख का ग़ायब होना और कमज़ोरी। इस बार तो मुँह से दवा लेना काम न आया। 26 अप्रैल से 3 मई तक आठ दिन अस्पताल में भर्ती होना पड़ा। इंजेक्शन द्वारा हाई ऐंटीबायटिक डोज और दवाएँ लेनी पड़ीं। 40 वर्षों बाद अस्पताल में दाख़िल होना पड़ा था। इसके पहले 1982 में दाख़िल हुआ था, जब मेरे जंघे की हड्डी (फीमर) टूटी थी। आयु है तो ठीक भी होना ही है, मगर झेलना बहुत पड़ा। फिर स्वीकार करता हूँ कि स्वास्थ्य से अधिक महत्त्वपूर्ण कुछ भी नहीं है। क्या यह स्वीकृति भी किसी कमज़ोर संकल्प वाले शराबी की स्वीकृति बन कर रह जायेगी?

गोरखपुर, 29 मई, 2022

अमेरिकी स्कूलों में अक्सर गोली चलने की घटनाएँ और उनमें भरने वाले मासूमों की दारुण ख़बरें दुनिया भर के संवेदनशील लोगों को दहला देने वाली हैं। क्या वहाँ की छोटे हथियार बनाने वाली कम्पनियाँ और उसे बेचने वाले व्यापारी इतने प्रभावशाली हैं कि उनके सामने अमेरिका के महा शक्तिशाली राष्ट्रपति भी निरीह हो गये हैं या वहाँ के नागरिक ही इतने भयग्रस्त, हिंसक और शस्त्र प्रेमी हो गये हैं जो इसके विरुद्ध कोई क़ानून नहीं बनने दे रहे? अमेरिकी सरकार को तत्काल अपना नया शस्त्र क़ानून बनाना और उसे सख़्ती से लागू करना चाहिए। अमेरिकी मनोवैज्ञानिकों और समाज शास्त्रियों को भी वहाँ के बच्चों के हिंसक हो जाने के कारणों का विश्लेषण करना चाहिए।

गोरखपुर, 30 मई, 2022

बिहार में जाति आधारित जनगणना शुरू करने की तैयारी चल रही है। यह भारतीय एकता को छिन्न-भिन्न करने और भारतीय लोकतन्त्र की दृढ़ता को नष्ट करने की शुरुआत होगी। अप्रैल-जून, 2010 में मैंने अपनी पत्रिका 'दस्तावेज़' में एक सम्पादकीय लिखकर इसका विरोध किया था। भारत के सन्त, भक्त, समाज सुधारक और महापुरुष अपने-अपने समय में जातीय भेदभाव का विरोध करते रहे हैं। भारतीय नवजागरण के महापुरुषों तथा विवेकानन्द और हमारे समय में गांधी, अम्बेडकर, लोहिया, जयप्रकाश नारायण और नेहरू आदि ने भी इसका विरोध किया। आधुनिक वैज्ञानिक शिक्षा के प्रचार-प्रसार, विज्ञान, औद्योगिकीकरण, शहरीकरण, टेक्नालॉजी आदि के कारण भारत में जाति-प्रथा धीरे-धीरे समाप्त हो रही थी। मगर आज़ादी के बाद के नेताओं ने अपने राजनीतिक लाभ के लिए इसे पुनः शुरू कर दिया। उन्होंने जातियों के आधार पर पार्टी का टिकट देना शुरू किया, परिणामतः हर जाति का एक संगठन तैयार हो गया। हमारे नेता जाति के आधार पर अपना बोट बैंक मज़बूत करना चाहते हैं। देश के महान पुरुषों को भी जातिवादी लोग अपना अलग-अलग नेता बना कर उन्हें छोटा कर रहे हैं। जाति आधारित जनगणना इसी सोच का परिणाम है। देश के राष्ट्रप्रेमी, विचारबान नागरिकों और सरकार तथा राजनीतिक दलों का भी कर्तव्य है कि संकीर्ण जातिवादी मानसिकता का विरोध करें।

मेरे विचार से आरक्षण का आधार आर्थिक होना चाहिए। हाँ, जनजातियों, आदिवासियों, वनवासियों और विकलांगों को अलग से आरक्षण दिया जाना चाहिए। आरक्षण की भी भावना यह होनी चाहिए कि आरक्षित समूहों में स्वाभिमान और आत्मनिर्भरता की भावना कायम रहे तथा अनारक्षित समूहों की प्रतिभा का भी देश को लाभ मिले। इसके लिए आरक्षण की अवधि निश्चित की आनी चाहिए।

गोरखपुर, 3 जून, 2022

कल (2 जून, 22) इंडिया टी.वी. पर ज्ञानवापी के सन्दर्भ में संघ प्रमुख श्री मोहन भागवत का बयान सुना। उन्होंने कहा कि संघ राम मन्दिर समस्या के समाधान के बाद अब अन्य किसी मन्दिर-मस्जिद के सम्बन्ध में कोई आन्दोलन नहीं करेगा। इस तरह की समस्याओं को हिन्दू-मुसलमान आपस में मिल-बैठ कर हल कर लें और यदि मामला अदालत में है तो अदालत का निर्णय मान लें। यह बयान अत्यन्त सन्तुलित और देशहित में है।

यह एक ऐतिहासिक तथ्य है जिसे कोई इनकार नहीं कर सकता कि भारत में इस्लामिक शासन में सैकड़ों देवस्थानों को तोड़ा गया और उनके बग़ल में मस्जिदें बनायी गयीं। ऐसा धार्मिक आग्रहों के अतिरिक्त अपनी ताकत दिखाने और भय पैदा करने के लिए किया गया। यह तथ्य बहस के लिए विचारणीय है ही नहीं। आज विचारणीय यह है, जिस पर धार्मिक संस्थाओं, दोनों धर्मों के अनुयायियों, देशभक्त नागरिकों, राजनीतिज्ञों और न्यायालयों को विचार करना चाहिए, कि इस देश के हिन्दू-मुसलमान किस प्रकार परस्पर प्रेम और शान्ति से रह सकते हैं। इसके उपाय ढृढ़ने की ज़रूरत है।

गोरखपुर, 5 जून, 2022

इधर एक पुस्तक पढ़ी 'अफ़ग़ानिस्तान से खत-ओ-किताबत', जिसमें 1977 के अफ़ग़ानिस्तान और ईरान का वर्णन है। लेखक है—श्री राकेश तिवारी जो महानिदेशक भारतीय पुरातत्त्व सर्वेक्षण के पद से सेवा निवृत्त हैं। तिवारी ने 1977 में अफ़ग़ानिस्तान-ईरान की यात्रा की थी जिसे अपने नोट्स के आधार पर उन्होंने 2021 में प्रकाशित किया। पत्र शैली में लिखी इस पुस्तक के कुल ग्यारह पत्रों में लेखक ने ख़ास तौर से अफ़ग़ानिस्तान के इतिहास और भूगोल तथा वहाँ की मनोरम प्रकृति, मौसम, वहाँ के लोगों के रहन-सहन, खान-पान, उनकी मानसिक बनावट आदि का वर्णन किया है। उस भू भाग का प्राचीन वृहत्तर भारत के रूप में स्मरण कराते हुए उन्होंने वहाँ के स्थानों, नामों आदि का जो भाषा वैज्ञानिक सन्दर्भ दिया है वह शोधपरक और ज्ञानवर्धक है।

गोरखपुर, 10 जून, 2022

हिन्दी उपन्यास 'रेत समाधि' (लेखिका—गीतांजलि श्री) को बुकर पुरस्कार मिलने के बाद सामाजिक माध्यमों पर अनेक प्रतिक्रियाएँ आ रही हैं तथा कुछ लोग व्यक्तिगत रूप से भी उसके बारे में बातें कर रहे हैं। मेरे विचार से सबसे पहले तो इस पुरस्कार का स्वागत होना चाहिए। हिन्दी विश्व की एक महत्त्वपूर्ण भाषा है जिसमें बहुत श्रेष्ठ लेखन हुआ है। हाँ, श्रेष्ठ अनुवाद अवश्य ही कम हुए हैं जिनकी प्रतीक्षा है।

लिखना या लिखते हुए सोचना भाषा में ही चलता है। दोनों में अविभाज्य सम्बन्ध है। हर लेखक के सोचने की प्रक्रिया एक जैसी नहीं होती, अत: उनकी शैली, शिल्प और भाषा की बुनावट आदि भी भिन्न हो जाती है। हिन्दी गद्य से ही

उदाहरण लें तो प्रेमचन्द, जैनेन्द्र कुमार, अज्ञेय, हजारी प्रसाद द्विवेदी, महादेवी वर्मा, फणीश्वरनाथ रेणु, निर्मल वर्मा और मनोहर श्याम जोशी की भाषा अपने रूप, प्रवाह और विन्यास में भिन्न-भिन्न है। कुछ लेखक प्रतीकों में, कुछ बिम्बों में, कुछ मिथकों में, कुछ फन्तासियों में ज़्यादा दिलचस्पी लेते हैं और उनकी सोच के अनुरूप उनकी भाषा भी सहज या वर्तुलाकार, मन्थर या उछाल लेती, सरकती या धड़कती, अभिधा या अतिरंजनापूर्ण दिखती है। लेकिन एक बुनियादी बात यह है कि संप्रेषण अर्थात् प्रेषणीयता का सूत्र यदि लेखक से फिसल गया तो उसकी रचना पाठक के लिए असुविधाजनक हो जाती है। भाषा, जो पश्यन्ती और मध्यमा से यात्रा करती हुई वैखरी तक आती है, उसका चक्र पाठक तक घूमता और पहुँचता है। उत्तर आधुनिक भाषा चिन्तक पाठ और पाठक को सबसे अधिक महत्त्व देते हैं। लेकिन यहाँ यह भी कहना उपयुक्त होगा कि जिज्ञासु पाठक को भी पाठ तक पहुँचना होता है। श्रीमद्भागवत के बारे में कहा गया है–'विद्यावतां भागवते परीक्षा'–अर्थात् पाठक की विद्वता की परीक्षा श्रीमद्भागवत के पाठ में होती है।

गोरखपुर, 21 जून, 2022

साहित्य अकादेमी ने संस्कृति मन्त्रालय, भारत सरकार की ओर से 16 से 18 जून तक एक अन्तरराष्ट्रीय संगोष्ठी शिमला में आयोजित की थी जिसमें लगभग चार सौ आमन्त्रित लेखक शामिल रहे। ये सभी भारतीय भाषाओं के थे और कुछ विदेश के भी। अपनी सेहत के कारण इसमें जाने की इच्छा नहीं थी मगर आग्रह इतना प्रबल था कि जाना पड़ा। यात्रा में असुविधा भी ऐसी रही कि अपने कार्यक्रम-सत्र के अतिरिक्त शेष समय होटल के कमरे में ही पड़ा रहा। 19 जून को प्रात: प्रो. चित्तरंजन मिश्र के साथ शिमला से वापस चण्डीगढ़ के लिए निकला जहाँ से दिल्ली के लिए जहाज़ पकड़ना था। हिमाचल प्रदेश विश्वविद्यालय के अवकाश प्राप्त प्रोफ़ेसर श्री आर.एन. मेहता का आग्रह था कि रास्ते में उनके आवास पर आधे घण्टे रुक कर ही आगे बढ़ूँ। वे सोलन में अपने गाँव में रह रहे हैं, अपने खेतों के बीच एक सुन्दर सा घर बना कर। उन्होंने अपने दो पूर्व छात्रों को मुझे साथ लाने के लिए शिमला से ही लगा दिया था। मेहता परिवार ने इतनी आत्मीयता और आदरपूर्वक स्वागत किया कि मैंने उनके घर पुन: आने का वायदा करके ही विदा लिया।

चण्डीगढ़ हवाई अड्डे पर भारतीय भाषाओं के बहुत से लेखकों से भेंट हुई जो संगोष्ठी से लौट रहे थे। साहित्य अकादेमी के अध्यक्ष श्री चन्द्रशेखर कम्बार, हिन्दी के श्री अरुण कमल और अनामिका, गुजराती के श्री कांजी पटेल और वर्षा

अदिलजा, मैथिली की बीना ठाकुर, उर्दू के शीन काफ़ निज़ाम, बांग्ला के रामकुमार मुखोपाध्याय, असमिया की मणिकुन्तला, मेघालय की स्ट्रीमलेटडकार और कुछ अन्य लेखक-लेखिका जिन्हें चेहरे से पहचानता था पर नाम विस्मृत हो गया था। इनसे शिमला में मुलाक़ात न हो सकी थी। सभी वैसे ही आदर देते हुए मिले जैसे पहले मिलते रहे।

सायंकाल दिल्ली पहुँच कर आई.आई.सी. में रुका। कल 20 जून था, मेरे जन्मदिन की तारीख। सुबह 9 बजे चित्तरंजन जी के साथ साहित्य अकादेमी होते हुए हवाई अड्डे के लिए निकला। अकादमी के सचिव श्री के.एस. राव को मेरी जन्म तिथि याद थी। उन्होंने शाल और बुके देकर स्वागत किया। वहाँ गोपेश्वर सिंह भी एक मीटिंग में आये थे। सबने एक ग्रुप फोटो ली ओर नीचे पोर्टिको में आकर हवाई अड्डे के लिए विदा किया। यह सब इसलिए लिख रहा हूँ कि कुछ लोग बातबात में अपने अतिरिक्त सबको स्वार्थी और एहसान फरामोश कहते सुने जाते हैं। मुझे अपेन साथियों के बीच कभी ऐसा महसूस नहीं होता। अब, जबकि मैं 82 वर्ष पूरे कर रहा हूँ और किसी पद पर नहीं हूँ, उनका यह भाव देखकर मुझे अपनी ही लिखी कुछ पंक्तियाँ याद आती हैं–

किया जो, उससे मिला कुछ सिवा मुझे
ऐ ज़िन्दगी, कोई भी शिकायत नहीं मुझे।
कौन कहता है दुनिया को एहसान फरामोश
रहे वे साथ, जिनके साथ मैं रहा।

गोरखपुर, 28 जून, 2022

20 जून को दिल्ली से लौटने के बाद 26 जून को फिर दिल्ली जाना पड़ा। प्रसंग था रामदरश मिश्र जी को विडला फ़ाउंडेशन का 'सरस्वती' सम्मान देने का। रामदरश जी को 27 जून को यह सम्मान मिलना था। उन्होंने यह सम्मान लेने के लिए मेरा नाम सुझाया था और स्वयं मुझे फ़ोन भी किया था। बाद में विड़ला फ़ाउंडेशन के निदेशक सुरेश ऋतुपर्ण का भी फ़ोन आया। रामदरश जी इस समय 98 वर्ष के हैं। हिन्दी के वरिष्ठतम लेखक। मैं उनसे उम्र में 16 वर्ष छोटा हूँ। उन्हें अपने हाथों यह सम्मान देकर स्वयं भी सम्मानित हुआ। रामदरश जी इस उम्र में भी शरीर और मन से स्वस्थ हैं। मंच पर सीधे खड़े होकर लगभग 25 मिनट बोले। सबसे बड़ी बात कि उनकी स्मृति में किसी प्रकार का विक्षेप नहीं है। यह उन पर कृपा है, प्रकृति की। मैंने वहाँ अपने सम्बोधन में कहा भी कि प्रभु कृपा से हम लोग उनके जीवन-काल में ही उनकी जन्म शताब्दी मनायेंगे।

गोरखपुर, 5 जुलाई, 2022

कट्टरता चाहे जहाँ, जिस भी व्यक्ति, संस्था, व्यवस्था, धर्म या विचारधारा में हो, अन्ततः उसी के लिए घातक साबित होती है। धर्म, राजनीति और सिद्धान्त के प्रवक्ताओं को समय के अनुसार अपने विधि-निषेधों और परम्परागत मान-मूल्यों में परिवर्तन करते रहना चाहिए तथा उन्हें यह स्वीकार करना चाहिए कि अपरिवर्तनीय कुछ भी नहीं है चाहे वह किसी भी पोथी में लिखा या किसी के भी मुख से कहा गया हो। प्रेम, करुणा, उत्सर्ग, स्वाधीनता, समानता और सहिष्णुता की दिशा ही मंगल की दिशा है। इसी को संस्कृति कहते हैं। इसके विपरीत जो है, वह विकृति है।

गोरखपुर, 10 जुलाई, 2022

एक ओर विकास, विकास और विकास का शोर। दूसरी ओर हिंसा, हिंसा और हिंसा का हाहाकार। न विकास रुक रहा, न हिंसा थम रही। कहीं ऐसा तो नहीं कि विकास ही हिंसा का कारण हो। पर्यावरण की हिंसा तो अवश्य ही विकास के कारण है। अन्तरिक्ष में गड़गड़ाते युद्धक विमान और सागर में विष घोलते बारुदी परीक्षण भी वैज्ञानिक विकास के ही परिणाम हैं। जो जितना अधिक हिंसा करने में समर्थ, वह उतना ही विकसित देश। वैज्ञानिकों को अपने आविष्कारों के दुरुपयोग पर बिलखना चाहिए। पृथ्वी के प्राणियों को नहीं चाहिए ऐसा आत्मघाती विकास।

अपने भौतिक विकास के विजय-रथ पर आसीन महारथियों! सोचो, कि तुम्हारे इस महा विकास से मनुष्य की नैतिक ऊँचाई एक इंच भी क्यों नहीं बढ़ी?

गोरखपुर, 15 जुलाई, 2022

जिस मनुष्य के भीतर जिज्ञासा और संशय नहीं, वह कुछ जान नहीं सकता। जानने की प्रक्रिया तभी तक चलती हैं जब तक जिज्ञासा और संशय बना रहे। जो संशय में होता है वह अपने ज्ञान को अधूरा मानता है और यदि उसमें जिज्ञासा है तो अपने ज्ञान की अपूर्णता को पूरा करना चाहता है अर्थात् अपने भ्रमों का निवारण करना चाहता है। इसका अर्थ यह हुआ कि अधूरा ज्ञान भी ज्ञान है और क्योंकि कोई ज्ञान पूर्ण नहीं होता अतः अधूरा ज्ञान ही ज्ञान है। इसे अंग्रेज़ी में कहेंगे– Confusion is Knowledge।

यदि कोई कहता है कि जो वह जानता है, वही सत्य है, तो समझिए कि वह नहीं जानता या जो वह जानता है वह सत्य नहीं है। The Truth is that there is no Truth. सत्य वह नहीं जिसे केवल एक या कुछ लोग जानते हैं, बल्कि वह है जिसे सब जानते हैं पर पूर्ण रूप में नहीं।

इसका अर्थ यह है कि एक ही रास्ता न पूर्ण सत्य है, न अन्तिम। जब रास्ता बदलता है तो उसके दृश्य भी बदल जाते हैं और उसके भूगोल के अनुसार पथिक का व्यवहार भी।

एक ही सत्य को अनेक प्रकार से कहा जा सकता है, पर जितने प्रकार से वह कहा जायेगा उतने प्रकार का हो जायेगा। भाषा में इस रहस्य के दर्शन किये जा सकते हैं।

गोरखपुर, 1 अगस्त, 2022

दस-पन्द्रह दिन पूर्व एक पुराने स्थानीय नेता सवेरे-सवेरे मिलने आ गये। वे तब के छात्र नेता थे जब मैं विश्वविद्यालय में नया-नया अध्यापक हुआ था। हम लोग भी विद्यार्थी जीवन में साहित्य के साथ सामाजिक-राजनीतिक गोष्ठियों में भाग लिया करते थे, अत: उनसे पुराना सम्बन्ध है। उन्होंने देश की वर्तमान परिस्थिति पर मेरी राय जाननी चाही तथा यह भी पूछा कि इसमें क्या किया जाय और मैं क्या इसमें कोई भूमिका निभा सकता हूँ? मैंने उनसे कहा कि इस समय सामान्य जन के सामने सबसे बड़ी समस्या है कि उसका कोई काम, चाहे वह आवश्यक और सही तथा न्यायपूर्ण भी हो, बिना घूस दिये नहीं हो रहा है। ऊपर चाहे जितनी आदर्श योजनाएँ हों, जनता उनका लाभ, बिना घूस दिये नहीं प्राप्त कर सकती। उन्होंने इसे स्वीकार किया और उदाहरण स्वरूप कुछ ऐसे स्थानीय एम.एल.ए., एम.एल.सी. और सांसदों के नाम बताये जो अपनी विधायक या सांसद निधि से 30 से 85 प्रतिशत तक कमीशन लेते हैं। जब यह हाल विधायकों-सांसदों का है तो सरकारी कर्मचारियों का क्या होगा, जिन्होंने हर काम और हर फाइल के लिए रेट तय कर रखे हैं। यह कोई रहस्य की बात नहीं है, इसे चपरासी से लेकर जिलाधिकारी तक जानते हैं। घूसखोरी का यह धन्धा आज़ाद के बाद से ही चल रहा है और कम होने की बजाय बढ़ता जा रहा है। पहले तो सिफ़ारिश पर काम हो जाया करते थे पर अब बिना पैसे के कोई कागज़ एक मेज़ से दूसरे मेज तक पहुँच ही नहीं सकता। पहले ऊँचे सम्मानित पदों पर नियुक्तियाँ योग्यता के आधार पर हो जाया करती थीं पर अब बिना पैसे के नहीं हो सकतीं। इसमें अवश्य ही अपवाद हैं पर वे दाल में नमक बराबर।

मैंने अपने उस परिचित नेता जी से कहा कि आप लोग सड़क पर संघर्ष करते रहे हैं, करते रहना चाहिए। लोकतन्त्र अभी बचा हुआ है और उसमें यह गुंजाइश है। मगर मैं अब 82 वर्ष पूरे कर चुका और स्वास्थ्य भी ठीक नहीं रहता, अत: मैं इसमें आपकी मदद के लिए आपका सहयात्री नहीं बन सकता। मेरा क्षेत्र लेखन का है और उसमें मैं इस परिस्थिति के विरुद्ध शुरू से लिखता रहा हूँ और लिखता रहूँगा।

गोरखपुर, 1 सितम्बर, 2022

रूसी नेता मिखाइल गोर्बाच्योव के निधन का समाचार मिला है। वे 91 वर्ष के थे लेकिन पिछले दो दशकों से इतिहास के अँधेरे में साँस ले रहे थे। उनके बारे में कोई समाचार अख़बारों में नहीं मिलता था। बीसवीं शताब्दी के अन्तिम दो दशकों में उन्होंने जो किया वह इतिहास में सदा-सदा के लिए उल्लेखनीय रहेगा। 1985 से 1991 के बीच वे रूस के राष्ट्राध्यक्ष थे और इस बीच दुनिया का शायद ही कोई प्रबुद्ध व्यक्ति होगा जिसने 'पेरेस्त्रोइका' और 'ग्लासनोस्त' जैसे रूसी शब्दों को न सुना हो। ये रूस ही नहीं दुनिया की तकदीर बदलने वाले शब्द साबित हुए। गोर्बाच्योब ने यूरप के पन्द्रह देशों को सोवियत संघ के शिकंजे से आजाद कर दिया। उन्होंने रूस ही नहीं पूरी दुनिया में कम्यूनिस्ट व्यवस्था की जड़ें हिला दीं। पूर्वी और पश्चिमी जर्मनी फिर से एक हो गये तथा रूस की बन्द लौह व्यवस्था में लोकतन्त्र की खुली हवा बहनी शुरू हुई। मानव मुक्ति की दिशा में उनका यह प्रयास स्मरणीय रहेगा। उन्हें शान्ति का नोबुल पुरस्कार भी मिला मगर रूस में जिन्हें भी साहित्य का नोबुल पुरस्कार मिला उन्हीं की तरह गोर्बाच्योव की भी उपेक्षा हुई।

गोरखपुर, 15 सितम्बर, 2022

13 सितम्बर को प्रयागराज होते हुए रायपुर जाना था। 13 को 4 बजे सायं प्रयागराज हवाई अड्डे पर उतर तो गया पर वहाँ पता चला कि रायपुर जाने वाली इंडिगो की उड़ान रद्द हो गयी है। अब क्या करूँ, ऐसी स्थिति अचानक अतिरिक्त चिन्ता में डाल देती है। सबसे पहले फ़ोन किया कुशाभाऊ ठाकरे विश्वविद्यालय, रायपुर के कुलपति श्री बल्देव भाई शर्मा को जो रायपुर हवाई अड्डे पर मुझे ले जाने के लिए आने वाले थे। फिर रविशंकर विश्वविद्यालय, रायपुर के कुलपति श्री केशरी लाल वर्मा को, जिन्होंने बहुत आग्रह के साथ मुझे रायपुर आमन्त्रित किया

था और 14 सितम्बर को उनके विश्वविद्यालय में एक व्याख्यान देना था। फिर 'भारत मित्र' के श्री सुधीर शर्मा को जिनके कार्यक्रम में छत्तीसगढ़ साहित्य संस्कृति मंच का उद्घाटन करना था और उसमें पहला व्याख्यान भी देना था। उन्होंने इस अवसर पर मेरे बारे में 64 पृष्ठों की एक पुस्तिका भी छाप ली थी जिसे उसी अवसर पर वितरित होना था। मुझसे अधिक वे सभी लोग चिन्तित थे क्योंकि उनके रंग में भंग पड़ गया था। मैंने उन लोगों से और एयर लाइन के कर्मचारियों से भी बात की लेकिन कोई ऐसा तरीक़ा नहीं था कि 14 सितम्बर को प्रात: वहाँ पहुँच कर उन लोगों के कार्यक्रमों में भाग ले सकूँ। जो तरीका था भी वह इतना कष्टकर था कि मैं उतनी जहमत उठा कर रायपुर नहीं पहुँच सकता था। अत: मैंने निर्णय लिया कि 13 सितम्बर की रात प्रयागराज में रुक कर 14 सितम्बर को गोरखपुर लौट जाऊँ। लेकिन प्रयागराज में रात गुज़ारने के लिए किसे फ़ोन करूँ? सम्पर्क में तो बहुत लोग हैं पर मुझे वहाँ के भूगोल का भी परिचय नहीं था कि मेरा कौन-सा परिचित हवाई अड्डे के पास है जिसे मेरी मदद करने में असुविधा नहीं होगी। अन्त में मैंने श्री बद्रीनारायण को फ़ोन किया जो गोविन्द वल्लभ पन्त इन्स्टीट्यूट, प्रयागराज के निदेशक हैं। उन्होंने बड़ी सहजता और प्रसन्नता के साथ गाड़ी भेज कर मुझे बुलाया और अपने गेस्ट हाउस में घर जैसी सुविधा के साथ रखा तथा स्वयं भी अधिकतम समय मेरे साथ गुजारा। बद्रीनारायण जी के संस्थान में मुझे 23-24 सितम्बर को साहित्य अकादेमी की एक संगोष्ठी में आना ही है, लेकिन संयोग ऐसा कि दस दिन पूर्व ही उनका अतिथि बन गया। परिस्थितियों और संयोगों की कोई व्याख्या नहीं।

गोरखपुर, 21 सितम्बर, 2022

प्रधानमन्त्री मोदी जी के जन्मदिन (17 सितम्बर) पर मध्य प्रदेश के कूना के अभयारण्य में नामीबिया से आठ चीते लाये गये और उसी दिन प्रधानमन्त्री ने उन्हें अभ्यारण्य में छोड़ा। भारत में विलुप्त हो गये चीतों के पुनर्वास का यह प्रयास वन्यजीव संरक्षण की दृष्टि से अच्छा है। पर जब टेलीविज़न पर मैंने देखा कि उन चीतों के भोजन के लिए 200 चीतल भी उस अरण्य में लाये गये हैं तो मेरा अहिंसक मन दुखी हो गया। अच्छा होता इन चीतों की जगह कुछ अन्य शाकाहारी पशु-पक्षी लाये गये होते।

दिल्ली में सेंट्रल विस्टा के उद्घाटन के समय इंडिया गेट पर सुभाष चन्द्र बोस की प्रतिमा स्थापित की गयी। स्वाधीनता संघर्ष में सुभाष बाबू का योगदान

अविस्मरणीय है मगर उनकी जगह महात्मा गांधी की प्रतिमा शायद ज़्यादा उपयुक्त होती। सुभाष बाबू की प्रतिमा वहीं किसी दूसरी जगह लगनी चाहिए थी। 'राजपथ' का नाम 'कर्तव्यपथ' तो प्रशंसनीय है पर 'सेंट्रल विस्टा' नाम भी अंग्रेज़ी भाषा में न होता तो कितना अच्छा होता।

गोरखपुर, 4 अक्तूबर, 2022

पिछले 15-20 दिनों से ईरान में हिजाब के विरुद्ध वहाँ की स्त्रियों का उग्र प्रदर्शन चल रहा है। ईरान एक कट्टर इस्लामी देश है जहाँ सरिया क़ानून लागू है। 1970 के दशक से पहले वहाँ ऐसी स्थिति नहीं थी और महिलाओं को पूरी आज़ाद थी। मगर 1979-80 के बाद जब अयातुल्ला अली खामनेई वहाँ के सर्वोच्च नेता बने, तबसे वहाँ सरिया का कट्टर क़ानून लागू हो गया। कुछ दिनों पूर्व महसा अमीनी नामक युवती ने हिजाब का विरोध किया था जिसे पुलिस ने इतनी यातना दी कि उसकी मृत्यु हो गयी। तब से ईरान में लगातार महिलाओं का उग्र विरोध जारी है। युवतियाँ अपने-अपने हिजाब जला रही हैं, उसे फाड़ रही हैं और यहाँ तक कि सड़कों पर सार्वजनिक रूप से अपने बाल काट कर फेंक रहीं हैं। अयातुल्ला खामनेई के चित्र को फाड़कर फेंका जा रहा है, उसे पैरों से रौंदा जा रहा तथा उनकी मृत्यु के लिए दुआयें माँगी जा रही हैं। यह सब कुछ मीडिया के सामने हो रहा है और अमेरिका, कनाडा, फ्रांस, अफ़ग़ानिस्तान, तुर्की तथा दुनिया के अन्य देशों तक फैलता हुआ यह आन्दोलन स्त्री स्वाधीनता आन्दोलन का रूप लेता जा रहा है। वहाँ सैकड़ों महिलाओं को सरेआम दण्डित किया गया है जिसमें उनके नाक काटना, जीभ काटना तथा गोली मार देना भी शामिल है। क्या विडम्बना है कि हज़ार वर्ष पुराने कट्टर क़ानूनों को आज इक्कीसवीं सदी में गोलियों के बल पर लागू रखा जा रहा है और इस्लाम की कट्टरता अपने ही अनुयायियों के लिए दारुण दु:ख का कारण बन रही है। भारत में भी कुछ कट्टर नेता और मुल्ला-मौलवी हिजाब को मुस्लिम स्त्रियों के लिए अनिवार्य मान रहे हैं। यहाँ तक कि वे लड़कियों को स्कूलों में भी हिजाब के साथ जाने को आवश्यक बता रहे हैं। कर्नाटक में इसी को लेकर उच्च न्यायालय में एक मुक़दमा भी चल रहा है। मेरे विचार से हिजाब के चुनाव का अधिकार व्यक्तिगत होना चाहिए। जो चाहे पहने, न चाहे न पहने। लेकिन जहाँ ड्रेस

कोड लागू हो जैसे कि सेना, पुलिस, कार्यालय, किसी विद्यालय या मन्दिर-मस्जिद-गिरिजाघर या गुरुद्वारे आदि में, वहाँ तो उस पोशाक-नियम का पालन करना चाहिए। अन्यथा वहाँ नहीं जाना चाहिए। इसे किसी राजनीति का विषय बनाना उचित नहीं है।

गोरखपुर, 16 अक्तूबर, 2022

मेरे कमरे के बाहर ठीक मेरी दीवार से सटे एक छितवन का वृक्ष है। आजकल वह फूलों से गहबह है और भीनी सुगन्धि से महमह। सैकड़ों तितलियाँ उस पर मडरा रही हैं जो खिड़की खोलते ही मेरे कमरे में भी घुस आती है। विडम्बना यह कि छितवन से महज बीस फ़ीट की दूरी पर एक आरा मशीन है। भूखी गुर्राती हुई, फूले छितवन और नाचती तितलियों के बीच। उसके आगे सड़क। दो पहिया, चार पहिया वाहनों से पटी। जिस पर अपने-अपने भीतर और बाहर के भार से लदे, चलते-भागते-लड़खड़ाते, पुरुष-स्त्री-बच्चे। सबकी वेदना अलग। सबके अपने भाव, लगाव, अभाव, तनाव। सब अपनी लोक यात्रा में सक्रिय। प्रकृति और मनुष्य। यही जीवन प्रवाह।

गोरखपुर, 19 अक्तूबर, 2022

आज दोपहर श्री श्रीनिवास मिश्र नाम के एक व्यक्ति का फ़ोन आया जिनका नम्बर और नाम मेरे मोबाइल में अंकित था। इसे देखते ही एक धुँधली-सी स्मृति मेरे मन में उभर आयी। वे मेरे घर के पास से ही फ़ोन कर रहे थे। मैंने उन्हें घर का रास्ता बताया और वे तुरन्त पहुँच गये। ये वही व्यक्ति है जिन्होंने छह वर्ष पूर्व मेरी आत्मकथा (अस्ति और भवित) पढ़ कर रोते हुए मुझे फ़ोन किया था और मेरे बार-बार अनुरोध पर भी इतना सुबक रहे थे कि मुझे फ़ोन बन्द कर देना पड़ा था। उस समय मैं इंडिया इंटरनेशनल सेंटर, दिल्ली, के अपने कमरे में रात को कहीं बाहर से लौटा था। इस घटना का विवरण मेरी पुस्तक 'धावमान समय' में दिनांक 17 जून, 2016 की डायरी में दर्ज है। श्री निवास मिश्र ने बताया कि वे दमोह (मध्य प्रदेश) के नवोदय विद्यालय में अध्यापक हैं। वे दीवाली की छुट्टियों में अपने गृह जनपद आजमगढ़ (गोरखपुर से 100 किलोमीटर दूर) आये हैं जहाँ उनकी ससुराल है और जहाँ से उनका घर चालीस-पचास किलोमीटर दूर है। आजमगढ़ से सीधे वे मुझसे मिलने चले आये और यहाँ से लौट कर घर जायेंगे। उन्हें मुझसे अन्य कोई

स्वार्थ नहीं है। वे केवल मुझे देखने और कुछ समय बातचीत करने के लिए आये हैं। उनका यह पाठकीय लगाव मेरे मन में उनके प्रति आदर भाव बन गया है। उन्होंने मेरी आत्मकथा की तीन प्रतियाँ ख़रीद कर अपने मित्रों को भेंट की हैं जिनमें एक तो फ़ोन करके स्वयं मुझे बता भी चुके हैं। फिर उन्होंने मेरी चार अन्य पुस्तकें ख़रीदीं और अब सभी ख़रीदना चाहते हैं। मैंने उन्हें 'दस्तावेज़' पत्रिका के दस-पन्द्रह अंक तथा कुछ और पठनीय सामग्री दी। आज के पुस्तक विरोधी समय में ऐसे प्रेमी पाठक की चर्चा डायरी में करना न मुझे तब अनावश्यक लगा था, न आज लग रहा है।

पुनश्च–

इसी पुस्तक की 16 जनवरी, 2019 की डायरी में भी उनकी चर्चा है।

गोरखपुर, 25 दिसम्बर, 2022

कोई उपलब्धि जिसे हो जाती है, उसके लिए वह महत्त्वहीन बन जाती है। मगर उसके भीतर वह किसी दूसरी उपलब्धि की लालसा पैदा कर जाती है। इसका अर्थ यह कि कोई उपलब्धि ऐसी नहीं जो महत्त्वहीन न हो और कोई ऐसी भी नहीं जिसकी लालसा बनी रहे।

गोरखपुर, 30 दिसम्बर, 2022

'महाभारत' और 'मनुस्मृति' में बताये गये धर्म के दस लक्षणों में 'दमन' भी एक है जो उपयुक्त और आवश्यक है। पर आवश्यकता से अधिक दमन, ख़ास तौर से काम वृत्ति, और स्वादेन्द्रिय का, वृद्धावस्था में व्यक्ति को असहज बनाता है। हर वृत्ति का एक समय होता है जिसे हिन्दुओं की आश्रम व्यवस्था में निर्धारित किया गया है। इसकी मूल भावना को अपने समय-सन्दर्भ में समझते हुए, पालन करना मनुष्य को प्रकृत, स्वस्थ और सन्तुलित रखता है। इतना ही नहीं, यह व्यक्ति को पश्चात्ताप, अपराध बोध और मृत्यु-भय से भी मुक्त करता है।

गोरखपुर, 15 जनवरी, 2023

व्यक्ति जिस स्वतन्त्रता की कामना या माँग करता है वह प्राय: राजनीतिक, आर्थिक और धार्मिक स्वतन्त्रता होती है। लेकिन इन दृष्टियों से स्वतन्त्र होकर भी वह अपने 'स्व' से स्वतन्त्र नहीं हो पाता। उसके संस्कार, उसकी सहज प्रवृत्तियाँ,

उसका अवचेतन, उसकी दमित अतृप्तियाँ, उसका परिवार (यदि है), उसकी तात्कालिक परिस्थितियाँ सदा उसके साथ चिपकी होती हैं। ये उसके कर्मों की प्रेरक होती हैं जिनमें अधिकांश उसकी विवशताएँ होती हैं।

व्यक्ति के कर्मों से ही उसकी सामाजिक छवि बनती है तथा उसकी सफलता-असफलता निर्धारित होती है। जो पुनर्जन्म में विश्वास करते हैं उनके अनुसार व्यक्ति के कर्मों से ही उसका प्रारब्ध बनता है तथा उसके पुनर्जन्म का भी स्थान निश्चित होता है।

प्रश्न यह है कि यदि व्यक्ति के कर्म उसके स्वतन्त्र निर्णय के प्रतिफल नहीं तो उनका उत्तरदायी वह कैसे माना जा सकता है? और जिन कर्मों का वह उत्तरदायी नहीं उनका फल भोगने के लिए विवश होना क्या उसके साथ न्याय है?

गोरखपुर, 22 जनवरी, 2023

श्री वेद प्रताप वैदिक मेरे वाट्सअप पर लगभग रोज कोई टिप्पणी भेजते हैं जिससे अनेक नयी जानकारियाँ मिलती हैं तथा उनके सन्तुलित और तर्कसंगत विचारों से कुछ ज्वलन्त मुद्दों पर दृष्टि भी स्पष्ट होती है। उन्हें बहुत धन्यवाद।

आज उनकी एक टिप्पणी मिली ब्रिटेन के प्रधानमन्त्री ऋषि सुनाक के बारे में। सुनाक की कार में कोई टी.वी. पत्रकार उनका इंटरव्यू ले रहा था। सुनाक ने अपना सीटबेल्ट इसलिए उतार दिया था कि टी.वी. के पर्दे पर वह अच्छा नहीं दिखेगा। उनका इंटरव्यू प्रसारित होने पर उनके विपक्षी नेताओं ने आरोप लगाया कि वे कार में बिना बेल्ट बाँधे बैठे हुए थे। ब्रिटेन की पुलिस ने वहाँ के क़ानून के उल्लंघन के लिए उन पर जुर्माना लगा दिया। सुनाक ने न केवल जुर्माना भरा बल्कि ब्रिटेन की जनता से इस भूल के लिए माफी माँगी। किसी सत्तारूढ़ प्रधानमन्त्री पर उस देश की पुलिस इस नगण्य असावधानी के लिए जुर्माना लगा दे, यह एक भारतवासी के लिए अकल्पनीय है।

ऐसा ही एक वीडियो मेरे मोबाइल पर किसी ने कुछ दिनों पूर्व ब्रिटेन के ही पूर्व प्रधानमन्त्री बोरिस जानसन के बारे में भेजा था। जानसन किसी माल की एक छोटी-सी दुकान से कुछ ख़रीद रहे थे। कुछ पैकेट थैले में डालकर जब वे अपनी सायकिल लेने बढ़े तो दो-तीन लोग उन्हें पहचानकर उनसे बातें करने लगे। जानसन को जब बोध हुआ कि कुछ और लोग उन्हें उत्सुक निगाहों से देख रहे हैं तो

उन्होंने लपककर अपनी सायकिल पकड़ी और अकेले ही सड़क पर पैडल मारते निकल गये। ऐसे दृश्य किसी भी भारतवासी को आश्चर्य में डाल देंगे। मगर आदर्श लोकतन्त्र ऐसा ही होना चाहिए। हालाँकि यहाँ मुझे यह भी कहना चाहिए कि भारत, अमेरिका, रूस आदि तमाम देशों की परिस्थितियाँ ऐसी नहीं रह गयी हैं कि वहाँ महत्त्वपूर्ण पदों पर विराजमान व्यक्तियों की सुरक्षा व्यवस्था कमज़ोर कर दी जाय। वहाँ इसकी ज़रूरत है मगर यह ज़रूरत क्यों पड़ी और पड़ती है, इस पर अलग से चिन्तन किया जाना चाहिए।

गोरखपुर, 23 जनवरी, 2023

यह प्रसंग, जिसे मैं अपने मित्रों और मिलने-जुलने वालों से बातचीत में अनेक बार कह चुका हूँ, यहाँ लिख देना चाहता हूँ। यह सन्त देवराहा बाबा का वचन है।

बाबा के सैकड़ों-हज़ारों भक्त, जो उनके दर्शन करने आते थे, अपनी मनोकामनाओं की पूर्ति के लिए उनसे प्रार्थनाएँ किया करते थे। बाबा सबको आर्शीर्वाद देते थे और कहते थे, "बच्चा! जो हो जाय अच्छा, और न हो तो और अच्छा।" बाबा का यह छोटा-सा अर्थवान वाक्य बहुत मूल्यवान है। जो इसे मन से समझ और स्वीकार कर लेगा वह अवश्य अपनी निष्फलता से दुखी और निराश नहीं होगा। बल्कि अपने बेहतर भावी परिणाम की आशा में सुख, सन्तोष और शान्ति का अनुभव करेगा।

गोरखपुर, 27 जनवरी, 2023

इस वर्ष फिर एक महीने के भीतर दो-तीन बार मेरे बारे में सरकारी सूत्रों से गोपनीय जानकारी ली गयी और परसों रात 9 बजे जब पद्म सम्मानों की घोषणा हुई तो उसमें मेरा नाम पद्मश्री के लिए शामिल था।

मीडिया पर मैंने अपनी जो प्रतिक्रिया दी, वह यह थी–"यह सम्मान भारत सरकार द्वारा दिये जाने वाले सर्वोच्च नागरिक सम्मानों में एक है। यह सम्मान मुझे बिना माँगे और बिना कोई प्रयत्न किये प्राप्त हुआ है, मैं इसे आदरपूर्वक स्वीकार करता हूँ। मैं जीवन भर एक तटस्थ लेखक रहा हूँ जिसका किसी दलगत विचारधारा या संगठन से कोई सम्बन्ध नहीं रहा है। ऐसे स्वाधीन विचार वाले लेखक को सरकार ने यह सम्मान दिया है, यह उसकी भी तटस्थता को प्रदर्शित करता है। मैं इस सम्मान के निर्णायक मण्डल को धन्यवाद देता हूँ। इस अवसर पर यह ज़रूर कहना चाहता

हूँ कि अब मैं साढ़े बयासी वर्ष का हो चुका हूँ, यदि यह सम्मान मुझे पहले मिला होता तो ज़्यादा ख़ुशी और सन्तोष देता।" विभिन्न अख़बारों और टेलीविज़न चैनलों को मैंने जो बयान दिये उनमें शब्दों का कुछ अन्तर होगा पर मूल तथ्य यही था। अपनी प्रतिक्रिया में मैंने यह भी कहा कि "सरकार विभिन्न क्षेत्रों में विशिष्ट काम करने वाले कुछ अनजान लोगों को जो यह महत्त्वपूर्ण सम्मान दे रही है वह तो अति प्रशंसनीय है।"

गोरखपुर, 6 फ़रवरी, 2023

परसों (4 फ़रवरी) अखिल भारतीय मराठी साहित्य सम्मेलन से लौटा। यह उसका 96वाँ सम्मेलन था जो वर्धा में आयोजित था। मेरा कार्यक्रम लगभग तीन महीने पहले से तय था। इस सम्मेलन के समन्वयक श्री रवीन्द्र शोभणे जिन्होंने मेरी कविताओं का अनुवाद करके मराठी में एक संकलन प्रकाशित किया है, ने मुझे स्नेहपूर्ण आग्रह के साथ निमन्त्रित किया था। निमन्त्रण पत्र आया तो उसमें लिखा था कि इसमें लगभग एक लाख साहित्य प्रेमी श्रोता शामिल होते हैं। मेरे लिए महान आश्चर्य की सूचना थी। लेकिन वहाँ 25 हज़ार से अधिक की उपस्थिति तो मैंने महसूस की। 3 फ़रवरी को उद्घाटन सत्र में मुझे रहना था। उस दिन प्रात: पूरे नगर में प्रभातफेरी निकाली गयी। उद्घाटन के मंच पर महाराष्ट्र के मुख्यमन्त्री एकनाथ शिंदे, वहाँ के भाषा विभाग के मन्त्री, कई अत्यन्त वरिष्ठ लेखक, पूर्व न्यायधीश, कुलपति, सांसद आदि उपस्थित थे। श्री नितिन गडकरी को भी मंच पर होना था मगर किसी संकटकालीन परिस्थिति के कारण उन्हें अचानक पूना जाना पड़ा। वे समापन में रहेंगे। मंच पर कुमार विश्वास भी थे। उद्घाटन सत्र से मुझे लग गया कि वहाँ के लोग अपनी भाषा से किस आत्मीयता से जुड़े हैं। इस जन जुड़ाव के कारण ही राजनीतिक नेता भी ऐसे सम्मेलनों में उपस्थित होते हैं, ऐसा मुझे लगा। इस प्रकार का जन जुड़ाव मैंने असमिया भाषा सम्मेलन में भी देखा है। हिन्दी के भाषा-साहित्य सम्मेलनों में तो ऐसा दृश्य दुर्लभ है जिसमें दस हज़ार साहित्य प्रेमी पण्डाल में बैठे हों।

गोरखपुर, 19 फ़रवरी, 2023

कल महाशिवरात्रि का पर्व था। श्री चन्द्रभूषण पाण्डेय ने इस दिन अपने गाँव सिरसिया में मेरा अभिनन्दन करने का आग्रह किया था जिसे मैंने स्वीकार कर लिया

था और कल वहाँ गया भी था। श्री पाण्डेय न्यायिक सेवा से सम्बद्ध रहे हैं और उत्तर प्रदेश के पूर्व राज्यपाल मोतीलाल बोरा के समय में उनके विधि सलाहकार थे। वे आधुनिक विचारों के प्रगतिशील व्यक्ति हैं जो स्वाधीनता, समानता और भ्रातृत्व के मूल्यों में विश्वास रखते हैं। वे मेरे सम्बन्धी भी हैं और मैं उनके गाँव तीन बार पहले भी जा चुका हूँ। उनके गाँव को अपना ही गाँव मानकर वहाँ जाना मुझे अच्छा लगा। मैंने अपने संक्षिप्त सम्बोधन में कहा कि गांधी के ग्राम स्वराज की कल्पना पूरी नहीं हुई और आज गाँवों से लगातार पलायन हो रहा है। पहले थोड़े से लोग उच्चतर शिक्षा के लिए बाहर जाते थे, अब रोजगार के लिए हर युवक गाँव छोड़ रहा है। लेकिन जो गाँव छोड़ रहे हें उन्हें गाँव में लौटना भी चाहिए। गाँव के लोगों के बीच कोई लम्बा आदर्शवादी व्याख्यान तो नहीं दिया जा सकता लेकिन मैं सोचता हूँ कि गांधी की कल्पना के अनुसार यदि भारत के गाँव पूरी तरह आत्मनिर्भर इकाई बन गये होते तो आज देश की बहुत-सी आर्थिक-सामाजिक-मनोवैज्ञानिक समस्याएँ हल हो गयी होतीं और पूँजीवाद के दुष्परिणामों से भारत कुछ हद तक तो मुक्त दिखता।

गोरखपुर, 20 फ़रवरी, 2023

'मनुष्य इस संसार में ख़ाली हाथ आता और ख़ाली हाथ जाता है'—यह बहुत प्रचलित कथन शाब्दिक अर्थ में तो सही लगता है पर वास्तविक गहरे अर्थों में सत्य नहीं है। हर मनुष्य इस संसार में अपने साथ 'सब कुछ' नहीं तो अवश्य ही 'बहुत कुछ' लेकर आता है अर्थात् अपनी क्षमता और सम्भावना के साथ जैसे कोई योद्धा युद्ध भूमि में उतरने के पहले। और जो सूक्ष्म रूप में वह लेकर आता है उसी का विकास करता है। जो 'नहीं' है उसका विकास कैसे सम्भव है? मनुष्य जब इस लोक से विदा होता है तो अपने सारे कर्मों की सुगन्ध या दुर्गन्ध यही बिखेर कर जाता है और स्वयं अपनी स्मृति को उनसे लिपटा हुआ छोड़ जाता है। यदि पुनर्जन्म सत्य है तो अपना कर्म फल वह उसी सुगन्ध या दुर्गन्ध के आधार पर प्राप्त करता है और यदि पुनर्जन्म सत्य नहीं है तो अपने उत्तराधिकारियों के लिए उसे छोड़ जाता है।

गोरखपुर, 15 मार्च, 2023

हर पाँच वर्ष बाद साहित्य अकादेमी, दिल्ली का चुनाव होता है। अकादमी के चार चुनाव—2008, 2013, 2017 और अब की बार 11 मार्च 2023—मैं देख चुका हूँ। पिछले तीन चुनावों से इस बार का चुनाव इस अर्थ में भिन्न रहा कि इस में

सरकार का प्रवेश हुआ। अकादमी के मतदाताओं की कुल संख्या तो 99 ही होती है लेकिन वह पूरे देश में फैली होती है। अत: पूरे देश का इससे सम्बद्ध सरकारी तन्त्र चुनाव में सक्रिय रहा। मगर प्रयास के बावजूद अध्यक्ष पद का सरकारी उम्मीदवार हार गया और उसके उपाध्यक्ष का उम्मीदवार मात्र एक वोट से विजयी हुआ। साहित्य अकादेमी एक स्वायत्त और लेखकों की संस्था है अत: इसमें सरकारी हस्तक्षेप उचित नहीं है। मेरे विचार से पार्टी प्रतिबद्धता साहित्य की उस स्वाधीनता के लिए ख़तरनाक है जो कि उसका चरम मूल्य है।

गोरखपुर, 20 मार्च, 2023

एक समय था जब चीज़ों को इकट्ठा करता था। जहाँ भी जाता, वहाँ की प्रसिद्ध कलात्मक या ऐतिहासिक चीज़ें ढो कर लाता था। चित्र और मूर्तियाँ ही नहीं, पेड़ों में उभरी आकृतियों वाली लकड़ियाँ तथा पत्थर भी। एक बार कुछ भारी काष्ठ आकृतियों को झोले में रखते देख रमेश कुन्तल मेघ ने तथा हल्दीघाटी से कुछ बड़े पत्थर लाते देख विष्णुकान्त शास्त्री ने अचरज व्यक्त किया था कि कैसे इन्हें ढो कर गोरखपुर ले जाऊँगा। तब इतनी जगह थी मन में और घर में भी। दिल्ली की हर यात्रा में प्रकाशकों के पैकेट आते तो सहेज कर रखता। लेकिन अब चीज़ें बर्दाश्त नहीं होतीं। पुस्तकें भी नहीं। कई हज़ार पुस्तकें चार-पाँच पुस्तकालयों को दे चुका हूँ। कुछ घर आये साहित्य-प्रेमियों को देता रहता हूँ। तब जिसे इकट्ठा करके सुखी होता था, अब उसे बाँट कर तृप्त होता हूँ। यही है समय जिसकी गति के साथ उसका स्वाद भी बदलता रहता है।

गोरखपुर, 24 मार्च, 2023

प्रकृति जिस मनुष्य के भीतर सीमा से अधिक अहंकार भर देती है, वह अहंकार ही उस व्यक्ति का सबसे बड़ा शत्रु बन जाता है। वह किसी भी मानवीय सत्व गुण को उसके भीतर घुसने ही नहीं देता। क्योंकि यश सतगुणों का आश्रित होता है अत: उस व्यक्ति को यश तो मिल ही नहीं सकता। उसके भीतर सूचनाएँ इकट्ठी हो सकती हैं जिन्हें वह 'ज्ञान' समझता है, उसे भौतिक समृद्धि मिल सकती है जो बाहरी होती है, आन्तरिक नहीं। उसे पद मिल सकते हैं, प्रतिष्ठा नहीं। उसका वाह्य आडम्बर लोगों में भय पैदा कर सकता है, प्रेम नहीं।

गोरखपुर, 28 मार्च, 2023

तर्क वह शक्ति है जिससे मन की बहुत-सी समस्याएँ अपने आप सुलझ जाती हैं। जिनके भीतर तर्क शक्ति नहीं होती उनके लिए तिल भर समस्या भी ताड़ बन जाती है। भारत की ग्रामीण और मध्यवर्गीय स्त्रियों का आधा मस्तिष्क जो भाव प्रधान होता है, विकसित होता है और आधा जो तर्क प्रधान होता है, अविकसित। इससे उनका जीवन कुण्ठित और जड़ हो जाता है। संस्कारों और रूढ़ियों के बोझिल दबाव में उनकी परिस्थितियाँ जितनी समस्यापूर्ण नहीं होतीं उससे अधिक वे तनावग्रस्त हो जाती हैं। इन स्त्रियों के मन में भय और असुरक्षाबोध अधिक होता है जिसके कारण अनेक मनोवैज्ञानिक समस्याएँ वे खुद पाल लेती हैं। इनमें वे स्त्रियाँ भी हैं जो आर्थिक दृष्टि से सुरक्षित हैं लेकिन मानसिक स्तर पर अशिक्षित। वास्तव में ग़रीबी से बड़ी समस्या उनके लिए अशिक्षा है।

गोरखपुर, 5 अप्रैल, 2023

अद्भुत अभिनन्दन समारोह था वह। जब मैं मंच की ओर बढ़ा, सरस्वती विद्या मन्दिर के सभा कक्ष में बैठे लगभग 300 श्रोता अपनी-अपनी जगह खड़े होकर ताली बजाने लगे और आयोजन समिति के अध्यक्ष श्री हर्षवर्धन राय सहित उनके चार-पाँच सहयोगी मेरे ऊपर गुलाब की पंखुड़ियाँ तब तक बरसाते रहे जब तक मैं मंच पर चढ़कर अपनी कुर्सी तक नहीं पहुँच गया। मंच पर गोरखपुर के सांसद श्री राधामोहन दास अग्रवाल, श्री चित्तरंजन मिश्र, श्री कृष्णचन्द्र लाल, श्री अनन्त मिश्र, श्री सुरेन्द्र दुबे, संचालक की भूमिका में श्री श्रीधर मिश्र और अध्यक्ष के रूप में साहित्य अकादेमी के अध्यक्ष श्री माधक कौशिक विराजमान थे।

कार्यक्रम अपराह्न ठीक पौने तीन बजे (दो अप्रैल, 2023) शुरु हुआ और रात आठ बजे तक चला। पूरे सवा पाँच घण्टे लगभग सभी श्रोता बैठे रहे और समय की लम्बाई का पता स्वयं मुझे भी नहीं चला। लगभग पचास संस्थाओं ने मुझे माल्यार्पण किया। किसी-किसी संस्था से सभी कलाकार साथ आये थे। तीन घण्टे खड़े रहकर सबकी माला, शाल, उपहार आदि, जो सभी अपने-अपने घरों से स्वयं ले आये थे, को कृतज्ञ भाव से ग्रहण किया। पहली बार ज्ञात हुआ कि शहर में इतनी संस्थाएँ हैं और उनके भीतर इतना सद्भाव भी है। यह भाव व्यक्त करने वालों में पुरुष,

स्त्री, वृद्ध और किशोर तथा कुछ मुझसे भी अधिक उम्र के थे। लेखक, पत्रकार, मीडियाकर्मी, विश्वविद्यालय और महाविद्यालयों के अध्यापक, डॉक्टर, समाज सेवी, पूँजीपति, सामान्य नागरिक आदि। कुछ लोगों को मैं पहचानता नहीं था और कुछ ऐसे भी विशिष्ट लोग थे जो किसी अन्य समारोह में प्राय: नहीं जाते। चित्तरंजन मिश्र ने अपने सम्बोधन में सही कहा, "इस समारोह में लगभग एक सौ व्यक्ति ऐसे हैं जिनमें से एक भी किसी आयोजन को अपनी उपस्थिति से विशिष्ट बना देता है।" श्री राधामोहन दास अग्रवाल ने कहा, "तिवारी जी गोरखपुर विश्वविद्यालय के पहले छात्र हैं जिन्हें यह सम्मान मिला है।" श्री माधव कौशिक ने कहा, "मैंने आज तक किसी लेखक का किसी भाषा में ऐसा अभिनन्दन नहीं देखा।" इस बात को सभी वक्ताओं ने कहा। मैं स्वयं भी ऐसा महसूस कर रहा था और आयोजन के बाद अनेक लोगों ने फ़ोन करके यही कहा। घर लौटने पर मेरे लड़के ने कहा–"अब आपको किसी अभिनन्दन समारोह में नहीं जाना चाहिए।" उसका आशय यही था कि इससे भव्य और भावपूर्ण आयोजन अब शायद ही हो।

मैं कुटुम्ब ग्लोबल के डॉ. विनोद श्रीवास्तव गोरखपुर लिटरेरी फेस्टिवल के डॉ. संजय श्रीवास्तव तथा अध्यक्ष डॉ. हर्षवर्धन राय एवं उनके सहयोगियों का आभारी हूँ जिन्होंने यह आयोजन किया तथा उन सभी का जिन्होंने उपस्थित रहकर इतना प्रेम और आदर दिया। डॉ. वेदप्रकाश पाण्डेय के इस कथन कि "तिवारी जी भाग्यवान व्यक्ति है" को मैं विनयपूर्वक स्वीकार करता हूँ। यदि भाग्यवान न होता तो यह दृश्य कैसे देख पाता। महत् को प्रणाम।

गोरखपुर, 1 मई, 2023

दो वर्ष अनुपलब्ध (out of print) रहने के बाद श्री बद्रीनारायण जी के कहने के बाद मेरी आत्मकथा का दूसरा संस्करण प्रकाशित होकर आ गया। इसका प्रथम संस्करण पढ़ते हुए श्री वेदप्रकाश पाण्डेय ने इसमें प्रूफ़ की बहुत सी ग़लतियों की सूची मेरे पास भेज दी थी। सुल्तानपुर के श्री धर्मपाल सिंह ने भी पढ़कर प्रूफ संशोधन का सुझाव दिया था। मैंने एक प्रति में प्रूफ़ संशोधन करके श्री पंकज चतुर्वेदी को भेज दी थी कि अगले संस्करण में संशोधन करा लें। आज पुस्तक मिलते ही मैंने सबसे पहले उसे इसी दृष्टि से देखा। लगभग सभी संशोधन कर लिए गये हैं। अब इस दूसरे संस्करण में प्रूफ की ग़लतियाँ चार-छह ही बच गयी होंगी।

गोरखपुर, 8 मई, 2023

कल गाँव से लौटा। पद्मश्री सम्मान मिलने के बाद पहली बार गाँव गया था। मुझे अनेक साहित्यिक सम्मान पहले भी मिल चुके हैं जैसे व्यास सम्मान, मूर्ति देवी सम्मान, मैथिली शरण गुप्त सम्मान, महापण्डित राहुल सांकृत्यायन सम्मान, गंगाधर मेहर कविता सम्मान, राजेन्द्र प्रसाद शिखर सम्मान, हिन्दी गौरव सम्मान आदि, लेकिन गाँव के लोग उन्हें जानते ही नहीं। पद्मश्री सरकार द्वारा दिया जाने वाला सम्मान है अत: इसे गाँव-जवार के सभी प्रमुख लोग जानते हैं। मेरे गाँव पहुँचने के बाद क्षेत्र के ब्लाक प्रमुख कुछ ग्राम प्रधानों के साथ मिलने आये थे। क्षेत्रीय विधायक और सांसद का भी फ़ोन आया कि वे मिलना चाहते हैं। उनका बधाई सन्देश पहले ही मुझे मिल चुका था। मुख्यमन्त्री का भी सन्देश मिला। साहित्यिक पुरस्कारों को केवल साहित्यकार ही जानते हैं मगर इस सरकारी सम्मान को सभी राजनीतिक नेता और प्रशासन के अधिकारी महत्त्व देते हैं, ऐसा मैंने महसूस किया। हालाँकि साहित्य के लोग इस सम्मान पर शंका करने लगते हैं। उन्हें लगात है कि यह सरकार के समर्थकों को ही मिलता है। लेकिन मोदी सरकार में पद्म सम्मान ऐसे बहुत से लोगों को मिला है जिनका राजनीतिक विचारधाराओं और दलबन्दियों से कोई वास्ता नहीं है। और जो सुदूर अछूते अंचलों में अपने-अपने कला-कौशल में महत्त्वपूर्ण कार्य कर रहे हैं तथा आत्म प्रचार से दूर, अपेक्षाकृत अज्ञात हैं।

गोरखपुर, 10 जून, 2023

मनुष्य एक अधूरा प्राणी है। उसे न तो अपने उद्गम का पता होता है, न संगम का। ज्ञान के क्षेत्र में उसकी सबसे बड़ी जिज्ञासा होती है इसी को जानने की। और कर्म के क्षेत्र में उसके सारे कर्म इसी अधूरेपन को भरने के प्रयत्न है। यदि उसे निर्भान्त रूप से पता होता कि वह कहाँ से आता और कहाँ जाता है तो पृथ्वी पर उसके कर्मों की दिशा और गति भी भिन्न होती।

गोरखपुर, 14 जून, 2023

आज मेरे विवाह के छाछठ (66) वर्ष पूरे हो गये। मेरा विवाह 14 जून, 1957 को हुआ था जब मेरी उम्र 17 वर्ष पूरे होने में छह दिन कम थी और मेरी पत्नी की उम्र मुझसे दो वर्ष कम थी। आज के नियम से वह बाल विवाह था लेकिन उस समय वही प्रचलन में था।

आजकल शहरों में सम्पन्न लोग अपने विवाह की वर्षगांव भी अन्य उत्सवों की तरह मना रहे हैं। भारत में यह प्रथा प्राचीन नहीं है पर पश्चिम के अनुकरण की प्रवृत्ति और आर्थिक सम्पन्नता के कारण इसका चलन बढ़ रहा है। मैंने अपने विवाह की वर्षगाँठ कभी नहीं मनाई क्योंकि इसमें मेरी कोई रुचि नहीं है लेकिन जो लोग मनाते हैं उनकी रुचि को भी बुरा नहीं मानता।

पिछले महीने के पहले हफ़्ते मेरे पास केन्द्रीय संस्कृति मन्त्री (अब क़ानून मन्त्री भी) श्री अर्जुनराम मेघवाल का पत्र आया कि वे अपने विवाह के 55 वर्ष पूरे कर चुके हैं और 12-13 मई को ऐसे 55 दम्पतियों को निमन्त्रित कर रहे हैं जिन्होंने अपने विवाह के 55 वर्ष पूरे कर लिये हैं तथा साथ में ऐसे 55 और दम्पतियों को निमन्त्रित कर रहे हैं जो अभी-अभी विवाह के बन्धन में बँधे हैं। उन्होंने मुझे भी सपत्नीक इस अवसर पर आमन्त्रित किया। मुझे उनकी कल्पना रचनात्मक लगी अत: मैंने उनका निमन्त्रण स्वीकार कर लिया।

वस्तुत: विवाह अर्थात् दाम्पत्य जीवन ही भारतीय परिवार-व्यवस्था का आधार है। आज जिन पश्चिमी देशों में यह व्यवस्था ध्वस्त हो चुकी है वे भारत में अब भी बच गयी इस व्यवस्था के बारे में ललचाई निगाहों से देखते हैं। मैंने कहीं पढ़ा है कि कुछ देशों में तो राजनीतिक दल अपने चुनाव घोषणा पत्रों में इस व्यवस्था को पुन: जीवित करने के वायदे कर रहे हैं। रूस के एक हिन्दी विद्वान श्री अलेक्सांद्र सेंकेविच से मैंने एक बार पूछा था कि हिन्दी साहित्य में उन्हें कौन-सी चीज़ सबसे ज़्यादा आकृष्ट करती है तो उन्होंने कहा था, "संयुक्त परिवार-व्यवस्था।" रवीन्द्रनाथ टैगोर ने भी तुलसी के 'रामचरितमानस' की आदर्श परिवार व्यवस्था को रेखांकित किया था।

भारतीय हिन्दू संस्कारों में विवाह को ही सबसे महत्त्वूपर्ण माना गया है। ऋग्वेद, तैत्तिरीय संहिता, ऐत्तरेय ब्राह्मण, शतपथ ब्राह्मण, मनुस्मृति आदि में विवाह की चर्चा है। कहा गया है कि विवाह का उद्देश्य गृहस्थ होकर देवों के लिए यज्ञ करना तथा सन्तानोत्पत्ति करना है। भारतीय ऋषियों द्वारा बताया गया है कि प्रत्येक व्यक्ति इस पृथ्वी पर तीन ऋणों के साथ जन्म लेता है–ऋषि ऋण, देव ऋण और पितृ ऋण। इनमें ब्रह्मचर्य और वेदाध्ययन द्वारा ऋषि ऋण से, यज्ञ द्वारा देव ऋण से और सन्तानोत्पत्ति द्वारा पितृ ऋण से मुक्त हुआ जाता है। इस प्रकार विवाह के बाद पत्नी अपने पति को दो ऋणों से मुक्त करती है।

पुरुष के जीवन की सबसे महत्त्वूपर्ण घटना होती है उसके पिता की मृत्यु और स्त्री जीवन की सबसे महत्त्वपूर्ण घटना होती है उसका विवाह। हिन्दुओं में विवाह और दाम्पत्य सम्बन्ध को जन्म जन्मान्तर का सम्बन्ध माना गया है। यही गृहस्थ धर्म का आधार है। कहा तो यह भी गया है कि गृहस्थ धर्म न केवल श्रेष्ठ है बल्कि वह सहस्त्र अवश्वमेध यज्ञों के बराबर है।

विवाह, दाम्पत्य सम्बन्ध और परिवार व्यक्ति के विकास में बाधक और उसके तनावों का कारण भी बनता है। मगर यह उसके भीतर प्रेम, करुणा, सहानुभूति, त्याग और उत्सर्ग आदि महान मूल्यों का साधक भी है। आज के स्त्री विमर्श और व्यक्ति स्वाधीनता के प्रति अति आग्रह के युग में विवाह और परिवार-व्यवस्था पर चल रहे वाद-विवादों के बावजूद मैं इस व्यवस्था का समर्थक हूँ क्योंकि यह तर्कसंगत और व्यावहारिक रूप से मानव के हित में है।

श्री अर्जुनराम मेघवाल जी के दूसरे पत्र से सात हुआ कि वे अपने विवाह की वर्षगाँठ का आयोजन गुजरात में स्टैचू ऑफ़ यूनिटी के पास कर रहे हैं जो अहमदाबाद से 200 किलोमीटर दूर है। वहाँ की यात्रा अपने लिए तकलीफदेह जान कर मैंने उनसे उस आयोजन में अपनी अनुपस्थिति के लिए क्षमा माँग ली।

गोरखपुर, 20 जून, 2023

जीवन के 83 वर्ष पूरे हुए। समय तो कम नहीं मिला जीने का, लेकिन उसमें कितना गुज़र गया अचेतावस्था में, कितना अज्ञान में, कितना अहंकार में, कितना अनुदारता और अन्धकार में, कौन करेगा इसका हिसाब? जो सचेत था, सतर्क था, सहृदय, सहज और संवेदनशील था, वही तो 'सम्यक' था–'समय'। कितना था वह? अब गणना का समय नहीं। जो गुज़र गया वह अपरिवर्तनीय है, उस पर परिवर्तन का अकाट्य नियम लागू नहीं होता।

जिसे आगे बढ़ने से रोका न जा सके वह है समय। जिसे पीछे लौटने को विवश न किया जा सके वह है समय। जिसे किसी चीज़ को प्रभावित करने से रोका न जा सके वह है समय। जिसे शस्त्र छेद न सके, आग जला न सके, जल गला न सके, हवा सुखा न सके, वह है समय। जो सृष्टि में सब को प्रभावित करे, मगर स्वयं किसी से प्रभावित न हो, वह है समय। जो सर्वशक्तिमान हो, सर्वत्र विद्यमान हो और सबको स्वयं में समाहित करने में समर्थ हो, वह है समय।

पुनश्च-

आज श्री अनन्त मिश्र, चित्तरंजन मिश्र और अरविन्द त्रिपाठी कुछ अन्य लोगों के साथ मेरे निवास पर जन्मदिन की बधाई देने आये। उन सब के प्रति आभार।

गोरखपुर, 8 अगस्त, 2023

कल नौ दिन बाद घर लौटा। 30 जुलाई को ट्रेन से हाजीपुर गया, वहाँ से पटना। 31 जुलाई को बिहार राजभाषा द्वारा आयोजित हिन्दी सेवी सम्मान में 'डॉ. राजेन्द्र प्रसाद शिखर सम्मान' लिया। यह 2020-21 का सम्मान था जो दो वर्ष बाद मिला। 1 अगस्त को पटना से दिल्ली और 2 अगस्त को दिल्ली से भोपाल। 3 अगस्त से 6 अगस्त तक भोपाल में संस्कृति मन्त्रालय, भारत सरकार और साहित्य अकादेमी, दिल्ली के संयुक्त तत्त्वावधान में आयोजित चार दिवसीय 'उन्मेष' कार्यक्रम में रहा। 7 अगस्त को भोपाल से दिल्ली और दिल्ली से गोरखपुर। 83 वर्ष की अवस्था में इतनी यात्रा और हर दिन की व्यस्तता के कारण थकान इतनी थी कि रात में अपनी चारपाई पर निढ़ाल पड़ा रहा।

पटना में पुरस्कार लेते हुए मैंने धीरे से मुख्यमन्त्री श्री नितीश कुमार जी से एक वाक्य कहा कि पुरस्कार की धनराशि बहुत कम है और उनकी प्रशंसा करूंगा कि अन्त में बोलते हुए अपने कार्यालय को उन्होंने आदेश के स्वर में कहा कि पुरस्कार राशि तुरन्त बढ़ाई जाय। उन्होंने यह भी कहा कि इसे तत्काल से लागू किया जाय और बढ़ी हुई राशि लेखकों के घर भिजवाई जाय। कार्यालय चुस्त होगा तो इसका पालन हो जायेगा अन्यथा यह भी नेताओं की अन्य घोषणाओं की तरह हवा में उड़ जायेगा।

भोपाल के 'उन्मेष' कार्यक्रम में 575 लेखक आमन्त्रित थे और इसे एशिया का सबसे बड़ा लेखक सम्मेलन बताया गया। भोपाल के रवीन्द्र भवन में भारत और विदेश के लगभग 100 भाषाओं के लेखकों का रचना-पाठ एवम विभिन्न विषयों पर उनका विचार-विमर्श आयोजित था। इसका उद्घाटन राष्ट्रपति ने किया तथा समारोह के दौरान कुछ राज्यपाल एवं म.प्र. के मुख्यमन्त्री उपस्थित रहे। लेकिन राजनेताओं की उपस्थिति मात्र उद्घाटन सत्र में ही रही। केवल एक सत्र की अध्यक्षता केरल के राज्यपाल श्री आरिफ़ मोहम्मद खान ने की जो एक बुद्धिजीवी-विद्वान के रूप में भी जाने पहचाने जाते हैं। वे अरबी, फारसी, उर्दू, हिन्दी, संस्कृत और अंग्रेज़ी

भाषा-साहित्य के अच्छे ज्ञाता हैं। विनम्रता उनमें कितनी है इसके उदाहरण में अपने साथ घटी इस घटना का उल्लेख अपना कर्तव्य समझता हूँ। हॉल खचाखच भरा था और सत्र की कार्रवाई शुरू होने वाली थी। वे मंच पर अध्यक्ष के रूप में विराजमान थे और मैं श्रोताओं की अगली पंक्ति में बैठा था। मेरे बग़ल में साहित्य अकादेमी की उपाध्यक्ष कुमुद शर्मा थीं जो उनकी ओर देख रही थीं। मैं किसी और तरफ़ देख रहा था। उन्होंने कुमुद जी को इशारा करके मुझे अपनी ओर मुखातिब किया और अपनी कुर्सी से आधा खड़ा होकर मुझे नमस्कार किया। एक पदासीन राज्यपाल का ऐसा व्यवहार क्या उल्लेखनीय नहीं है?

'उन्मेष' कार्यक्रम में अनेक सत्र समानान्तर चलते रहे जिनमें सामाजिक और ऐतिहासिक महत्त्व के अनेक विषयों पर गम्भीर चर्चाओं के साथ रचनाकारों के रचना-पाठ भी होते रहे। कई सत्रों में मैं भी श्रोता रूप में उपस्थित रहा। मुझे प्रसन्नता हुई कि साहित्य अकादेमी पूरे व्यवस्थित ढंग से इस कार्यक्रम का चार दिनों तक संचालन करती रही और इतने सारे लेखकों के आने-जाने, खाने-पीने और उनके ठहरने आदि का प्रबन्ध भी उसने कुशलतापूर्वक किया। समापन सत्र में मैंने इस विशिष्ट आयोजन के लिए अकादमी के सचिव श्री के.एस.राव और उनके कार्यकर्ताओं को धन्यवाद दिया।

गोरखपुर, 18 अगस्त, 2023

कोई विचारधारा या संगठन या सत्ता सौ फ़ीसदी सही या ग़लत नहीं होती। मात्रा भेद के कारण ही किसी को सही या ग़लत कहा जाता है। जिस व्यक्ति में यह निर्णय लेने का विवेक हो वही तटस्थ माना जाता है। तटस्थता कठिन ज़रूर है मगर असम्भव नहीं। असम्भव होती तो 'न्याय', 'न्यायालय' और 'न्यायाधीश' की अवधारणा ही नहीं होती। जो मन राग, द्वेष और पूर्वग्रहों से मुक्त होकर विचार कर सकता है वही 'तटस्थ' कहा जा सकता है। ऐसा मन हर व्यक्ति, घटना, विचार, परिस्थिति या कर्म का उसके गुण-दोष के आधार पर समर्थन भी करता है और विरोध भी। दलगत राजनीतिज्ञ या बुद्धिजीवी ऐसा नहीं करता। वह अपने दल या विचार का अन्ध समर्थन और विरोधी का अन्ध विरोध ही करता रहता है। साहित्य और राजनीति दोनों में ऐसा ही हो रहा है। उदाहरण के लिए हज़ारों वर्षों से किसी शहर का नाम 'प्रयागराज' और 'अयोध्या' था जिसे बाद में 'इलाहाबाद' और

'फैज़ाबाद' कर दिया गया। अब यदि उसे पुन: 'प्रयागराज' और 'अयोध्या' किया जा रहा है तो इसका विरोध क्यों? हमारे देश के लोग सदियों से 'भारत माता की जय' बोलते हैं। 'इंडिया की जय' कोई नहीं बोलता और आज भी देश की बहुसंख्य आबादी 'इंडिया' शब्द से अपरिचित है, तो 'इंडिया' की जगह 'भारत' नाम के प्रयोग का विरोध क्यों? कश्मीर से धारा 370 और मुस्लिम महिलाओं के हित में तीन तलाक ख़त्म करने का साहसपूर्ण कार्य सरकार ने किया है तो इसका खुले दिल से विपक्ष को समर्थन करना चाहिए। ऐसे निर्णय से उन्हें जन-स्वीकृति मिलेगी। उनकी तटस्थता भी जाहिर होगी।

गोरखपुर, 19 अगस्त, 2023

यह धारणा ग़लत है कि कोई योग्य है और उसे कुछ मिला नहीं। इस संसार में हर व्यक्ति उतना ज़रूर करता है जितनी उसकी क्षमता होती है और उसे उतना ज़रूर मिलता है जितना वह करता है। जैसी उसकी क्षमता होती है, वैसा ही वह करता है और वैसा ही उसे मिलता है। इसलिए संसार में कर्मों की अनन्त भिन्नता दिखाई देती है और परिणामों की भी। यदि कोई ठीक-ठीक वही-वही करे जो ईसा और गांधी ने किया और ठीक-ठीक उसी भाव से करे और परिस्थितियाँ भी ठीक-ठीक वही हों तो वह ईसा और गांधी बन सकता है। पद, पैसा आदि अवश्य ही किन्हीं और कुछ लोगों की कृपा से मिल जाते हैं पर प्रतिष्ठा हमेशा ही अपने कर्मों से प्राप्त होती है। अपवाद होते ही हैं पर वे नियम नहीं होते।

गोरखपुर, 24 अगस्त, 2023

कल सायंकाल इसरो का चन्द्रयान-3 चन्द्रमा की सतह पर सकुशल उतर गया। यह बहुत बड़ी सफलता है जो अभी तक रूस, अमेरिका और चीन को ही मिली है। पिछली शताब्दी से ही विज्ञान की उपलब्धियों ने मनुष्य के सांसारिक जीवन को बहुत प्रभावित किया है। उसके अनेक आविष्कारों से मानव-जीवन की दशा और दिशा में क्रान्तिकारी परिवर्तन हुआ है। आयुर्विज्ञान के क्षेत्र में हुए आविष्कारों ने तो प्रत्येक प्राणी के जीवन को निश्चय ही अधिक सुगम और दीर्घजीवी बनाया है। लेकिन वैज्ञानिक आविष्कारों से युद्धों में हिंसाएँ भी कम नहीं हुई हैं। जब विज्ञान के जन्म के अभी पचास वर्ष ही हुए थे, गांधी ने कहा था कि विज्ञान की 50 वर्षों की प्रगति के बाद भी मनुष्य की नैतिक ऊँचाई एक इंच भी नहीं बढ़ी। आज सौ

वर्षों बाद भी हम गांधी जी के उस कथन को दुहरा सकते हैं। विज्ञान ने जीनेटिक इंजीनियरिंग के क्षेत्र में जो प्रवेश किया है उससे मनुष्य को अवश्य लाभ होगा, ऐसी आशा की जा सकती है। हालाँकि, ख़तरे उसमें भी कम नहीं हैं। वैज्ञानिकों की बुद्धि और सदिच्छा पर हमें भरोसा है। मनुष्य की प्रवृत्तियाँ ही उसे विज्ञान के सदुपयोग या दुरुपयोग के लिए प्रेरित करती हैं। काश, विज्ञान उसकी नकारात्मक और हिंसक प्रवृत्ति को बदलने में सफल हो सकता।

गोरखपुर, 28 अगस्त, 2023

उड़िया और अंग्रेज़ी के प्रसिद्ध कवि श्री जयन्त महापात्र के निधन की सूचना मिली है। वे लगभग 95 वर्ष के थे और कटक में रहते थे। वे भारतीय साहित्य के एक महत्त्वपूर्ण कवि थे। यद्यपि उन्होंने 40 वर्ष की उम्र के आस-पास लिखना शुरु किया पर पर्याप्त लिखा। उड़िया और अंग्रेज़ी में कुल मिला कर उनके लगभग तीस-पैंतीस काव्य-संग्रह प्रकाशित हैं। वे विज्ञान के छात्र थे ओर उन्होंने विज्ञान में अध्यापन भी किया था। 2019 में साहित्य अकादेमी ने उन्हें अपना महत्तर सदस्य बनाया था और उनके साथ ही मुझे भी यह सम्मान दिया था।

जयन्त जी से मेरी दो-तीन बार की भेंट थी। वे एक सहज, संवेदनशील और विनम्र इन्सान थे। इस समय 2011 या 2012 की एक घटना मुझे याद आ रही है। भुवनेश्वर में साहित्य अकादेमी का एक बड़ा कार्यक्रम था जिसमें वे मुख्य अतिथि थे। उस समय बांग्ला के सुनील गंगोपाध्याय साहित्य अकादेमी के अध्यक्ष थे और मैं उपाध्यक्ष। मंच पर हम तीनों बैठ गये थे और कार्यक्रम बस शुरु ही होने वाला था। वे मंच के नीचे वाशरूम के लिए जा रहे थे। सीढ़ियाँ चार-पाँच ही थीं। दूसरी-तीसरी सीढ़ी पर उनका पैर फिसल गया और वे सिर के बल गिर पड़े। ख़ून बहने लगा और उन्हें तुरन्त अस्पताल भेजा गया। कार्यक्रम के समाप्त होते ही मैं और अकादमी के उप सचिव श्री के.एस. राव उनके निवास पहुँचे जहाँ अस्पताल से उन्हें ले आया गया था। चोट अधिक नहीं लगी थी, सिर पर पट्टी बँधी थी और वे होश में थे। उनकी विनम्रता इतनी कि बार-बार कह रहे थे, "आप क्यों देखने आये।" जैसे उन्हें देखने जाकर मैं उन पर कोई कृपा कर रहा हूँ। उस समय अपने बड़े से बँगले में वे बिल्कुल अकेले थे। पता चला उनके नौकर का एक परिवार उनके साथ रहता और उनकी देखभाल करता है।

गोरखपुर, 30 सितम्बर, 2023

तुलसीदास ने सेवक धर्म को सबसे कठिन कहा है। महीने भर से इस धर्म का अभ्यास कर रहा हूँ। किसी दूसरे की नहीं, अपनी पत्नी की सेवा का। कालिदास ने राजा दिलीप द्वारा नन्दिनी गाय की सेवा का बहुत सुन्दर वर्णन किया है। मुझे भी कुछ-कुछ वैसा ही करना पड़ रहा है क्योंकि इस बार उनकी अस्वस्थता मानसिक है। जीवन-भर का असन्तोष ईर्ष्या, सन्देह, मोह और भ्रम के रूप में उनके अवचेतन से चेतन पर आ गया है। अपने व्यवहार से उनकी मानसिक थेरेपी कर रहा हूँ। यदि यह लम्बा खिचा तो रचनात्मक काम कठिन हो जायेगा। लेकिन करना तो पड़ेगा। यदि पतिव्रत धर्म है तो पत्नीव्रत भी धर्म होना ही चाहिए।

गोरखपुर, 9 अक्तूबर, 2023

यदि किसी व्यक्ति को किसी दिन उसके थाने की पुलिस मिठाई और फूल माला लेकर सम्मानित करने पहुँचे तो अवश्य ही यह विरल घटना होगी। पुलिस का काम अपराधियों की धर पकड़ और अपराध पर नियन्त्रण रखना है और इस प्रयास में उनकी जानकारी और गतिविधि का क्षेत्र मुख्यत: अपराध-जगत हो जाता है। सामान्य लोगों से उनका वास्ता नहीं के बराबर होता है। कल मेरे घर मेरे थाने के इन्सपेक्टर श्री मिश्रा और चौकी इंचार्ज श्री चन्द्रवंशी पाँच सिपाहियों और पुलिस अधीक्षक कार्यालय के एक कर्मचारी श्री यादव के साथ शाल, मिठाई और फूल मालाओं के साथ जब पहुँचे तो मुझमें सुखद आश्चर्य होना स्वाभाविक था। उनमें से एक श्री चन्द्रवंशी, जो मुझे पद्मश्री मिलने की घोषणा पर मेरे घर आ चुके थे, ने उस समय कहा भी था, इस बहुमंज़िले भवनी वाले धनाढ्यों के मेरे इलाके में आप जैसा लेखक भी रहता है, इसकी जानकारी मुझे नहीं थी।" काश, इसकी भी जानकारी हमारी पुलिस को होती। मैं घर पधारे उन सभी पुलिस कर्मियों का आभारी हूँ।

गोरखपुर, 11 अक्तूबर, 2023

शायद ही कोई व्यक्ति हो जिसे पुनर्जन्म के बारे में जानने की जिज्ञासा न हो। अधिकांश धर्म पुनर्जन्म में विश्वास करते हैं और इससे सम्बन्धित घटनाएँ भी अक्सर प्रकाशित होती रहती है। पुनर्जन्म पर शोध करने वाले वैज्ञानिकों और मनोवैज्ञानिकों की भी एक बड़ी संख्या है। मैंने भी बहुत-सी ऐसी घटनाओं के बारे में सुना और

पढ़ा है। लेकिन कल यूट्यूब पर एक ऐसी घटना के बारे में सुनकर मुझे आश्चर्य होने लगा। सुनाने वाले ने तारीखवार उस घटना को जिस तरह सुनाया उस तरह विस्तार से तो मैं नहीं लिख सकता (देखने वाले यूट्यूब पर देख-सुन सकते हैं) पर संक्षेप में घटना यह है–दिल्ली के एक माथुर परिवार में जन्मी एक लड़की जिसे 'शान्ति' नाम दिया गया था जब चार वर्ष की हुई तो मथुरा की बोली बोलने लगी और उसने बताया कि पूर्वजन्म में वह मथुरा के केदारनाथ चौबे नामक व्यक्ति से ब्याही थी जिसका घर द्वारीकाधीश मन्दिर के सामने था। उसने बताया कि चौबे जी की पहली पत्नी के मरने के बाद उसका दूसरा विवाह उनके साथ हुआ था। उसने पहले एक पुत्री को जन्म दिया जो मरी हुई पैदा हुई। उसके बाद एक पुत्र को जन्म दिया और कुछ दिनों या महीनों बाद ही उसकी मृत्यु हो गयी। उसके बाद उसने यहाँ जन्म लिया है। उसके बार-बार अपने पिछले जन्म के घर जाने की जिद के कारण माथुर परिवार ने उसकी गहरी जाँच पड़ताल करायी जिससे पता चला कि द्वारकाधीश मन्दिर के सामने वास्तव में केदारनाथ चौबे का घर है और वे अभी ज़िन्दा हैं तथा उन्होंने तीसरा विवाह कर लिया है। चौबे जी को पत्र लिखा गया, उन्होंने अपने भतीजे को इसकी जाँच के लिए भेजा जिसने माथुर साहब के घर आकर अपने को केदारनाथ चौबे बताया लेकिन शान्ति ने उन्हें चौबे जी का भतीजा कह कर पहचान लिया। फिर चौबेजी ने अपने भाई को भेजा जिसने अपने को केदारनाथ चौबे बताया लेकिन शान्ति ने उन्हें भी केदारनाथ के भाई के रूप में पहचाना। दोनों ने घर जाकर केदारनाथ को इसकी सत्यता को पुष्ट करते हुए उसके द्वारा बतायी सारी बातों को सही कहा। फिर केदारनाथ स्वयं अपनी माँ के साथ आये और शान्ति ने न केवल दोनों को पहचाना बल्कि उन्हें पति और सास जैसा आदर देते हुए ऐसी कुछ गोपनीय बातें बताईं जिसे वही दोनों जानते थे। यह घटना अख़बारों में इतनी चर्चित हुई कि महात्मा गांधी ने उस लड़की को बुलाकर भेंट की और इस घटना की जाँच के लिए 15 सदस्यों की एक समिति गठित की जिसमें उस समय के प्रसिद्ध वकील, डॉक्टर, प्रोफ़ेसर और राजनेता शामिल रहे। यह घटना 1935 की है। यह समिति लड़की को साथ लेकर दो बार मथुरा गयी। पहली बार स्टेशन पर उतर कर लड़की ने ही घर का रास्ता बताया और ठीक उसी मकान के सामने तांगा रुकवाया। उस समय उसकी उम्र 9 वर्ष की थी। उसने घर के भीतर एक स्थान भी दिखाया जहाँ उसने 150/–छिपा कर रखे थे। केदारनाथ ने स्वीकार किया कि उसकी मृत्यु के बाद वे पैसे उन्होंने लिये थे। वह लड़की 1987 ई. तक जीवित रही लेकिन उसने विवाह

नहीं किया। 61 वर्ष की अवस्था में उसकी मृत्यु हुई। पूर्वजन्म में उसकी मृत्यु मात्र 23 वर्ष की अवस्था में हुई थी। लड़की में पूर्वजन्म की स्मृति अन्त तक बनी रही। इस घटना के परीक्षण के लिए विदेशों से भी कुछ विद्वान आये थे जिनमें कनाडा के एक प्रसिद्ध मनोवैज्ञानिक भी थे। यदि यूट्यूब का विवरण सही है तो है न यह घटना आश्चर्यजनक!

गोरखपुर, 15 नवम्बर, 2023

मेरे एक छात्र श्री मुन्ना तिवारी बुन्देलखण्ड विश्वविद्यालय, झाँसी में हिन्दी के विभागाध्यक्ष हैं। वे उस विश्वविद्यालय में एक ऐसा संग्रहालय बना रहे हैं जिसमें हिन्दी लेखकों की पाण्डुलिपियाँ सुरक्षित रहें। उन्होंने मेरी कुछ पाण्डुलिपियाँ माँगी तथा लेखकों के कुछ पत्रों की मूल प्रतियाँ भी। आज मैंने उन्हें 'सबने कुछ दिया' शीर्षक अपने छठे काव्य-संग्रह की पूरी पाण्डुलिपि दी तथा साथ में गद्य में लिखे कुछ लेखों की हस्तलिखित प्रतियाँ भी। मैं जानता हूँ कि अजेय काल सब कुछ को अपना आहार बना ही लेता है चाहे शीघ्र या देर में, फिर भी हर कोई अपनी स्मृति को स्थायी बना देना चाहता है। मेरी एक बहुत पुरानी छोटी-सी कविता है–

एक बहुत बड़ा भ्रम
बन गया है मेरा विश्वास
नश्वर हूँ
फिर भी रोज़-रोज़ करता
अमरत्व के प्रयास।

गोरखपुर, 11 दिसम्बर, 2023

गोरखपुर दूरदर्शन के कार्यक्रम अधिकारी श्री ब्रजेन्द्र त्रिपाठी ने कई बार मुझसे मेरे ऊपर एक डॉक्यूमेंट्री बनाने का प्रस्ताव किया। उनके पहले दूरदर्शन के निर्देशक श्री दुबेजी ने भी यह प्रस्ताव किया था। तब मैंने अपनी व्यस्तता बता कर बाद में इसे करने के लिए कहा था। श्री ब्रजेन्द्र जी से मैंने कहा कि साहित्य अकादेमी ने मुझ पर एक वृत्तचित्र बना दिया है, जिसे वे देख लें और ऐसा वृत्त चित्र बनायें जो पहले वाले से भिन्न हो और उसका पूरक जान पड़े। उसमें दुहराव, आवश्यक और अपवाद रूप में ही हो। हफ़्ते भर पहले ब्रजेन्द्र जी ने अपने कैमरा मैन रंजीत और

टेक्नीशियन प्रदीप कुमार के साथ मेरे घर पर साहित्य अकादेमी वाला वृत्तचित्र देखा। कल वे लोग श्री चित्तरंजन मिश्र और मुझे साथ लेकर मेरे गाँव गये थे। उन्होंने वहाँ चार घण्टे रह कर विभिन्न स्थलों का दृश्यांकन किया। इसमें अधिकांश चित्र पिछले वृत्तचित्र में नहीं है। यह काम कष्टकर ज़रूर है मगर दु:ख देने वाला नहीं।

गोरखपुर, 17 दिसम्बर, 2023

मैंने जीवन भर घर के भीतर के कार्यों जैसे नमक, तेल, लकड़ी, चूल्हा, चौका, रसोई, बर्तन-भांड़ा, बर-बजार आदि से प्रयत्नपूर्वक अपने को मुक्त रखने की कोशिश की है और प्रभु कृपा से मुझे ऐसे गृह सदस्य भी मिले हैं जिनके सहारे इसमें सफल भी रहा हूँ। लेकिन इस वर्ष 21 नवम्बर से आज तक इस कठिन जंजाल का अनुभव करना ही पड़ गया। मुझे इस अनुभव से गुज़रना न पड़ता यदि पत्नी स्वस्थ होतीं और उनकी उम्र 82 वर्ष न होती। मेरे लिए बेहद कष्टकर थे ये दिन, विशेषकर आख़िरी एक सप्ताह जब मुझे पत्नी के साथ रसोई घर में खड़े रहकर भोजन बनाना और बनवाना पड़ा। इस बीच दो दिन ऐसे भी रहे जब सारा सामान रहते उपवास करना पड़ा। कारण यह था कि मेरी छोटी बहू अपनी छोटी बहन के विवाह में मायके चली गयी थी। वह घर का काम शान्तिपूर्वक इतनी कुशलता से करती है कि उसके रहते घर के भीतर की मुझे चिन्ता ही नहीं रहती। ईश्वर को धन्यवाद कि जीवन में पहली बार गैस जलाने, कुकर पर चावल-दाल-चाय बनाने, आटा गूँथने और रोटी बेलने आदि का पवित्र अनुभव भी हो गया। पापी पेट और अन्नब्रह्म की जय।

गोरखपुर, 25 जनवरी, 2024

कल दोपहर हवाई अड्डे के लिए चला। रास्ते में कोहरा देखकर सन्देह हुआ, कहीं जहाज़ कैंसिल न हो जाय। जब साढ़े तीन बजे बोर्डिंग का समय हुआ, वही हुआ जिसका सन्देह था। उड़ान न केवल कल बल्कि आज के लिए भी रद हो गयी। सम्बन्धित व्यक्तियों को फ़ोन से सूचित करके घर लौट आया। प्रसार भारती के उप महानिदेशक श्री मुकेश कुमार ने गणतन्त्र दिवस की परेड में उपस्थित रहने का अनुरोध किया था। सरकारी निमन्त्रण था, पाँच दिनों के लिए अशोक होटल में सारी व्यवस्था थी। दिल्ली के दर्शनीय स्थलों को दिखाने का भी कार्यक्रम था। मेरे लिए तो इन सब का कोई आकर्षण नहीं था पर मेरा लड़का जो मेरे साथ जा रहा था, उसके लिए था। बल्कि कहूँ कि उसी के लिए मैंने इस कार्यक्रम में जाने

का निमन्त्रण स्वीकार किया था। गोरखपुर ही नहीं, लगभग सम्पूर्ण उत्तर भारत का मौसम 15 दिसम्बर से 15 फ़रवरी के बीच लगभग एक माह तो बहुत ही ख़राब रहता है। इस बीच मैं कोई कार्यक्रम बनाने और स्वीकार करने से बचता हूँ। इस अवधि की यात्राओं में अनेक बार अनेक कठिनाइयों से गुज़र चुका हूँ। इस बार की घटना भी अप्रत्याशित नहीं है।

गोरखपुर, 18 फ़रवरी, 2024

गीता का यह प्रसिद्ध कथन कि 'कर्म ही हमारा अधिकार-क्षेत्र है, फल नहीं', कोई भी अपने जीवन में प्रमाणित अनुभव कर सकता है। पद, पैसा, पुरस्कार, प्रतिष्ठा, अधिकार आदि सभी प्रकार के फलों की प्राप्ति में संयोगों और अनुकूल-प्रतिकूल परिस्थितियों का हाथ होता है। लेकिन इतना तो सत्य है कि कर्म के बिना किसी को कोई फल नहीं प्राप्त हो सकता। और सबसे बड़ी बात यह कि लोक-स्वीकृति, जो सबसे उत्तम फल है, वह कर्म करने वाले को ही प्राप्त होती है। वह संयोगों के नहीं, कर्म के ही अधीन होती है।

गोरखपुर, 25 फ़रवरी, 2024

हम अपनी प्रवृत्तियों और परिस्थितियों के अनुसार स्वेच्छा या विवशता में कर्म करते रहते हैं लेकिन हमें ज्ञात नहीं रहता कि निश्चित रूप से उनका परिणाम क्या होगा। प्रकृति अपने नियमों से चलती है और भविष्य अनिश्चित होता है। किये गये कर्म किन भावी कर्मों के कारण बनते हैं यह एक अनन्त प्रक्रिया है जिसे हम पूरी तरह नहीं जानते। कर्मफल हमारे वश में होते तो इस सृष्टि में कोई दुःख नहीं होता। कभी-कभी जिस प्राप्त कर्म फल से हम दुखी होते हैं वही हमारे भावी सुख का कारण बन जाता है। इसे स्वीकार कर लेना हमें अहंकारहीन और कर्तृत्वाभिमान से मुक्त करता है तथा हर परिस्थिति में सुख-सन्तोष देता है। अत: गीता का यह कथन कि कर्मफल की चिन्ता न करो तथा भक्त नारद की यह याचना कि "जेहि विधि होइ नाथ हित मोरा। बेगि करहु हौं बालक तोरा।।" अत्यन्त उपयुक्त और तर्कपूर्ण है।

गोरखपुर, 5 मार्च, 2024

प्रकृति ने किसी भी मनुष्य को पूर्ण नहीं बनाया है। न पूर्ण सुखी, न पूर्ण सन्तुष्ट, न पूर्ण दुखी, न पूर्ण निराश। उसने उसमें ऐसे भाव भरे हैं कि वह अपने सुख में

भी दु:ख और अभाव तथा दु:ख में भी सुख और सन्तोष का अनुभव करता रहे। यह मनुष्य की जीवनेच्छा को बनाये और बचाये रखने का प्रकृति द्वारा किया गया आयोजन है। इसीलिए मनुष्य अपनी अपूर्णता और अपर्याप्तता के विरुद्ध निरन्तर संघर्ष करता रहता है और परिस्थितियों का कैसा भी स्वाद उसकी जिजीविषा को पराजित नहीं कर पाता।

गोरखपुर, 10 अप्रैल, 2024

एक महीने से अस्वस्थ हूँ। 7-8 मार्च को दाँत में दर्द हुआ, डॉक्टर ने दाँत उखाड़ने को कहा। उनसे पाँच-छह दिन की मोहलत लेकर साहित्य अकादेमी दिल्ली के साहित्वोत्सव में चला गया, साथ में ऐंटीबायोटिक और दर्द की दवाएँ लेकर। 16 मार्च को लौटा। दो दिन बाद ही तेज़ जुकाम, खाँसी, बुख़ार, नाक और आँख से पानी बहना आदि शुरू हो गया। दो परिचित डॉक्टरों की दवा चली। ख़ून-पेशाब के सभी टेस्ट हुए। ऐंटीबायोटिक दवाओं के कारण भूख गायब हो गयी। दस-पन्द्रह दिनों तक कुछ भी नहीं खाया। कमज़ोरी और वजन गिर गया। अब थोड़ा कुछ खा रहा हूँ पर पूरी तरह स्वस्थ नहीं हूँ अभी भी। ऐसा मेरे साथ कई बार हो चुका। बल्कि अब तो वर्ष में दो बार ऐसा हो जाता है। उम्र बढ़ने के साथ इस स्थिति को ज़्यादा दिन झेलना कठिन हो रहा है। प्रभु रक्षा करें। रोग, शोक, जरा और मरण से कौन रक्षा कर सकता है, उनके सिवा।

इस बार की दिल्ली यात्रा (10-15 मार्च) में वाणी प्रकाशन को अपनी रचनावली दी जो 16 खण्डों में प्रकाशित होगी। 12 मार्च को 'हिन्दवी' के 'संगत' नाम से चलने वाले साक्षात्कार सीरीज के लिए श्री अंजुम शर्मा ने मेरा इंटरव्यू लिया। 14 मार्च को साहित्य अकादेमी साहित्योत्सव की राष्ट्रीय संगोष्ठी में 'स्वाधीनता के बाद का भारतीय साहित्य' विषय पर बीज वक्तव्य दिया।

गोरखपुर, 16 अप्रैल, 2024

हमारे साथ भाषा का सबसे निर्मम व्यवहार यह है कि वह हमें अपने सीमा क्षेत्र के बाहर नहीं जाने देती। अपने मस्तिष्क के विकास-क्रम के साथ भाषा का आविष्कार और विकास भी मनुष्य ने ही किया, मगर कालान्तर में भाषा इतनी व्यापक, अपरिहार्य और प्रभावपूर्ण हो गयी कि स्वयं मनुष्य उसका बन्दी बन गया। मनुष्य और उसकी भाषा के पहले भी यह सृष्टि थी। यदि न होती तो भाषा का

जन्म और निर्माण भी सम्भव नहीं था। लेकिन अब मनुष्य भाषा की ध्वनियों और प्रणालियों के बाहर निकलकर सोच भी नहीं सकता। यह उसके लिए एक विकट चुनौती है।

गोरखपुर, 20 अप्रैल, 2024

जो समझते हैं कि उन्होंने विलक्षण और महान कार्य किये हैं या कर रहे हैं मगर कोई उसे महत्त्व नहीं देता या पहचान नहीं रहा, वे आत्मलिप्त और आत्ममुग्ध लोग हैं। उन्हें दूसरों की विवेक बुद्धि या संवेदनशील दृष्टि पर विश्वास नहीं है। ऐसा सम्भव नहीं कि किसी समाज में सभी विवेकशून्य, दृष्टिहीन, पूर्वग्रही, पक्षपाती, मूल्य विरोधी और ईर्ष्या-द्वेष ग्रस्त हों। यदि ऐसा होगा तो समाज बनेगा नहीं या फिर चलेगा नहीं। समाज में हर समय आदरणीय को आदर मिलता ही है। भले आदर देने वालों की संख्या कम हो। महत्त्वपूर्ण को अन्ततः समाज पहचान ही लेता है। 'निज कवित्त केहि लागि न नीका' और 'जे प्रबन्ध बुध नहिं आदरहीं' कह कर तुलसीदास ने आत्ममुग्ध लोगों और उनके कर्मों की सीमा की ओर संकेत किया है। आत्ममुग्धता अपने ही कर्मों को देखती है, दूसरों के कर्मों का वस्तुपरक मूल्यांकन नहीं कर पाती।

गोरखपुर, 2 मई, 2024

दो प्रशिक्षित पायलटों के मामले में सुप्रीम कोर्ट के न्यायमूर्ति बी.वी. नागरत्ना और आगस्टीन जार्ज मसीह की पीठ ने कहा कि हिन्दू विवाह एक संस्कार और पवित्र बन्धन है जिसे भारतीय समाज में बहुत महत्त्व दिया जाता है। यह नाचने-गाने, खाने-पीने या दहेज लेन-देन का अवसर नहीं है। वैध रस्मों के बिना किसी शादी को हिन्दू विवाह अधिनियम के तहत मान्यता नहीं दी जा सकती। हिन्दू विवाह की वैधता के लिए सप्तपदी (पवित्र अग्नि के चारों ओर सात फेरे) जैसे उचित संस्कार और समारोह ज़रूरी है। पीठ ने कहा है कि हिन्दू विवाह परिवार की इकाई को मज़बूत करता है और विभिन्न समुदायों के भीतर भाईचारे की भावना को भी। पीठ ने उन युवा पुरुषों और महिलाओं के चलन की निन्दा की है जो अधिनियम के प्रावधानों के तहत वैध विवाह समारोह के अभाव में एक-दूसरे के लिए पति-पत्नी होने का दर्जा हासिल करना चाहते हैं और इसलिए कथित तौर पर शादी कर रहे हैं।

सर्वोच्च न्यायालय का यह निर्णय आज के समय के लिए अत्यन्त महत्त्वपूर्ण है जबकि विवाह संस्कार का महत्त्व अपनी समाप्ति की दिशा में अग्रसर है और झूठे प्रदर्शन की अपसंस्कृति में उसकी पवित्रता ख़तरे में पड़ गयी है।

गोरखपुर, 5 मई, 2024

भारत में इस समय विवाह मुख्यत: दो प्रकार से होते हैं–प्रेम विवाह और अरेंज्ड मैरेज (दो परिवारों द्वारा परस्पर सहमति से तय किये गये विवाह)। प्रेम विवाह अब भी दूसरे की तुलना में बहुत कम होते हैं। ऐसे विवाहों का विरोध भी लगभग सभी परिवारों में आम बात है। इसका एक प्रमुख कारण है भारत की जाति-व्यवस्था। यदि कोई युवक या युवती दूसरी जाति में प्रेम सम्बन्ध स्थापित करके विवाह करता या करती है तो परिवार उसका विरोध करता है। इसी प्रकार कोई युवक या युवती अपने से निम्न हैसियत में विवाह करता या करती है तो उसे परिवार का विरोध सहना पड़ता है। यह विरोध कभी-कभी लड़के-लड़की की आत्महत्या या हत्या (आनर किलिंग) का भी कारण बन जाता है।

प्रेम विवाह व्यक्तिगत स्वाधीनता और स्त्री-स्वातन्त्र्य के मूल्य के पक्ष में हैं, जिसे भारतीय संविधान द्वारा स्वीकृति प्राप्त है और इसे समाज द्वारा भी स्वीकृति मिलनी चाहिए। लेकिन इस विवाह की सबसे बड़ी सीमा यह है कि प्राय: जिस युवा वर्ग में प्रेम होता है वह बुद्धि और विवेक का परिपक्व वर्ग नहीं है। अधिकांश युवा-प्रेम का मुख्य आधार शारीरिक सौन्दर्य, सेक्स और रोमांस होता है। यह आधार इतना आधारहीन है कि कुछ ही वर्षों में आकर्षणहीन और सारहीन लगने लगता है। अधिकांश प्रेम-विवाहों के असफल आँकड़े इसके प्रमाण हैं। इसकी तुलना में दूसरे प्रकार के विवाह ज़्यादा टिकाऊ होते हैं जिसका मुख्य कारण है दोनों परिवारों द्वारा अपनी परिस्थितियों को ध्यान में रख कर विचारपूर्वक निर्णय लिया जाना। लेकिन इनमें भी अधिकांश विवाह बेमेल होने के कारण घिसट-घिसट कर चलते हैं। भारत में विवाह को जन्म-जन्मान्तर का सम्बन्ध माना जाता है अत: ऐसे विवाह सम्बन्धों का मजबूरीवश निर्वाह किया जाता है।

उपर्युक्त दोनों प्रकार के विवाहों में बेहतर कौन है, यह तो मैं नहीं बता सकता लेकिन इतना कह सकता हूँ कि प्रेम विवाह यदि परिवार से विचार विमर्श करके किये जायें और अरेंज्ड मैरेजेज यदि युवक-युवतियों की स्वीकृति से तय किये जाय तो दोनों ही बेहतर साबित हो सकते हैं।

पुनश्च–

'प्रेम' और 'विवाह' दोनों दो शब्द हैं। दोनों के अर्थ भिन्न हैं क्योंकि दोनों में अन्तर है। प्रेम मुक्त होता है जबकि विवाह के साथ कुछ बन्धन भी जुड़ते हैं। विवाह के साथ परिवार की कल्पना भी जुड़ जाती है क्योंकि प्रेमी-प्रेमिका पति-पत्नी बन जाते हैं। प्रेम एक झटके में टूट सकता है पर विवाह के समाप्त होने में समय लगता है। प्रेमी-प्रेमिका प्रेम के बाद विवाह करते हैं, जबकि पति-पत्नी विवाह के बाद प्रेम करते हैं। प्रेमी-प्रेमिका का प्रेम प्रथम दृष्टि में हो सकता है जबकि विवाह के बाद का प्रेम साहचर्य से विकसित होता है। प्रेम का आधार प्राय: शरीर सौन्दर्य का आकर्षण होता है जबकि विवाह के बाद के प्रेम का आधार भाव सौन्दर्य और कर्म-सौन्दर्य होता है। प्रेम जब विवाह की ओर बढ़ता है तो वह, जिस स्रोत से उसका जन्म हुआ है, उसके विपरीत या भिन्न दिशा में उन्मुख होता है। अर्थात् अपने मूल स्वभाव मुक्ति से बन्धन की दिशा में।

गोरखपुर, 25 मई, 2024

जब मैं एम.ए. और पीएच.डी. कर रहा था, 1961 से 1964 के बीच, मैंने स्वप्नों के बारे में फ्रायड की पुस्तक पढ़ी थी और उनके गहन विश्लेषण से बहुत प्रभावित हुआ था। उनके अनुसार अवचेतन की यौन सम्बन्धी अतृप्त इच्छाएँ और अन्य मनोकामनाएँ अपना वेश बदलकर सपनों के रूप में दिखाई पड़ती हैं। बाद में मैं सपनों के बारे में ज़्यादा सोच विचार न कर सका और फ्रायड तक ही सीमित रहा। मैंने यह धारणा बना ली कि मन में जो कुछ उमड़ता-घुमड़ता है वह सपनों में प्रकट होता है और इनका भावी वास्तविकता से सीधा सम्बन्ध नहीं होता। लेकिन कुछ दिनों पूर्व एक घटना ने मेरी यह धारणा बदल दी। वर्ष 2022 में मैंने दो सपने कई बार देखे। एक स्वयं हवा में लम्बी-लम्बी छलाँग लगा कर नदी-नाले पार कर जाने और दूर की यात्रा कर लेने के, तथा दूसरा, स्वयं पाखाना करने ओर स्नान करते हुए भी पाखाना करने और उसे छिपा देने के। इस सपने के कुछ ही दिनों बाद मुझे पद्मश्री सम्मान मिलने की घोषणा हुई तथा कुछ और पुरस्कार-सम्मान मिले। फिर जिज्ञासावश मैंने अपने पुस्तकालय से सपनों के बारे में एक पतली सी पुस्तक ढूँढ़ निकाली जो किसी बड़े और प्रामाणिक लेखक द्वारा नहीं लिखी गयी थी। मुझे आश्चर्य हुआ कि उसमें इन दोनों सपनो का उल्लेख था और इन दोनों सपनो को अत्यन्त शुभ तथा मान-सम्मान, धन आदि प्राप्त होने का सकेत देने वाला बताया

गया था। मुझे दुहरा आश्चर्य यह हुआ कि पाखाना करने जैसा निम्न कोटि का स्वप्न मान-सम्मान और धन आदि प्राप्त होने का संकेतक किस तर्क से हो सकता है? स्वप्नों पर विचार करने वाले विद्वान इस निष्कर्ष तक कैसे पहुँचे होंगे? पाखाना वाला स्वप्न कुछ दिन बाद मैंने फिर देखा और उसके महीने भर बाद श्री मध्यभारत हिन्दी साहित्य समिति, इंदौर, के प्रधानमन्त्री ने फ़ोन द्वारा मुझे अपना शताब्दी सम्मान देने की सूचना दी। इन दोनों घटनाओं का निजी अनुभव मुझे यह सोचने पर विवश कर रहा है कि मैं सपनों पर विचार करने वाले प्राचीन भारतीय विद्वानों के ज्ञान, अनुभव और अन्तदृष्टि पर विचार करुँ। निश्चय ही यह फ्रायड के स्वप्न सिद्धान्त के दायरे से बाहर है।

स्वप्नों के बारे में दो अत्यन्त प्राचीन उल्लेख भारतीय साहित्य में प्राप्त होते हैं जिनकी याद मुझे आ रही है। एक रामकथा से है। अशोक वाटिका में सीता की निगरानी के लिए नियुक्त त्रिजटा नामक एक राक्षसी सीता जी को स्वयं का देखा एक स्वप्न सुनाती है–"सपने में मैंने देखा कि बन्दर ने लंका जला दिया और सब राक्षस सेना को मार डाला। रावण नग्न रूप में गधे पर चढ़कर दक्षिण दिशा को चला गया। उसका सिर मुण्डित था और उसकी बीसो भुजाएँ खण्डित थीं। लंका विभीषण को मिल गयी।" आगे त्रिजटा कहती है "मैं पुकार कर कहती हूँ कि यह सपना जल्दी ही सत्य होगा।" (रामचरितमानस, सुन्दरकाण्ड, तुलसीदास)। रामकथा का यह स्वप्न सत्य घटित होता है।

दूसरा स्वप्न, गौतम बुद्ध की माँ–रानी माया का है जिसकी प्राचीन मूर्ति (दूसरी सदी) राष्ट्रीय संग्रहालय (नयी दिल्ली) में रखी हुई है। इस मूर्ति में राजा शुद्धोदन के दरबार का वह दृश्य है जिसमें तीन भविष्यवक्ता रानी माया के स्वप्न की व्याख्या कर रहे हैं और नीचे बैठा लिपिक उसे लिपिबद्ध कर रहा है। भारत में लेखना-कला का सम्भवत: यह प्राचीनतम चित्रलिखित अभिलेख है। यह राष्ट्रीय साहित्य अकादेमी द्वारा प्रकाशित प्रत्येक पुस्तक के अस्तर (आवरण पृष्ठ के नीचे) पर प्रकाशित होता है। इस स्वप्न की भी भविष्य वक्ताओं द्वारा की गयी व्याख्या सत्य हुई थी।

हम लोग जो पश्चिम के विज्ञान और तर्क परम्परा में दीक्षित होकर ऐसी बातों को अन्धविश्वास के खाते में डाल देते हैं, यह ठीक नहीं है। हमें ऐसी भारतीय रहस्य विधाओं (ज्योतिष, चिकित्सा, मन्त्र, स्वप्न आदि से सम्बन्धित) पर गम्भीर वैज्ञानिक शोध कराना चाहिए। अब ऐसा कुछ हो भी रहा है।

अब मैं एक ऐसे स्वप्न के बारे में लिख रहा हूँ जिसका फल अभी नहीं दिखाई

पड़ा इसलिए यह और भी उल्लेखनीय है। अभी इसकी परीक्षा बाकी है। इसे मैंने 20 मई, 2024 की रात के अन्तिम पहर या कहूँ कि 21 मई को सुबह पाँच-छह बजे के लगभग देखा है, जो इस प्रकार है–मैं कुछ दिनों से अपने घर के बाहर शहर के पास ही कहीं भटक रहा हूँ और घर लौटने का रास्ता ढूँढ़ रहा हूँ। वहाँ कोई व्यक्ति मुझे मेरे मुहल्ले बेतियाहाता का रास्ता और उसकी दिशा बताता है। उस पर आगे बढ़ते हुए मैं एक गाँव में पहुँचता हूँ जहाँ कुछ लोग मेरा नाम जानते हैं। वे लोग बताते हैं कि उस गाँव में राजहंस नामक एक व्यक्ति पढ़े लिखे हैं जो हमेशा पढ़ने-लिखने में लीन रहते हैं। वे भी मुझे जानते हैं। मेरे साथ उस गाँव के भी कुछ लोग चल पड़ते हैं और मैं दूसरे अगले गाँव में पहुँचता हूँ। उस गाँव में राजनाथ सिंह का घर है जो अपने दरवाज़े पर साधारण श्वेत धोती और श्वेत सिली हुई बनिआइन पहन कर घर का कोई काम कर रहे हैं। वे भी मुझे जानते हैं। ये वही राजनाथ सिंह हें जो आजकल भारत सरकार में रक्षा मन्त्री हैं। वे भी मेरे साथ हो जाते हैं और उनके साथ उस गाँव के सैकड़ों लोगों की भीड़ भी साथ हो जाती है। वे रिक्शे पर आगे-आगे और मैं भी रिक्शे पर पीछे तथा मेरे साथ भीड़ चल रही है। रास्ता कच्ची सड़क वाला, पतला तथा ढालुआँ है जिस पर कुछ कीचड़ और पानी है। उन सब के साथ मैं अपने घर बेतियाहाता पहुँचता हूँ। मेरा घर बहुत ही भव्य हे। काफ़ी लम्बाई में बना, तीन मंज़िला, विविध कलात्मक रंगों में रँगा, चित्रकारी किया हुआ। उसमें लोहे के दो सादे द्वार हैं। मेरे पहुँचते ही एक द्वार का एक फाटक खोल कर मेरे मृत पिता खड़े हैं। श्वेत धोती और श्वेत बनिआइन पहने, धोती का एक खूँट कन्धे पर डाले, जैसे अभी-अभी स्नान करके निकले हों। आगे घर के एक कमरे का एक द्वार आधा खुला है जिसमें कुछ स्त्रियाँ फर्श पर सोई हैं। जैसे अमूमन किन्हीं पारिवारिक आयोजन की भीड़-भाड़ में स्त्रियाँ एक कमरे में फर्श पर ही सो जाती हैं। सम्भवत: प्रात:काल का समय है। तभी नींद खुल जाती है।

मेरे पास स्वप्नों पर जो दो पतली अप्रामाणिक पुस्तकें थीं उनमें इस तरह का कोई स्वप्न नहीं मिला। किसी के देखे गये स्वप्न किसी पुस्तक में हू-ब-हू मिल भी नहीं सकते। मगर उन पुस्तकों में यह उल्लेख ज़रूर था कि सपनों में अपने मृत पिता को श्वेत वस्त्रों में देखना शुभ सूचना देने वाला होता है। पुन: मेरी जिज्ञासा है कि सपने में मृत व्यक्ति को देखना शुभ सूचक कैसे हो सकता है और स्वप्न शास्त्री इस निष्कर्ष तक कैसे पहुँचे? अब अपनी बुद्धि से जब मैं इस स्वप्न का विश्लेषण करता

हूँ तो मुझे लगता है कि यह स्वप्न या तो मुझे किसी उन्नति या राजकीय सम्मान के प्राप्त होने या मेरी या मेरे परिवार में किसी की मृत्यु की सूचना देने वाला है। पहला फल प्राप्त होने का अनुमान मैं स्वप्न में अपने घर की भव्यता तथा मृत पिता के रूप को देखकर करता हूँ और दूसरे फल का अनुमान घर के एक कमरे में फर्श पर सोई अनेक स्त्रियों को देखकर।

गोरखपुर, 30 मई, 2024

इस प्रसरणशील ब्रह्माण्ड में, जो निरन्तर फैलता जा रहा है, मनुष्य का मस्तिष्क ही है जो उसे छोटा नहीं होने दे रहा। मानव मस्तिष्क की शक्तियाँ रहस्यमय और अनन्त हैं। वैज्ञानिकों के अनुसार मनुष्य अपने मस्तिष्क की क्षमता का केवल कुछ प्रतिशत ही उपयोग कर पाता है। सामान्य व्यक्ति तो बहुत ही कम उपयोग करता है। हम जिन अविश्वसनीय और अकल्पनीय घटनाओं के बारे में सुनते हैं, वे अधिकांश मानव मस्तिष्क की ही रहस्यमय शक्तियाँ हैं। इनके उदाहरण वैज्ञानिक स्टीफेन हाकिंग या लेखिका हेलेन केलर जैसे सैकड़ों व्यक्तियों में या गिनिज बुक और अनेक अन्य दस्तावेज़ों में मिल जायेंगे। वस्तुत: मानव काया में मस्तिष्क ईश्वर की तरह है। उसकी इच्छा के बिना कुछ भी घटित नहीं होता। यदि किसी की स्मृति चली गयी तो उसके लिए इस संसार का ही कोई अस्तित्व नहीं रह जाता। लेकिन इस सन्दर्भ में मुझे यह भी कहना चाहिए कि इस लोक, जिसमें हम रहते हैं, की सीमाएँ हैं और मनुष्य की क्षमता भी असीम नहीं है।

गोरखपुर, 14 जून, 2024

आज की ही तारीख को 1957 में मेरा विवाह हुआ था। तब मैं 17 वर्ष का था और मेरी पत्नी 15 वर्ष की। आज के क़ानून के अनुसार दोनों नाबालिग थे। आज मेरे विवाह की 67वीं वर्षगाँठ है। जाहिर है मेरी पत्नी के विवाह की भी। लेकिन इस वर्षगाँठ पर वे गम्भीर रूप से अस्वस्थ हैं। उन्हें डिमेंसिया अर्थात् भूलने की बीमारी हो गयी है। वे समय, दिशा और स्थान सब भूल गयी हैं। घर के सदस्यों और पति तथा पुत्रों को भी। बीच-बीच में कुछ समय के लिए पहचान लेती हैं पर अधिकांश समय याददाश्त लुप्त होती है। उनका भोजन एक चौथाई हो गया है। उसे भी अपने हाथ से नहीं खा पातीं। मेरी छोटी बहू उन्हें खिलाने और नहलाने की ज़िम्मेदारी सँभालती है। तीन-चार बार बाथरूम ले जाने का काम मैं करता हूँ। कई बार उठाने-बिठाने और टहलाने में इतनी जिद करती है कि मैं नाराज होकर डाँट

देता हूँ और फिर बाद में पछताता हूँ। कभी-कभी रोता भी हूँ। जब उनका दिमाग़ ही काम नहीं कर रहा तो उन पर ग़ुस्सा होना मूर्खता ही है। उनके निर्विकार चेहरे को देखकर दया आती है। अपनी आत्मकथा में मैं ख़ास तौर से उनके बारे में लिख चुका हूँ। उनकी उदारता, त्याग, सक्रियता, संवेदनशीलता आदि के बारे में। मनुष्य और सामान्य स्त्री की कमज़ोरियाँ भी उनमें हैं ही मगर वे उनके तरल व्यक्तित्व में अदृश्य है। इस बीमारी की हालत में भी वे गृह कार्यों और गृहस्थी की चिन्ताओं की याद दिलाती रहती है। मुझे चौबीसां घण्टे उनके पास ही रहना होता है। पता नहीं कब कौन-सी ज़रूरत पड़े या कब वे पलँग से उठकर चलने लगें। डर लगता है, यदि कहीं गिर पड़ीं तो उन्हें विस्तर पकड़ लेना होगा। ऐसी स्थिति की कल्पना भयावह है। रात ग्यारह बजे जब उन्हें सुला देता हूँ तब एक-दो घण्टे पढ़ने-लिखने सम्बन्धी ज़रूरी काम करता हूँ। घर के बाहर कहीं भी आना-जाना तो ढाई-तीन महीनों से पूरी तरह बन्द है। मैंने कहीं पढ़ा है, गुरुदेव रवीन्द्रनाथ ने लिखा है, "जो अच्छा नहीं लगता, वही करते जाने का नाम कर्तव्य है।" इस समय इस वाक्य की गहराई समझ में आ रही है।

गोरखपुर, 16 जून, 2024

2024 का लोकसभा चुनाव परिणाम इस अर्थ में अद्भुत रहा कि इससे सत्ता पक्ष (एन.डी.ए.) और विपक्ष (इंडिया) दोनों प्रसन्न हैं। दोनों न निराश हैं न अनुत्साहित। दूसरी बात कि चुनाव में पक्ष और विपक्ष दोनों ने झूठ का सहारा लिया। पक्ष ने कम और विपक्ष ने ज़्यादा। तीसरी बात, कि उत्तर प्रदेश, बिहार और कई राज्यों में विकास नहीं, जातिवाद प्रभावी रहा। और चौथी बात, कि जनता ने सन्तुलित निर्णय दिया। अर्थात् विपक्ष मज़बूत तो रहे लेकिन देश चलाने का जिम्मा भाजपा के ही कन्धों पर रहे। कांग्रेस और इंडिया गठबन्धन का यह कहना कि जनता ने उसे सत्ता चलाने का सन्देश दिया है, एक दुष्प्रचार मात्र है क्योंकि कांग्रेस को मात्र 99 सीट और भाजपा को 240 सीट मिली है। एन.डी.ए. को 293 और 'इंडिया' गठबन्धन को मात्र 234 सीट। इसी प्रकार ई.वी.एम. पर आरोप लगाना तो और भी मूर्खतापूर्ण है। यदि भाजपा द्वारा ई.वी.एम. का दुरुपयोग किया गया होता तो उसे 272 सीटें क्यों नहीं मिलीं, राहुल गांधी दोनों सीटों से चुनाव क्यों जीत गये, भाजपा अयोध्या में चुनाव क्यों हार गयी, कांग्रेस को पिछले चुनाव से अधिक सीटें क्यों मिली और भाजपा को पिछले चुनाव से कम सीटें क्यों मिलीं?

सभी दलों द्वारा जनता को सौगात और खैरात बाँटने का वादा उसे मुफ़्तखोर और अकर्मण्य बनाने का प्रयत्न है। यह देश हित में नहीं है। इसी प्रकार जातियों की संख्या के आधार पर मोदी जी का मन्त्रिमण्डल बनना भी देशहित में नहीं है। राहुल गांधी का यह बयान कि वे 'एक झटके में भारत की ग़रीबी दूर कर देंगे' इस चुनाव-प्रचार का सबसे हास्यास्पद बयान है।

गोरखपुर, 20 जून, 2024

आज चौरासी वर्ष पूरे हुए और पचासीवाँ प्रारम्भ हो गया। गणना के लिए हम काल को संख्याओं में बाँटते हैं, अन्यथा तो वह निरन्तरता में प्रवाहित रहता है। समय के वर्तमान क्षण से जब मैं अपने बचपन को देखता हूँ तो ऐसा आश्चर्यजनक परिवर्तन महसूस होता है कि कह सकता हूँ, मेरी पीढ़ी वह पहली और आख़िरी पीढ़ी है जो इतने और ऐसे अविश्वसनीय परिवर्तनों की साक्षी है। यह परिवर्तन भौतिक संसाधनों और मानसिक-वैचारिक स्तरों पर साथ-साथ लक्षित होता है। अन्ध विश्वासों और रूढ़ियों में जकड़ा हमारा मन टेक्नालाजी के किन चमत्कारों तक पहुँच गया, इसके हज़ारों अनुभव मेरी पीढ़ी के वृद्धों के पास होंगे। हमने लोटे का पानी लेकर खेत में शौच करने जाते हुए अपना दिन शुरू किया था। कुएँ का पानी पीते हुए, लकड़ी पर भोजन बनाते हुए, अपनी भूख-प्यास शान्त की थी। काठ के पहियों वाली बैलगाड़ी पर बैठकर धूल या कीचड़ भरे रास्तों से अपनी यात्राएँ शुरू की थीं। अँधेरे में मिट्टी की ढिबरी जला कर अपनी झोंपड़ियाँ प्रकाशित की थीं और खड़िया तथा नरकुल की कलम से अक्षरारम्भ किया था।

सब कुछ बताना सम्भव नहीं है जो घटा है हमारे साथ क्योंकि वह शब्दावली अब लुप्त हो चुकी है। उस युग के बारे में जब हम कुछ बताना शुरू करते हैं तो हमारे बच्चे उसे समझने और उसकी सचाई परखने के लिए अपना गूगल देखना शुरू कर देते हैं। हम मोबाइल युग के ही नहीं, रेडियो युग के पहले के मानव हैं। आज हमारे बच्चे कल्पना भी नहीं कर सकते कि इस धरती पर मोबाइल के बिना लोग रहा करते थे। मोबाइल की अनभिज्ञता ने हमारी पीढ़ी को ऐसा असहाय बना दिया है कि हम अपने पूर्व आवास से वहिष्कृत और वंचित महसूस कर रहे हैं।

मानसिक और बौद्धिक स्तर पर, रागात्मक भाव जो हमारे समय में अत्यन्त प्रबल हुआ करते थे, आज स्वयं को उपेक्षित और प्राय: अपमानित अनुभव कर रहे हैं। आज सभी अपने-अपने अजनबी हैं। कृत्रिम बुद्धिमत्ता के इस आभासी समय में फ़र्क़ नहीं रह गया है विभ्रम और यथार्थ में।

पुनश्च–

आज सायंकाल जन्मदिन की बधाई देने नगर के कुछ साहित्य प्रेमी मेरे निवास पर आये। सर्वश्री अनन्त मिश्र, चित्तरंजन मिश्र, विमलेश मिश्र, सुनील यादव, अभिषेक शुक्ल, अखिल मिश्र और अरविन्द त्रिपाठी 'गतिविधि' संस्था के कुछ सहयोगियों के साथ। सब के प्रति आभार।

गोरखपुर, 25 जून, 2024

संवेदनशीलता मनुष्य का सर्वोत्तम गुण है। या कहें कि उसके सर्वोत्तम होने का प्रमाण। जिसमें नहीं होता यह गुण वह आत्मकेन्द्रित होता है। वह स्वयं दूसरों के लिए कुछ नहीं करता और चाहता है कि सब उसके लिए करें। उसे सदा अपने अधिकार का ध्यान रहता है और कर्तव्य का कभी नहीं। संवेदनशीलता ही वह विशेषता है जो व्यक्ति को शेष सृष्टि से, स्व को पर से और एक को अन्य से जोड़ती है। असंवेदनशील व्यक्ति का दूसरे से जुड़ना बनावटी और दिखावटी होता है। संवेदनशील व्यक्ति के अन्तस में अन्य के समान ही भाव-प्रवाह होता है और वह दूसरे से सहज रूप में मिल जाता है जैसे जल से जल, अग्नि से अग्नि, मिट्टी से मिट्टी, पवन से पवन। यह मिलन प्राकृतिक और स्वाभाविक है, किसी स्वार्थ के अवरोध के साथ नहीं। संवेदनशीलता मनुष्य के भीतर का मातृभाव है। यह कवि के लिए अनिवार्य है। जिसमें होती है, वही होता है उत्तम कवि। दुनिया को बेहतर बनाने के लिए चिन्तन करने वाले सिद्धान्तकार, विचारक, उपदेशक, राजनेता आदि कम महत्त्वपूर्ण नहीं होते, पर वे कवि नहीं हो पाते।